POPULICIDE

Philippe de Villiers

POPULICIDE

Fayard

ISBN : 978-2-213-73166-7

Dépôt légal : octobre 2025

Je ne veux pas que mon pays meure.
Nous sommes face à un crime, perpétré par une gent politicienne échappant au jugement de l'instant.
Nous sommes en train de changer de peuplement.
Nous sommes en train de changer d'art de vivre.
Nous sommes en train de changer de civilisation.
Quand on tue un homme, cela s'appelle un *homicide.*
Quand on tue un peuple, cela s'appelle un *populicide.*
Nous y sommes. Et on nous le cache.

La chimère d'une cité universelle

J'étais tranquille, retiré sur mon Aventin. Je goûtais l'humeur des jours. Enfin ! La main en visière, face au mont des Alouettes – le mont Blanc du pauvre –, loin des fièvres des Unes et des urnes, à l'abri des ironies mondaines, tout juste exposé à celle de mes proches qui me croquaient sous les traits d'une sorte de *Cincinnatus*, retourné à sa charrue, dans les brumes crépusculaires du Tibre. Autour de moi, on me retenait de céder au charisme manuel du retraité de la bricole prétentieuse, on craignait le pire, on avait peur que, soudain, je ne me mette à sarcler, à biner, à proviner, que je ne me prenne pour un paysan de la vingt-cinquième heure. Un de mes petits-fils, féru de cinéma, en appela même à la réplique de Michel Audiard dans le film *Le Président* : « Ça suffit, les énarques qui bêchent ! On est déjà gouverné par des lascars qui fixent le prix de la betterave et qui ne sauraient faire pousser des radis. » J'ai pris les radis pour moi. J'ai lâché la bêche. Et j'ai retrouvé mes livres.

J'écrivais, je lisais, je sortais peu à peu de l'instant, élevant mes pensées vers les apophtegmes antiques sur le temps qui se gâte. Enchaînant les romans historiques, je renouais avec le légendaire des ombres affectueuses de ce peuple hagard, fourbu, qui ne sait plus où il habite. J'essayais de lui redonner quelques bribes de son imaginaire pour qu'il retrouve un peu d'allant et surtout, malgré l'esprit de l'époque, qu'il récupère son droit le plus précieux, son droit imprescriptible d'aller chercher dans les siècles passés les mélodies manquantes.

Et puis, voilà qu'un soir d'été, j'entends qu'on frappe à ma porte. Un Breton vient visiter le Cincinnatus vendéen. Il me réquisitionne :

– Cher Philippe, – tu le sais – nous sommes tous deux sortis des mêmes chirons de granit et des mêmes genêts en fleurs. Au nom de ce voisinage armoricain, je viens t'arracher aux délices d'une retraite de plume et d'estoc... Ta parole manque. Elle est attendue.

– Mais je ne suis pas un homme de télévision. Je ne suis ni chroniqueur ni éditorialiste.

– Eh bien, on inventera une formule où tu seras les deux.

– Mais je suis trop vieux pour commencer une nouvelle vie.

– Par rapport à Biden, tu es un jeune homme. Il semblerait, à ce qu'on dit chez toi, que tu as encore toute ta tête.

L'estime et l'affection que j'ai pour Vincent Bolloré, ce chevalier de la liberté d'expression, visionnaire à l'âme incandescente, emportent tout. Comment dire « non » à quelqu'un qui vous propose de venir sur un plateau avec la garantie de pouvoir terminer vos phrases sans être insulté ? On est dans l'ordre de l'impensable. Pour moi, l'expérience serait exotique, exaltante. Je cède.

La suite, on la connaît. Chaque vendredi, sur CNews, il m'est donné d'éditorialiser l'actualité, sous la conduite talentueuse de deux grands journalistes qui me mettent au rouet, Eliot Deval et Geoffroy Lejeune. Une amitié a grandi entre nous, qui s'exprime à l'antenne par une dialectique lumineuse. L'an dernier, quand l'émission a été suspendue pour les vacances d'été, j'ai décidé d'écrire sur le *Mémoricide* français. Cette année, considérant que la situation s'est aggravée et que le mal qui nous ronge a changé de nature, j'ai résolu d'écrire sur le *Populicide* français. Ce n'est plus seulement la mémoire d'un pays qui est atrophiée, amputée, mutilée. C'est le corps et l'âme d'un peuple qui sont en danger de mort. Jusqu'à présent, dans toute son histoire, la France s'est toujours relevée des épreuves traversées. Pour la première fois, elle doit affronter la crainte de disparaître.

À la lumière de l'épreuve tragique des deux guerres mondiales, n'importe quel esprit lucide est saisi de vertige devant la rémanence des agents infectants de l'*hubris* qui sont encore là. Mon père, héros de la Résistance, captif au fameux camp de représailles de Lübeck, a mis très tôt entre mes mains une sorte de « guide pratique », *L'Étrange Défaite* de Marc Bloch.

– Fais-en ton *livre de chevet.* N'oublie pas le mot de Thomas d'Aquin : *Timeo hominem unius libri,* je crains l'homme d'un seul livre.

– Et pourquoi donc faire de la débâcle de 40 un *livre de chevet* ? Nous ne sommes plus en 40. Le monde a changé…

– Certes, mais rien n'a été compris de la *cause* qui l'a produite. C'est un livre pour les temps qui viennent. Il instruit le procès des lâchetés à venir.

J'ai lu et relu Marc Bloch, et j'en ai inféré que nous revivions un « Juin 40 » mental. Son exorde est d'une actualité saisissante : « Nos chefs n'ont pas été seulement frappés dans leur courage, dans leur intelligence ou dans leur caractère. Ils ont été frappés dans leur foi. *Ils ne croyaient pas à la France.* »

Dans les pages ultimes de ses recommandations, où s'enchaînent les fulgurances, l'historien s'adresse à la jeunesse : « Je pense à ceux qui me liront, à mes fils, certainement, à d'autres, peut-être, un jour, parmi les jeunes. Je leur demande de réfléchir aux fautes de leurs aînés. Peu importe qu'ils les jugent avec l'implacable sévérité des âmes encore fraîches, ou leur réservent un peu de cette indulgence amusée, dont les générations montantes accordent volontiers au vieil âge le dédaigneux bénéfice. L'essentiel est qu'ils les connaissent, pour les éviter.

Nous nous trouvons aujourd'hui dans cette situation affreuse où le sort de la France a cessé de dépendre des Français. [...] L'avenir de notre pays et de notre civilisation fait l'enjeu d'une lutte où [...] nous ne sommes plus que des spectateurs un peu humiliés. »

Nous y revoilà. Moi aussi, je veux écrire pour les générations montantes, au nom du danger inouï qui nous guette, au-dessus du précipice qui s'ouvre. Il y avait donc, en 1940, des chefs politiques français qui ne croyaient plus à la France. Qui ne l'aimaient plus. Ce désamour vient de loin, probablement du temps où le pays a cessé de croire aux patries charnelles et spirituelles. À un de ses interlocuteurs qui l'interrogeait sur l'extrême fragilité des défenses immunitaires de notre peuple, Fustel de Coulanges répondit, en 1889, peu avant de mourir :

– Vous avez perdu le fil de vos affections. Parce que vous vous aimez insuffisamment. Parce que vous vous aimez mal. Le premier devoir d'un grand peuple, comme d'une famille forte, est de s'aimer, et d'abord de s'aimer dans son passé, de s'honorer dans les morts. Eh bien ! Qu'avez-vous fait de la dignité de vos morts ? Ce que vous appelez votre histoire s'applique à les discréditer et à les flétrir.

Un siècle après, c'est bien pire. Nos morts ? Ils ont été *évacués,* comme si une certaine France n'avait jamais existé. Nous avons sous les yeux les moignons d'une statuaire insignifiante. Reste un terrain vague, qui n'est qu'un espace d'expérimentation pour les nouveaux thaumaturges.

Depuis longtemps, trop longtemps, l'idéologie a changé notre regard sur ce vieux pays. Au nom du progrès d'une humanité délestée de sa charge morale et spirituelle, les Encyclopédistes ont considéré l'homme séparé de tous les attachements primitifs de sa vie et dégagé de ses liens d'affection. Ainsi les humains étaient-ils appelés à nier l'idée de nation et celle de patrie pour se réfugier dans la chimère d'une cité universelle.

La dérive a trouvé son terme, là, sous nos yeux : la France de toujours, la France de la tradition a, face à elle, deux autres figures de France, celle de l'ubérisation et celle de la créolisation. La post-France et l'anti-France rivalisent de zèle pour porter des coups au pied mère français épuisé, qui en perd les sèves et la ramée, souche en l'air.

« On va nous mettre dehors »

En fait – dois-je le confesser ? –, ce qui a remis le feu à ma plume, c'est la déclaration félonne du 18 juin 2025 de Mélenchon. La voilà, la flétrissure déshonorante, avec cette saillie digne d'un dhimmi accompli : « Pendant qu'il y avait les Français, là, avec le roi Dagobert qui a mis sa culotte à l'envers, bon, *les autres*, ils la mettaient à l'endroit et ils inventaient les maths. Disons qu'il y avait une différence de niveau. » Et l'historien Mélenchon va plus loin : « C'est l'Orient qui nous a instruits. [...] *Et s'il n'y avait pas eu Saladin*, vous ne sauriez pas bâtir des cathédrales. [...] Et c'est lui qui vous a appris comment faire des vitraux. »

Le public applaudit la percée conceptuelle. Le crétin numérique y trouve l'occasion de battre sa coulpe : « *France, terre des arts, des armes et des lois*, retourne chez les Mamelouks ! » L'intellocratie officielle salue l'éloquence vibrante qui vient contrarier « les vieilles chrétientés obscurantistes » – c'est toujours ça de pris. Le monde politique, quant à lui, pratique un silence gêné devant une « érudition peu commune ». Je soupçonne tel député de croire que Saladin, qui vient du Qatar, joue au Paris-Saint-Germain. D'autres parlementaires sont d'avis que, si ce sont les Sarrazins qui ont inventé les vitraux, « peut-être leur enseignement pourrait également nous aider à régler le problème du *“conclave”* sur les retraites, vu que c'est aux Sarrazins que nous avons sous-traité la fabrication d'enfants – les nouveaux cotisants des quartiers souverains ».

On sait maintenant qu'il y a, en France, un parti qui préfère Saladin à saint Louis. Un parti sarrazin, qui allègue sur un ton docte, sorbonniquement correct, que la France est une construction de l'esprit, que son « identité heureuse » ne tient qu'à une suite de bonheurs empruntés.

L'appel de Cochin n'a pas pris une ride : à nouveau, le parti de l'étranger est à l'œuvre, avec sa voix paisible et rassurante. « Ne l'écoutez pas. C'est l'engourdissement qui précède la paix de la mort. » Ce parti-là, on le connaît dans notre histoire millénaire. Pendant la guerre de Cent Ans, il portait un nom, celui « des Français reniés ». Voici que le « parti des Français reniés » est revenu. Ils ont brûlé Jeanne d'Arc. Ils veulent rallumer le bûcher. Ils veulent brûler nos souvenirs. Ce parti-là, pendant la Terreur, c'était le parti de la sainte Lame, des assoiffés de sang, des régénérateurs, des purificateurs. Mélenchon a des airs de Carrier en keffieh, l'homme des noyades de la Loire qui réclamait une nouvelle France et qui s'écriait, les mains poissées de sang : « C'est par principe d'humanité que j'ai voulu purger la terre de la liberté de ces monstres ! »

Ce parti-là, c'est le parti de la Trans-Mémoire, qui entend greffer une mémoire sur une autre, qui s'exerce à bouturer un imaginaire post-tragique. Bien sûr, on tremble, pour le peuple historique, bientôt minoritaire : « Nous autres, civilisations, nous savons que nous sommes mortelles. » Nous autres, Français, nous savons, nous sentons que nous sommes peut-être en fin de vie. Celui qui tient la seringue létale pourrait arriver au pouvoir.

Nous voilà pris en étau, entre le wokistan, qui s'emploie à nous *déciviliser*, et l'islamistan, qui s'emploie à nous *reciviliser*.

Et pourtant, rien n'est perdu. Et c'est bien parce que rien n'est perdu et qu'il y a une voie rédemptrice que j'ai repris la plume. Quand un pays est très vieux, il va chercher, dans les replis secrets de ses anciennes sagesses, une force insoupçonnable pour se relever. Notre passé millénaire est comme une corde de rappel.

Je suis Français de France. Je porte, dans mes flancs, les pierres d'angle, les lézardes, les râles héroïques de ce très vieux pays. Je ressens physiquement cette énigme des sédimentations invisibles qui sont des recharges de ferveur et qui font qu'en chaque petit Français vit, survit, sommeille, murmure un Français millénaire qui est en lui et qui le rappelle aux plus hautes valeurs distinctives.

Ce Français des hautes nefs immémoriales ne demande qu'à devenir une *conscience dressée*. Il est là. Il nous écoute. Il va se lever. Après avoir médité sur cette vérité salvatrice : ce sont les morts qui gouvernent les vivants. C'est pour lui que j'écris ce manuel de survie.

Bergson a médité avec bonheur sur ce mystère : « Plus grande est la portion du passé qui tient dans le présent, plus lourde est la masse qui pousse dans l'avenir pour presser contre les éventualités qui se préparent : son action, semblable à une flèche, se décoche avec d'autant plus de force en avant que sa représentation était plus tendue vers l'arrière. »

Ce qui caractérise aujourd'hui la terre de France, c'est un mal-être qui traverse toute la société, celle des héritiers, celle des arrivants. Il y a deux peuples côte à côte, livrés tous deux à la souffrance intime : un peuple neuf qui sait d'où il vient mais qui ne sait rien de l'endroit où il arrive. Tenté de prendre en haine les nouveaux pénates, le chez-soi-chez-les-autres. Et un peuple exténué qui, cédant à la répudiation de l'héritage, se met à détester sa propre maison.

La France souffre d'*oikophobie* – la haine de l'endroit où l'on vit. Il n'y a plus personne pour *« aimer la maison »*. Les héritiers n'aiment plus leur *passé*. Les arrivants n'aiment pas leur *présent*. Cette *oikophobie* ne date pas d'hier. Barrès s'en plaignait déjà : « On nous propose d'être moins français pour nous faire plus humains, et, pour mieux nous élever à la bienveillance universelle, on veut que nous manquions à notre patrie. Pour ma part, je crois qu'un Français ne peut mieux déployer ses vertus que dans le respect des conditions qui formèrent la France. »

Quand j'étais au collège, j'ai joué une pièce de Musset qui exprimait, sur le mode de la comédie de mœurs, le tropisme bourgeois de la xénophilie militante et de l'autodénigrement. On m'a donné à incarner le personnage de *Fantasio*, qui confessait avoir « le mois de mai sur les joues, le mois de janvier dans le cœur ». Je me souviens de la célèbre tirade qui faisait grincer les planches : « Ah ! que je voudrais être de ce grand ou de ce petit peuple qui passe ! Que ne suis-je cet Illyrien ! Ou ce Scandinave ! Voyez comme il est bien, voyez comme il est beau ! Ce peuple qui passe est charmant. Ses vêtements sont pittoresques ; ses chants populaires, originaux ; tout comme son théâtre qu'il a tiré tout entier de son propre fonds. Il n'est pas à la remorque des Grecs et des Romains, lui ! Il a des penseurs, lui ! Des poètes, lui ! Il a des maîtres dans tous les arts… » Lui, il est beau. Et moi, je suis moche. Je suis français…

Fantasio aura passé sa vie à moquer son pays. Et nous, nous reprenons le soliloque de Fantasio à notre compte. Nous aurions plutôt dû écouter cet ennemi au long cours, William Pitt, le ministre de la Guerre de la perfide Albion, qui, au rebours de sa détestation, avouait sa fascination pour le voisin d'outre-Manche : « La France est peut-être de tous les pays de la terre celui qui jouit du plus haut degré de toutes les faveurs de la Providence : sol, climat, productions, elle possède tout. »

Peuple privilégié de la mappemonde, qu'es-tu donc devenu ? D'où vient cette mésestime ?

Parfois, j'imagine le nouveau *Fantasio.* Issu des campus américains, il dénoncerait *« les obstacles à l'inclusion ».* Il incarnerait à sa manière l'autophobie civilisationnelle, la logique d'effacement de soi, le mouvement d'auto-dissolution qui vient se greffer sur notre fatigue morale. Il saluerait la régénération par l'arrivée d'une nouvelle jeunesse et entonnerait un hymne au *turn-over* de McKinsey. La France est-elle encore capable de regarder en face ce qui se passe chez nous ? L'invasion lente d'une population qui vient du Sud et qui emporte avec elle, pour les déposer au seuil de nos rues, ses croyances, ses mœurs, son art de vivre, sa civilisation.

Venus de l'extérieur, nombre de ces errants transportent avec eux une identité puissante : l'épopée de Mahomet, héros mystique, à la fois chef de guerre, chef politique et chef religieux, fédérateur des Arabes jadis divisés, fondateur d'une grande famille appelée l'*oumma,* dont tous les membres se sentent des frères de *nation.* À l'inverse d'un Occident qui doute de lui-même, l'islam arrive chez nous avec une mémoire vive, un récit fondateur exaltant, une identité tournée vers la conquête.

Là où la France n'ose plus transmettre, l'islam enseigne ; là où l'école républicaine éduque au relatif en toutes choses, la mosquée inculque l'absolu. Dans les banlieues françaises, cet islam prosélyte se diffuse non par la force mais par le vide : le vide des sédentaires qui ont séché sur pied, le vide moral, le vide paternel, le vide national, le vide métaphysique. Loin d'être un simple corpus religieux, l'islam s'installe comme un système total, à la fois spirituel, politique, juridique, culturel : il fournit une grille de lecture du monde, de la naissance à la mort. Il propose à des individus déracinés une appartenance forte, un code de conduite aux gestes précis, une fraternité réelle.

Dans l'imaginaire de l'*oumma*, Mahomet n'est pas seulement un prophète, il est le père fondateur, le législateur, le conquérant et le pédagogue, à la fois modèle de virilité, d'autorité et de piété. Il unifie la communauté autour d'un récit de grandeur. Il donne aux siens ce que la République, qui a perdu son aura et s'est vidée de sa substance, ne donne plus : une famille avec un père – donc une filiation sans équivoque et une fierté d'appartenance ; un honneur de la communauté, nourri par l'épopée de la vengeance contre les blasphèmes et les avanies ; un sens de l'histoire, où les humiliations passées appellent à la revanche ; un destin, celui d'une fraternité victorieuse promise à la domination d'un monde jugé corrompu. On a dit que « Mahomet, législateur et roi, n'a pas seulement donné une religion, il a donné un peuple ». C'est exact. Il a pu même exercer une séduction sur des intellectuels convertis comme René Guénon, Roger Garaudy et tant d'autres. Même Ernst Jünger écrit à un ami : « Peut-être vais-je me convertir à l'islam. Vous savez que, depuis longtemps déjà, je cherche une religion qui convienne aux hommes. Les grands pèlerinages, le harem, la guerre sainte, tout cela est beau et sans complications. Un culte de cette sorte est nécessaire à l'homme extérieur. »

La République, à l'inverse, est à bout de souffle : elle jubile à l'idée d'avoir réussi à se débarrasser d'une religion, et voilà qu'elle en retrouve une autre sur sa route. Récusant l'irruption du surnaturel dans l'ordre naturel, elle semble ne plus savoir garantir ce lien vital entre les siens, elle n'infuse plus aucun élixir de vigueur. La République thaumaturge est morte. Le diagnostic formulé par Marc Bloch en 1940 reste ainsi d'une brûlante actualité : « L'un des plus lourds griefs contre le commandement, c'est qu'il n'a pas su créer autour de lui ce sentiment d'unité et de sécurité qui est, au combat, la plus forte source de moral. » Là où l'islam rassure, la République désoriente.

Je me suis longtemps posé cette question : pourquoi donc les élites européennes, dans leur candeur, gardent-elles l'esprit si reposé devant la montée de l'islamisme ? Et pourquoi ont-elles ainsi résolu de faire le pari de la victoire de l'islam modéré – *l'islam de paix* – sur l'islam radical – *l'islam de guerre* ? Ce pari repose sur une erreur d'analyse : elle consiste à croire que l'islam est une sorte de « christianisme des Arabes », adaptable et réformable. *Un islam « occidentalisable »* en quelque sorte. Rémi Brague nous a pourtant prévenus : « L'islamisme est un islam pressé. » L'islam est *un,* irréductible à nos catégories mentales.

Face au Coran, face au Prophète, la République ne fait pas le poids. Le glissement de la société française est ahurissant. Cela me fait penser à la fable du renard qui court autour de l'arbre, où sont blottis des poulets d'Inde sous hypnose. Ils regardent, fascinés, le renard qui tourne. Ils s'alanguissent. Un dernier tour, et le renard les mange.

Nous avons des élites consentantes, incapables d'appeler les choses par leur nom. De dire que c'est une guerre de conquête qui nous est faite. Et de désigner le nouveau missionnaire, qui nous grignote avec méthode et s'encanaille du secours précieux d'une cinquième colonne, coupable d'intelligence avec l'ennemi.

Face à face, il y a des âmes pleines et des âmes vides. Dans la confrontation avec les militants fréristes qui nous infiltrent et nous entretiennent en une pacifiante soumission sémantique, que reste-t-il de nos élites ? Toute une branchitude avachie, qui ne se sent plus capable de porter son récit fondateur, qui rêve de sortir de soi et de s'abolir dans une histoire nouvelle, de se donner à une civilisation extérieure *virile*. Faillite spirituelle.

Sourdement, les âmes veules cherchent un nouveau maître. Au XXe siècle, ce fut Berlin, Moscou puis Washington. Maintenant, le nouvel absolu, le nouvel exotisme, c'est l'islam. Le relativisme du néant de l'Occident, prenant congé d'une chrétienté flageolante, préparait, depuis longtemps, cette fascination étrange pour une foi sans faille, incarnée par cette religion forte qui permet de renouer avec la différenciation sexuelle, le combattant au feu et la femme au foyer.

L'hédonisme consumériste achève ainsi sa trajectoire en venant, par une sorte de ruse hypnotique, se fondre dans son exact contraire. *Big Brother* a fait place à la nounou *Big Mother* qui s'offre aujourd'hui à *Big Other*, un peu rude mais décapant.

Les événements s'enchaînent, qui devraient nous alerter. Les signaux faibles se multiplient : le pays s'enfonce, la peur grandit, nous ne sommes plus chez nous. J'entends des Français tout simples, de plus en plus nombreux, qui m'écrivent : « On va nous mettre dehors. » Les hordes guettent et, de temps en temps, viennent troubler la fête.

Nous avons eu, au début de l'été, une sorte d'avant-goût du populicide avec la finale de la Ligue des champions, puis la Fête de la musique. Une sorte d'« à valoir » – comme on dit chez les notaires – sur la terreur à venir. L'été est passé là-dessus, et tout a déjà été oublié. Sauf par quelques témoins qui connaissent la jauge des révolutions et qui tiennent le pendule au-dessus de l'abîme.

Le « chez soi » change de résident
Le souverain change de titulaire

Quand la terre se met à trembler, on dit qu'il faut s'attendre à une deuxième secousse. Nous avons pu vérifier que cette loi du mouvement de l'écorce terrestre s'appliquait aussi aux commotions des foules désaffiliées, avec le séisme du 31 mai, après la finale de la Ligue des champions, et la *réplique* du 21 juin, lors de la Fête de la musique. À un mois d'intervalle, deux ébranlements inouïs : l'irruption des hordes, une atmosphère de bacchanales, puis de saturnales, qui appellent à un constat terrible : la vie n'est plus la vie, elle est frayeur et désenchantement, la fête n'est plus la fête, la joie collective est en état de mort cérébrale.

La nuit d'épouvante de l'après-match du 31 mai restera dans l'histoire de notre pays comme un *marqueur* indélébile. En réalité, c'est le deuxième marqueur, après la cérémonie des Jeux de juillet 2024. La deuxième soirée emblématique, une nouvelle bascule qui nous projette dans un imaginaire post-français.

Alors que la cérémonie des Jeux avait été la soirée d'une destruction *esthétique* de l'imaginaire de notre peuple historique – la nuit d'un *mémoricide* –, la soirée de la Ligue des champions fut celle d'une destruction *physique* de tous les espaces de civilité de ce pauvre peuple bousculé chez lui – la nuit d'un *populicide.*

Après le nihilisme festif et exubérant du saccage de la mémoire, voici le nihilisme festif et exubérant du saccage de la victoire. Après l'humiliation, la partition. Après l'allégorie de nos abaissements, l'allégorie de nos ensauvagements.

Quel est donc ce *marqueur* qui laisse penser que le pays est entré en sauvagerie ? Eh bien, nous avons assisté à une manifestation inédite du tribalisme de conquête territoriale sur la capitale. En mettant les événements en perspective, on peut dire que c'est la troisième étape de la sécession des *« bouts de France »* qui ne sont plus en France.

La première étape, c'est l'éruption de 2005. La nappe d'huile bouillante reste alors circonscrite à la Seine-Saint-Denis. La deuxième étape, ce sont les émeutes de 2023. La nappe d'huile bouillante s'étend à toutes les banlieues, où s'affiche – nouveauté majeure – une revendication de souveraineté sur tous les « territoires perdus », appelés dorénavant, par les lexicologues agréés de la logomachie officielle, les « quartiers sensibles ».

Et voici qu'est survenue la troisième étape, avec la nuit du 31 mai. On est passé de l'émeute à la meute. La racaille a quitté les territoires occupés et a investi le cœur de Paris. L'identification à la victoire sportive a connu une transmutation alchimique, à travers les trois gestes de la conquête invasive : d'abord le *pillage.* Non pas un pillage d'enrichissement – à la manière de la roberie et de la déroberie accordées pour deux nuits aux soldats francs par le chef barbare à Soissons. Mais un pillage de *jouissance punitive,* une casse collective baignée de sueurs d'allégresse, pratiquée comme un exercice jubilatoire de revanche post-coloniale. En saccageant les *abribus,* les prédateurs affichaient leur volonté de se rembourser des humiliations passées. La décolonisation leur donne un droit de tirage sur notre civilisation. Casser, c'est réparer, en quelque sorte. L'idée du match retour. On est encore dans le foot ! « Ils sont venus chez nous, on vient chez eux. »

Ensuite, ce fut le moment de la *confrontation* avec l'État, dépositaire de la force publique, désormais dénommée « bande rivale » par la racaille. Tout ce qui porte l'uniforme fait figure d'ennemi. On n'est plus dans l'esquive, quand on se contente de narguer les policiers, mais qu'on en vient à rechercher le contact, pour les attaquer frontalement et instiller la peur.

Enfin, le troisième signe de la conquête invasive est le plus édifiant : il tient au jeu de consignes de la puissance publique, qui résonne comme l'aveu d'une impéritie désolante, à peine dissimulée. L'arrivée du *barbaricum* a déclenché préventivement une sommation impérieuse de la préfecture de police : *« Restez chez vous ! »* C'est bien à la demande expresse des pouvoirs publics qu'on a fermé les commerces, les restaurants, et que les habitants se sont barricadés. La peur a vraiment changé de camp. « *Non possumus* »... Les Parisiens ne sont plus chez eux. Le « chez soi » change de résident. Le souverain change de titulaire. Le symbole est d'une force démonstrative qui a frappé le monde entier. La prochaine fois, on fera sauter les serrures. On ira dans les caves, on montera dans les étages de l'avenue Foch et du square Raynouard. Les digicodes ne suffiront plus à protéger la bourgeoisie macronienne qui se fait livrer les sushis par les scooters des « métiers en tension » régularisés. Ils ne pourront plus garantir la sécurité des *pet-sitters* qui veillent sur les perruches encagées de leurs appartements végétalisés. Le *home-jacking* va devenir un sport national jumelé avec le foot-business.

Comme beaucoup de Français, j'avais vu dans le drame de Crépol un miroir prémonitoire : on y retrouvait l'expédition punitive, la délinquance de conquête territoriale, avec la nappe de sang qui s'étend, les hordes qui se déplacent ; c'était le signe qu'on passait des territoires conquis aux campagnes perdues de l'archipel français. Avec un cri de ralliement au moment de l'attaque : « On va planter du blanc ! » En fait, Crépol fut la préfiguration campagnarde du nouveau paradigme lutécien de la classe dirigeante depuis quarante ans : elle expérimente le changement de peuplement par haine de la France d'avant. Elle ne pensait pas que la nappe de sang pût venir jusqu'aux Champs-Élysées. Eh bien, nous y sommes ! Il n'y a plus de petits coins de pays abrités, plus de petits Liré protégés. Il n'y a plus ni refuges ni asiles. L'égalité est rétablie, l'égalité dans l'angoisse et la panique.

Le marqueur dont je parle signale deux phénomènes complètement nouveaux : d'abord *le rapport de force*. Il s'est inversé : les professionnels de la Sécurité publique, qui incarnent l'autorité, n'ont plus la maîtrise du territoire. Pour la soirée de la Ligue des champions, les 5 000 policiers n'ont pas suffi. Ils ont été débordés par une marée humaine, appelée demain à grossir encore. Lors de la parade du dimanche, on a parqué les supporters dans un long carré loin du défilé des joueurs et du trophée. On inaugure ainsi le *« confinement sécuritaire »*, qui rappelle et prolonge le *« confinement sanitaire »* de triste mémoire. Enfin, la France entière a pu constater que la toge avait cédé à l'inversion victimaire. L'abdication judiciaire est le signe ultime de la déchéance de la puissance publique face aux secousses à venir.

L'autre phénomène qui constitue un tournant majeur, c'est la faillite du modèle du *« vivre ensemble »*, à travers la fameuse « politique de la ville » qui aura coûté au contribuable français, déclaré « rural profond et cochon de payant », la coquette somme de 200 milliards d'euros. Que reste-t-il donc à célébrer ensemble, à honorer ensemble, à cultiver ensemble ?

La classe politique continue de refuser l'évidence : elle feint de ne pas voir que nous sommes en train de passer d'une société homogène – celle de ma jeunesse –, avec ses codes, ses tissus conjonctifs, ses capillarités et voisinages affectifs, son art de vivre, à une société tribale, multifracturée, multiconflictuelle, une société de pré-guerre civile. Et elle refuse de faire le lien entre les nuits d'émeute et la politique d'immigration massive menée depuis cinquante ans, au rythme d'une ville de Toulouse qui entrerait en France, chaque année.

La classe politique – chacun reconnaîtra les siens – se divise en deux : il y a les partisans du *compte-goutte* – on régularise en douce en évitant les vagues – et les partisans de la *grande lessive* – on ouvre les vannes pour nettoyer tout le racorni qui reste.

La soirée de l'après-match de Ligue des champions nous a donné une petite idée de ce qui va nous arriver : c'est toute la France, ubérisée, qui se créolise. C'est toute la France qui devient le territoire des hordes, des bandes et du *barbaricum*.

Voici venir le temps des seringues ?

Après le 31 mai – la soirée du foot et du grand casse *décolonial* –, il y a eu le 21 juin – la soirée de la musique et du cloud rap *recolonial* – un melting-pot difforme et monstrueux. De mémoire de festivographe, on n'avait jamais vu une telle promiscuité d'îlots dissonants, un tel déversoir de vomissures sonores. On semblait revenu au temps de l'acoustique beuglante de l'homme des cavernes surgissant des profondeurs de la terre sous les traits d'un anthropoïde qui se pourlèche et laisse échapper des grognements en ligne directe avec l'intestin grêle. Quand la musique officielle éructe, c'est le signe qu'on a fait le choix d'asservir le peuple à la discordance. Les sons rentrent par les pores transpirants et ressortent par la sudation dégoulinante du corps dégingandé.

J'ai été confronté à cette barbarie naissante. En 1986, j'ai créé, rue de Valois, la « Semaine de la chanson française ». C'était l'époque où l'on croyait encore à la chanson à texte. Elle était déjà en perdition, en voie d'être broyée par les rythmes anglo-saxons et les orgies de décibels des premiers *DJ sets.* Je n'ai pas pu arrêter le torrent, qui a tout emporté, les farandoles du Quartier latin, les cantilènes des bords de Seine, les barcaroles du Procope, les sérénades et les rengaines de Saint-Germain-des-Prés. On a cessé d'écouter Brel, Piaf et les autres... Aujourd'hui, on est dans l'*autotune*, avec correcteur de justesse vocale, et dans le *vocodeur* – un outil numérique permettant de couvrir la voix d'un filtre synthétique. Tout cela, bien sûr, vient d'Amérique. Pas de pitié pour les oreilles fines.

La « Fête de la musique » fut un point d'orgue. Elle est née avec le *Lang Circus.* C'est à ce moment-là que la dérive a pris de la vitesse. Il s'agit d'une invention subversive. Dès les premières éditions, on n'était plus dans l'excellence artistique, dans le café-concert, le music-hall, la fête galante, quand la musique était encore une composante du tissu urbain sous les lilas de Montmartre et que la rue épanouissait les sourires des voisins qui poussaient la romance.

Je me souviens d'une confidence de mon ami Pierre Delanoë – témoin ultime de l'époque du Paris des chanteurs du pavé. Il était le compositeur de référence et le plus célèbre parolier de la place. Il me glissa son secret : « Ma source d'inspiration, c'est la rue, la rue populeuse et gouailleuse, où courent les bons mots des gorgones et les airs fredonnés aux fenêtres. Je descends dans les ruelles étroites, j'écoute les murs bavards, les âmes vibrantes, je fais provision de la faconde et de la jactance qui ruissellent depuis les balcons rebondis. Chaque matin, je capture un peu de verve populo. Je remplis mon sac. Et puis, quand j'ai fait le plein, j'entre dans un café et alors, l'oreille comblée, je jette tout sur la table, je trie les perles de rosée et les diamants bruts de la cloche. Et puis j'écris. » C'était hier, c'était au siècle dernier. Avant l'arrivée de *Mister Jack.*

J'ai bien connu Jack Lang, l'ordonnateur des ribouldingues paroxystiques. C'est lui qui a voulu tout cela, au nom du slogan : « Tout est culturel. » La Fête de la musique répondait à son vœu secret de battre le pavé avec le boulevari strident et les rythmes des marges pour en finir avec la musique savante. On était déjà dans l'inclusion, le mélangisme diversitaire – plutôt les tubes électro que les sonates au Clair de lune. La cacophonie était un mot de passe, l'accomplissement auroral d'un nouveau monde.

Lorsque je suis arrivé au ministère de la Culture, mon bureau surplombait les cent soixante tronçons de marbre tout juste enchâssés – les fameuses colonnes de Buren. Lang était un provocateur gramscien. Son projet architectural avait consisté à installer dans ce haut-lieu de l'harmonie – les jardins du Palais-Royal – un « art du désœuvrement », une *« anti-œuvre »*. Avec ce ministre peu regardant, toute expression humaine était élevée au rang de « geste culturel ». Avec lui, la culture avait muté, on était passé du chef d'œuvre au témoignage, de l'idée de pérennité à la chaleur fusionnelle de l'instant, festif et déjanté. Je voyais se multiplier les tags, on me dépêchait en province, en y mettant le zèle et les titres du ministère, pour aller inaugurer des musées du *« Bouchon de liège »* ou de la *« Sécherie de morue »*. On versait sur la pente de l'ethnographie. Dès 1981, Jack Lang avait imaginé la création d'un bureau de la *Mode* et d'un bureau de la *Cuisine.* Glissement fatal de l'esthétique à l'anthropologie. La culture – la vraie – qui est l'esprit de finesse des sociétés et se tourne vers le chef d'œuvre devint ainsi un accessoire de supermarché.

Si je parle de Jack Lang, c'est qu'il est *toujours* ministre. Il n'a jamais vraiment quitté le ministère. Ses successeurs mettent leurs pas dans son ombre portée.

Alors même que le loisir des jeunes est de plus en plus imprégné de symboles et de mythes puisés aux sources d'un imaginaire qui n'est plus le nôtre, la rue de Valois a mis les festivités du solstice 2025 sous le signe de « *France music week* ». Symbole du soft-power américain : nous sommes devenus un protectorat instrumental. Nos sons ne sont plus nos sons. Nos tympans vibrent de grogne primitive et de râles fauves. Je ne peux m'empêcher de repenser à l'imploration de Saint-Exupéry : « Il n'y a qu'un problème, un seul de par le monde. Rendre aux hommes une signification spirituelle, des inquiétudes spirituelles. Faire pleuvoir sur eux quelque chose qui ressemble à un chant grégorien. Rien qu'à entendre un chant villageois du XVe siècle, on mesure la pente descendue. »

Du temps de Lang, la fête avait déjà vocation à se muer en une transe collective assourdissante, au nom du fameux « vivre ensemble ». Mais, en ce 21 juin 2025, on a franchi le cran d'après : ce fut le rendez-vous du tintamarre et des fractures françaises. Cette soirée désarticulée du 21 juin fut bien une *réplique* de celle du 31 mai. Avec peut-être même « un saut qualitatif brusque », un raffinement dans l'ensauvagement. *Homo Festivus* est devenu *Homo Injectus.* Durant toute la nuit, la *piqûre* sauvage a pris la relève du *couteau.* Pendant toute la semaine d'avant le solstice d'été, des appels anonymes à planifier les attaques sur des jeunes femmes avaient été relayés dans des boucles de messageries en ligne, avec des formulations du type : « Préparez vos seringues ! » ou encore : « Qui veut tester une piqûre au Châtelet ? ». On ne pique pas n'importe qui. On pique les filles qui sortent. On les appelle les « filles piquables ». Paris n'est plus une fête. L'anxiété est partout. La psychose collective est descendue dans la rue qui n'est plus la rue mais un coupe-gorge sur fond d'immondices.

L'arrière-pensée est limpide : vous n'avez qu'à garder les femmes à la maison, loin de ce genre de rassemblements à l'air libre. La morale *chariatique*, relayée par les *woke*. Le journal *Libération* a résumé ainsi l'objurgation : « Il s'agit de faire comprendre aux femmes que l'espace public n'est pas un lieu d'insouciance. » Voici venir le « temps des seringues ». Le pédopsychiatre Maurice Berger a décelé, derrière les exactions de cette « nuit du Haram » et le cauchemar diversitaire de cette post-humanité hyperfestive, « une volonté de détruire les moments de plaisirs partagés de la société occidentale ».

Au petit matin, certains quartiers du cœur de Paris avaient des allures de décharge à ciel ouvert, ainsi que l'atteste la vidéo, devenue virale, de cet éboueur qui déplore, les larmes aux yeux, le doigt pointé sur les ordures : *« Après chaque fête, voilà ce qu'on retrouve. »* Paris a viré au terrain de jeu des rognures et des raclures. Paris n'est plus la *ville-lumière*, Paris est devenue la *ville-poubelle*, livrée aux surmulots et aux *ordurophiles*.

Comme tous les Français, j'ai été à même d'apprécier les images du contraste entre le charivari ou plutôt la violence débridée du Châtelet et l'insouciance ambiguë du palais de l'Élysée, sous l'empire du pas de danse électro de Brigitte Macron, suivant les rythmes saccadés du célèbre DJ *The Avener*. Décidément, il est de tradition que cette Fête de la musique mette en joie le couple présidentiel, toujours porté à briser les codes.

Je me souviens, en 2018, d'avoir décroché mon téléphone pour appeler Brigitte, après avoir découvert cette photo du président Emmanuel Macron, au sourire fondant, entouré d'éphèbes diversitaires en résille. Ce groupe de chanteurs et de danseurs était venu se déhancher avant d'immortaliser la soirée par des clichés avec le couple Macron, absolument ravi. Le chanteur arborait un tee-shirt sans équivoque : « Fils d'immigré, noir et pédé ».

Le 6 juin dernier, lors du festival parisien *« We love Green »*, s'est produite Yseult, entièrement vêtue de lanières de cuir et de clous, selon les codes vestimentaires du sadomasochisme, exposant son obésité sur scène dans des poses obscènes, tout en vociférant dans son micro. Le public des jeunes était en délire. C'est une militante « pro-inclusion », anti-grossophobe, et qui traite régulièrement les Français de racistes. C'est elle qui a été désignée, par Emmanuel Macron, comme « marraine de la francophonie » et qui a participé à la cérémonie de clôture des Jeux olympiques. Pauvre France !

Quelques semaines plus tôt, c'est Barbara Butch qui avait été élevée au grade de « Chevalière de l'Ordre des Arts et des Lettres », par la ministre de la Culture, Rachida Dati. Cette artiste, revendiquant son homosexualité, a été ainsi récompensée à cause de son fait d'armes de la cérémonie d'ouverture des Jeux olympiques. C'est elle qui a incarné la figure christique de la fameuse parousie LGBTQI+ de la *Cène*, qui n'est autre que le tableau fondateur d'une religion qui a donné à la France sa matrice anthropologique et qui lui a laissé quinze siècles de bon goût.

Voilà où en est notre pays. Il s'avilit. Il se traîne aux pieds des censeurs et barbouilleurs qui le déshonorent et le souillent de leurs crachats. Il a perdu la mesure, le raffinement ; le monde entier nous regarde, effaré : « On était habitué, avec la France, à vivre en altitude... »

Comment qualifier ce qui est en train de nous arriver ? J'ose le mot : c'est la *décadence*. Nous vivons une sorte de suicide civilisationnel. Tout s'effondre : la parole, les manières, les émotions… On touche le fond. Un peuple qui s'abâtardit ou que les hideurs indiffèrent.

Depuis ma prime jeunesse, je vis avec une brûlure

J'ai décidé, dans ce livre-testament, de ne jamais retenir ma plume. J'écris sans scrupule. Je livre, sans aucune précaution pour les âmes sensibles, le fond de ma pensée, avec l'obsession de relever le pays, de le redresser, de le sortir du cloaque. On n'en est plus à peser des œufs de mouche dans des balances de toiles d'araignées...

Je suis hanté par la disparition du peuple auquel j'appartiens. Je vois le gouffre s'ouvrir. Comme disait Chateaubriand à propos de Fouché et Talleyrand, je vois *le vice appuyé sur le bras du crime*, je vois la complaisance appuyée sur le bras des lâches. Le consentement des autorités intellectuelles, morales et spirituelles. Le grand affaissement. On a perdu la matrice. Bientôt la France habitera encore au même endroit, mais elle aura changé de résidents. Nous sommes devenus une société de bernard-l'ermite. Une foule de commensaux, venant de tous appétits, s'installe sur la coquille. La brutalisation et la mutation du peuple d'origin[e] ouvrent déjà sur un nouvel espace qui [...] un grouillement babélien et protéiform[e] [...]

Cette hantise de voir la France choir [...] vient de l'enfance. Depuis ma prime jeu[nesse] [...]

une brûlure, une cicatrice ouverte qui m'a donné à sentir la fragilité des trésors qu'on croit immémoriaux et qui, pourtant, viennent, un jour, s'abîmer à mes pieds.

J'ai vu ma *première langue* disparaître. C'était le patois de ma naissance. Les accents chantants, les personnages, les onomatopées, les proverbes, le cantique des jours, tout s'est éteint en deux générations. Il n'en reste rien.

Derrière la langue, qui sonnait comme un cristal inimitable, il y avait un art de dire, un art de rire, un art de pleurer, un art de répondre aux rossignols et aux merles moqueurs, et jusqu'à une manière d'apprivoiser l'ultime. Avec des gens rudes, simples, qui mettaient de la poésie dans chaque pas, dans chaque interjection et même parfois dans les silences…

Cette langue était rassurante, elle tramait dans la civilité du temps ordinaire un peu d'intemporel, elle tissait en nous, de l'aube au crépuscule, des filaments de l'infrangible qui embellissaient nos vies. Quand je vois, aujourd'hui, qu'on brutalise la langue française, qu'on en défigure la graphie, qu'on abandonne notre patrimoine aux chardons amnésiques, j'ai peur de revivre le traumatisme *en plus grand.* On aura bientôt une France au verbe informe et décousu, à l'art de vivre venu du bled, à la mémoire affaissée dans l'instant, une France de pales métalliques géantes qui tournent au-dessus des témoignages de pierre moussue qui ne veulent plus rien dire. On aura privé un peuple de ses harmoniques. Il aura la barbarie aux lèvres. Il aura la barbarie au cœur. Et il sera à la merci de la lame tranchante du couteau du nouveau voisin…

Qu'adviendra-t-il des serments de nos pères, des mélopées intimes de nos saints et de nos héros, de nos lamentations, de nos agenouillements, de ce qu'on appelait nos « fêtes avec octave », de nos exultations, et même de nos intonations du for intime ?

Ce qu'on peut craindre, ce n'est pas seulement la fin d'une langue, d'une identité, d'un legs de souvenirs, c'est la fin d'un peuple, un *populicide*. Ce néologisme n'est pas de mon cru. Il a été forgé par Gracchus Babeuf, un révolutionnaire communiste, en 1794, pour qualifier et condamner la politique d'extermination des populations de l'ouest de la France par les *Colonnes de feu* qui avaient reçu l'ordre de tout brûler. Ces terroristes s'étaient ainsi justifiés au nom d'une morale supérieure : « Nous ferons un cimetière de la France plutôt que de ne pas la régénérer à notre manière. »

Ce mot de « populicide » m'obsède depuis une conversation passionnante avec un esprit libre, un érudit de notre temps, devenu un ami proche, Michel Onfray. J'admire les percées conceptuelles qui sont les siennes. Je ne résiste pas au plaisir de vous raconter comment nous avons fait connaissance. C'était lors d'un débat sur le traité de Maastricht, un débat que j'abordais avec une certaine appréhension, car tout le plateau était composé d'eurofédéralistes autour de Michel Rocard. Au maquillage, on m'a prévenu : « Ça va être ta fête ! » La question au cœur de nos échanges, c'était justement « l'avenir d'un peuple », le peuple français.

Le débat s'engage comme une sorte de prélude tournant à l'halali. Je suis immédiatement livré aux géhennes. L'eurobéatitude répand ses encens, on se tourne vers le diable en se signant sur l'*évangile des droits-de-l'homme* : je dis tout le mal que je pense de l'Europe fédérale à venir. Qu'elle brisera nos libertés, au nom d'une république libre-échangiste et sans frontières. Le plateau explose. Faites sortir l'intrus. Allumez le bûcher… On me demande de me rétracter. Alors, Franz-Olivier Giesbert, qui arbitre la joute, donne la parole à celui qui ne s'est pas encore exprimé, Michel Onfray. Je crains le pire. C'est un philosophe : Maastricht n'a pas de place dans la caverne de Platon. C'est un homme de gauche : il n'a aucune raison de venir à mon secours. Et le voilà qui s'élance :

– Désolé, Messieurs-Dames, mais je pense que c'est Philippe de Villiers qui a raison. Vous êtes des apprentis sorciers. À vouloir une humanité nouvelle, vous allez perdre en route le peuple français…

Miracle ! Magnifique ! L'échange de regards qui suit la plaidoirie scelle entre nous deux une amitié qu'il appelle « girondine » et, moi « vendéo-normande ». Une amitié vraie, instinctive et combattante. Michel est un philosophe du Réel, un frère d'armes dans la Tranchée et dans le Maquis. C'est le plus stylé des écrivains, c'est le plus ordonné des anarchistes, c'est le plus catholique des athées. Il n'est jamais là où on croit le trouver.

Souvent, nous avons parlé de l'origine du populicide. Pour nous deux, le véritable inventeur du projet, c'est Anacharsis Cloots, un baron prussien d'origine hollandaise qui fit les beaux jours de la Révolution française : il sera élu député de l'Oise. On l'appelle « l'Orateur du Genre humain ». C'est lui qui théorise l'universalisme des droits de l'homme. Il entend recréer une seule humanité, un seul peuple, celui du Genre humain. Il faut donc, pour atteindre cet objectif du bien-être cosmique postnational, *abolir tous les peuples de la planète.* Il veut un gouvernement planétaire et une république universelle. Il est globaliste et droit-de-l'hommiste. Il prédit : « Le Genre humain vivra en paix, lorsqu'il ne formera plus qu'un seul corps, la nation unique. » Et il ajoute : « Je propose un nivellement absolu, un renversement total de toutes les barrières qui croisent les intérêts de la famille humaine. [...] Chacun s'empressera de se confondre dans la grande société pour [...] en goûter les délices. L'économie sera immense, les impôts seront légers et le bonheur sera sans bornes. Une peuplade qui s'obstinerait à faire bande à part serait un sujet de raillerie : son ineptie la couvrirait d'opprobre. » La France, une « peuplade » ? Cet homme parle comme Alain Minc et le cercle de la raison : « l'ouverture ou la mort ! »

Plus tard, il conclura : « Je préfère la République européenne à la République française, et la république universelle à celle de l'Europe, parce que je suis homme[1]. »

C'est bien la *sans-culotterie indivisible* qui a préparé le fameux *État de droit*, les nouvelles huiles sacrées laïques, le sans-frontiérisme, le droit-de-l'hommisme et le paradis diversitaire.

En fait, le populicide est un « génocide par substitution ». Le mot est d'Aimé Césaire. C'est une substitution de peuple concomitant avec l'effondrement du peuple originel. On fabrique un non-peuple : sans identité, sans langue, sans histoire. Il suffit de pratiquer la mort civile des ancêtres, la *damnatio memoriae*, pour couper la source.

Qu'a-t-on fait depuis cinquante ans ? On a fabriqué une société de déracinés. L'inventaire est facile à faire : nous avons des déracinés de l'*extérieur* qui font face aux déracinés de l'*intérieur*. Autrement dit le *Migrant* face à l'*Homme global*. La rencontre des errants. Les errants transplantés face aux errants de la plateforme disruptée, qui ont perdu, avec la mission nourricière du sol natal, le lien avec le pays, le

1. Extrait de l'édito de Michel Onfray, « Théorie du populicide : anatomie d'un cerveau cosmopolite », *Front populaire*, 10 septembre 2024.

paysan, le paysage. Nous assistons impuissants à un conflit de valeurs entre l'hyper-individualisme de la société décadente et l'anthropologie clanique des enclaves quasi-étrangères sur notre sol où, pour être respecté, il faut être un caïd, un salafiste ou un dealer.

Qui ose encore parler de la *famille*, petite nation miniature qui ouvre sur la grande ? Nous glissons le long d'une spirale : « Nous compterons bientôt plus de décès que de naissances. Est-ce l'extinction de notre communauté historique, culturelle, politique ? » C'est la question posée par Fondapol, dont les études scientifiques font autorité. La natalité est une arme de jet, une arme *politique*. S'il n'y a pas – au sens québécois – la « revanche des berceaux », le peuple français sera balayé, submergé, remplacé.

Gustave Thibon a ainsi résumé le danger mortel qui nous menace : la victoire de la vie reste toujours précaire et incertaine ; la nature porte la civilisation comme l'abîme porte l'arche : sur un tombeau entrouvert. Penser juste, penser vivant, c'est défendre contre la mort ce rayon d'autorité posé sur les choses du temps.

Il y a quelques semaines, je dînais avec Michel Houellebecq et nos amis communs Charlotte d'Ornellas et Geoffroy Lejeune. Nous parlions du tropisme mortifère de notre pauvre pays, épuisé dans sa confrontation glaçante avec la perspective terrifiante de l'*injection létale*. À la fin de l'échange, j'interroge l'écrivain visionnaire qui sent si bien les lames de fond menaçant d'emporter la société.

– Aurais-tu un mot pour définir et qualifier l'esprit du temps ?

La réponse fuse :

– Le nihilisme… oui, c'est bien cela… le nihilisme des élites. Nihiliste est l'homme qui juge que le monde tel qu'il est ne devrait pas être et que le monde tel qu'il devrait être n'existe pas. C'est le trou noir. Nous le regardons fixement. La seringue à la main pour en finir.

Je repense à l'appel de J.D. Vance, le vice-président américain, aux Européens : « L'Europe risque de s'engager dans un suicide civilisationnel. » Il reproche à la caste élitaire européenne de ne pas respecter les peuples indigènes. Elle les traite aujourd'hui comme, jadis, étaient traités les peuples colonisés des anciens empires. L'hyperclasse mondialisée pratique ainsi l'*endocolonisation*, c'est-à-dire la colonisation des Européens par leurs dirigeants.

Depuis longtemps, je réfléchis à l'histoire fascinante des civilisations englouties. L'histoire des nations disparues. Pour comprendre comment meurent les peuples. Dans toutes les sociétés qui vont vers l'épuisement, entre le temps des vivants et celui des morts, il y a le temps des *morts-vivants*. Nous y sommes.

Dans *Le Mystère Clovis*[1], j'ai retranscrit le dialogue entre le jeune chef franc et l'évêque de Reims, ami de son père, le roi Childéric. Clovis interroge l'évêque vigneron :

– À quoi reconnaît-on « ce mal » dont vous parlez ?

– Ah, c'est la grande question... répond Rémi. Elle vous concerne autant que moi... Vous, pour l'avenir des Francs, moi, pour l'avenir de l'Église, qui est un empire de l'idéal, une manière d'appartenir à un monde supérieur aux accidents de l'histoire. Eh bien, cher Clovis, je crois, à l'expérience, que toutes les sociétés obéissent à la même loi. Quand elles ont cessé de vivre de leur raison d'être et que l'idée qui les a fait naître leur est devenue comme étrangère, elles se démolissent de leurs propres mains.

---

1. Philippe de Villiers, *Le Mystère Clovis*, Paris, Albin Michel, 2018.

– Et y a-t-il un signe avant-coureur qui permet de déceler la fin prochaine ?

– Oui, bien sûr. Quand elles s'excusent d'avoir existé, d'avoir été brillantes et convoitées. La haine de soi… la haine des pères… La décomposition qui précède l'agonie.

Depuis longtemps, je rêve de pouvoir répondre à la grande question qui me taraude depuis que je vois la France glisser sur la pente : comment sont morts les grands peuples ? Comment se dessine la courbe de la vie et de l'agonie ? Comment se peut-il que le destin bascule ainsi de la prospérité au néant ?

I

COMMENT MEURENT LES PEUPLES ?

Du récit fondateur aux fiertés finissantes

Exposé, dès la prime enfance, aux embruns des rouleaux d'écume de la Côte d'Émeraude, portée qu'elle fut jusqu'aux rivages de mes candeurs par les gifles de sel et les vents d'iode, très tôt j'ai reçu *ma première leçon d'histoire.*

Dans les colères de la mer imprévisible, j'ai compris le drame et la précarité de nos vies. C'était à Saint-Malo, tout près du Musée Quic-en-Groigne. Nous passions nos vacances d'été à côté de la ville corsaire. Nos parents ritualisaient, chaque année, pour leurs enfants, deux excursions mythiques : les *Rochers sculptés* de Rothéneuf et le pic du *Grand Bé,* où se trouve la sépulture de Chateaubriand. Il fallait attendre la marée basse pour traverser le gué à pied sec et grimper jusqu'à la tombe. On nous expliquait que l'écrivain avait choisi les vagues comme dernière demeure. J'étais captivé par ce choix étrange des tempêtes éternelles. C'était sans doute pour nous dire : « Les enfants, sachez que *l'Histoire est tragique.* »

En grandissant, je suis passé de la tombe à l'outre-tombe, pour essayer de concevoir comment un grand écrivain – le plus grand au dire d'Hugo – pouvait mourir. Et c'est là que j'ai compris la grande loi de l'Histoire : les écrivains meurent. Des écrivains, il reste l'*écriture*. Elle est intacte. Des peuples, il ne reste rien. Rien que des ruines. Des vestiges d'humanité déchue. J'ai compris les silences des sables d'abandon, l'insouciance des mouettes, la hâte de l'Histoire impitoyable à changer de favori. Et c'est justement Chateaubriand qui le dit dans ses fameux *Mémoires d'Outre-tombe*. Sa parole est prophétique. Méditons-la :

« Des peuplades de l'Orénoque n'existent plus ; il n'est resté de leur dialecte qu'une douzaine de mots prononcés dans la cime des arbres par des perroquets redevenus libres, comme la grive d'Agrippine qui gazouillait des mots grecs sur les balustrades des palais de Rome. Tel sera tôt ou tard le sort de nos jargons modernes, débris du grec et du latin. Quelque corbeau envolé de la cage du dernier curé franco-gaulois dira, du haut d'un clocher en ruine, à des peuples étrangers à nos successeurs : "Agréez ces derniers efforts d'une voix qui vous fut connue ; vous mettrez fin à tous ces discours." »

L'Orénoque n'est pas la France, mais la France pourrait ressembler bientôt à l'Orénoque. Tous ces peuples qui sont morts se croyaient eux aussi immortels. N'y aurait-il pas des traits communs à rechercher entre leurs symptômes d'agonie et nos signes de mal-être ?

Il m'est venu l'idée, il y a longtemps déjà, d'aller chercher, dans les replis de la mémoire longue de toute l'humanité, la trace des communautés humaines qui, avant nous, ont connu la fortune, la gloire, puis l'extinction. Depuis les civilisations mésopotamiennes, égyptiennes jusqu'aux sociétés phéniciennes ou subsahariennes, les circonstances de l'effacement ne sont jamais les mêmes. Chaque peuple choisit les voies originales de son ascension, puis son épreuve de vérité, son zénith, enfin sa manière de glisser vers le couchant et de vivre l'agonie puis la mort.

J'ai dessiné la courbe qui va du récit fondateur aux fiertés finissantes. J'ai comparé les destins, les trajectoires, j'ai très vite observé qu'il y avait, entre notre situation et le collapsus des peuples illustres qui ont sombré corps et biens, des correspondances symboliques, des similitudes. Ce sont ces similitudes que je me propose, à travers une fresque des populicides, de vous faire découvrir. C'est un exercice fascinant et un itinéraire édifiant.

Comment la créolisation impériale échoue en Perse

Bien sûr, dans le temps long, il faut se garder de tout anachronisme simplificateur, mais il ne paraît pas raisonnable d'accueillir le legs de l'Antiquité comme une beauté morte, inféconde.

Dans le *Cabinet des Antiques*, Michel De Jaeghere, un maître intellectuel de notre temps, a mobilisé sa longue fréquentation des auteurs grecs et romains et sa pratique du journalisme contemporain pour affronter une redoutable question : les Anciens sont-ils, en politique, de bon conseil ?

Plutarque, philosophe et biographe grec de l'âge hellénistique tardif, a déjà répondu, en son temps : l'humain ne change pas, les caractères non plus. L'*hubris* des Grecs sert encore à désigner l'orgueil fougueux des politiques nourris par la seule ambition. La soif de domination, la soif d'empire, l'ivresse du pouvoir reviennent et courent dans les veines ; les avidités fiévreuses chauffent les sangs et les têtes depuis toujours.

Quand Mélenchon invite les migrants à venir chez nous « épouser nos filles », sait-il qu'il réinvente les *noces mixtes de Suse* ? Le projet d'unité culturelle de la *« créolisation »* n'est qu'une redite du projet d'unité culturelle de la

« *persianisation* » du nouveau roi de l'Asie. Le cérémonial de Suse – en cette ville prestigieuse qui fut la capitale de l'Empire perse achéménide – reste, dans l'histoire, comme un moment hautement symbolique, un moment mélenchonien avant la lettre. La noce va durer cinq jours. C'est un cérémonial orientalisé, qui étale les rites des Grands Rois perses. Nous voilà plongés dans une immense tente royale, qui restitue la décoration de la salle des audiences du palais de Suse. C'est un monument impressionnant de toile de peau, soutenu par des colonnes recouvertes d'or, aux tentures et voiles très riches. Plutarque raconte que les convives lèvent leur coupe en or, accoudés sur des lits ouvragés, avec des pieds d'argent, à la manière perse.

Le banquet voit défiler des artistes universels : bateleurs indiens, joueurs de cithare asiatiques, tragédiens de Macédoine. La mixité culturelle a été voulue comme un signe de fusion des peuples. Plutarque note « une munificence extraordinaire d'Alexandre ». Il est là-bas, tout au fond, tout là-haut, sur son lit de parade. Le protocole est perse. Le roi de Macédoine, hégémon de la Ligue de Corinthe, n'est plus. Il laisse place au Grand Roi d'Asie, digne successeur des Achéménides. Celui-ci adopte l'étiquette du peuple à séduire. Suse est leur ancienne capitale. Alexandre vient de faire restaurer le tombeau de Cyrus qui a été profané. Ce geste est apprécié par les Perses.

Aujourd'hui, à Suse, il a décidé de célébrer les noces entre 10 000 Gréco-Macédoniens, dont 80 Compagnons qu'on appelle les *hétaires*, et des jeunes filles perses et mèdes. Le grand métissage...

Alexandre paie de sa personne. Il fraie la voie et célèbre son propre mariage en même temps que celui de ses officiers. Il prend pour épouse Stateira, fille de Darius III, ainsi que Parysatis, en plus de sa première épouse, Roxane. Les noces sont célébrées par des prêtres grecs ainsi que des mages perses. Même les offrandes naturelles obéissent au principe de la mixité.

Nous sommes là devant un acte politique. En 331 avant J.-C., Alexandre est devenu « le Grand Roi ». Il veut désormais séduire ses sujets asiatiques. C'est pourquoi son biographe Plutarque insiste sur le souhait royal de marier les filles de l'aristocratie perse avec les principaux *philoi* – amis et compagnons du roi. Ces noces, d'une puissance symbolique inouïe, scellent un pacte entre les élites, à défaut des peuples. L'assimilation des Macédoniens aux Perses a pour but caché de conserver la norme oligarchique perse pour gouverner plus facilement les territoires conquis.

Ainsi Alexandre est-il devenu le gendre de Darius. Conduisant désormais les destinées d'un empire très étendu, Alexandre entend mener une politique d'acculturation et de fusion parmi les élites. Les noces de Suse préparent la procréation d'une nouvelle population mixte. La progéniture devra être éduquée à la macédonienne.

Selon le récit de l'écrivain grec Arrien, les noces de Suse témoignent de la volonté d'unir les peuples dans un esprit de *« fraternité universelle »*. Cette utopie de l'orientalisation échouera très vite. Dès le printemps 324 av. J.-C., une mutinerie éclate. Les soldats grecs condamnent la place nouvelle accordée aux troupes asiatiques. La répudiation des épouses devient le lot commun. Le multiculturalisme était appelé par Alexandre le « cratère des peuples ». Sans doute voulait-il dire le *creuset*. Le *lapsus* est révélateur.

À la mort d'Alexandre, son empire s'étend de la Grèce jusqu'aux rives de l'Indus. Il constitue le plus vaste empire jamais constitué à cette date.

Pourtant, ce bel ensemble va s'effondrer. Parce qu'il est cosmopolite et sans cohésion véritable. Il inaugure en quelque sorte la preuve que l'idéal du *citoyen du monde* est condamné à l'échec. Le rêve d'un empire multiculturel échoue, faute d'adhésion politique réelle de ceux qui y vivent. Dans une analyse saisissante d'actualité, Plutarque a démonté le rêve cosmopolite d'Alexandre : « Nous ne devrions plus vivre séparés en cités et en peuples, divisés par des droits particuliers ? Nous devrions considérer tous les hommes comme membres d'un même peuple et comme citoyens, de façon à ce qu'il n'y ait qu'un seul monde – le *kosmos* – comme pour un troupeau mis ensemble pour paître et se nourrissant ensemble sur un pâturage commun ? Alexandre cherche à rassembler en un *tout* ce qui était *épars* partout, comme *s'il mixait en un cratère d'amitié les vies et les mœurs, les mariages et les habitations.* Il ordonne que tous considèrent la terre habitée comme leur patrie commune. Qu'on ne distingue pas ce qui est grec de ce qui est barbare par la chlamyde ou par le cimeterre mais qu'on définisse ce qui est grec par la vertu et ce qui est barbare par le vice. Que tous considèrent comme communs leurs tables, leurs mariages, leurs habitations, mêlés par le sang et par leur descendance. » On s'y croirait, n'est-ce pas ? Une contre-référence pour les Insoumis ?

Cette volonté de fusion *transcivilisationnelle* fut la première dans l'histoire. Elle conduira à un naufrage historique qui révèle une vérité politique essentielle : l'utopie du *citoyen universel*, détaché de toute appartenance concrète, ne peut tenir. Elle se heurte au réel, aux fidélités héritées, aux langues, aux mœurs, aux récits originels. Le « cratère d'amitié » devrait être médité par Mélenchon. Il pourrait s'y brûler…

Créoliser – comme *persianiser* –, ce n'est pas assimiler un peuple étranger à une culture préexistante, c'est engendrer un peuple entièrement renouvelé, par la fusion de plusieurs peuples radicalement différents – comme pouvaient l'être les Perses et les Grecs – au point d'effacer leurs repères initiaux pour faire émerger une identité inédite, détachée de toute tradition commune.

L'idéal de l'*homme abstrait* porte le populicide comme la nuée porte l'orage.

Comment l'islam s'impose à la chrétienté flageolante de la Byzance éternelle

L'histoire de Byzance nous en apprend beaucoup sur nous-mêmes. S'il est vrai qu'en histoire, les mêmes causes produisent les mêmes effets, alors nous ne sommes plus très loin de l'année 1453 où tout bascule dans le détroit du Bosphore.

L'Empire byzantin paraît longtemps si solide qu'on le dit inexpugnable. Il a mille ans, on a presque oublié qu'il est né en 330, lorsque Constantin Ier a fondé Constantinople. Il est devenu, au fil des siècles, la forteresse de l'Occident face aux invasions venues d'Asie. Héritier de Rome, il conserve le droit romain, la culture hellénistique et la foi chrétienne, tout en adoptant ses institutions dans un monde en mutation.

Hélas, dès le VIIe siècle, l'essor rapide de l'islam prive Byzance de ses provinces les plus riches – la Syrie, l'Égypte, l'Afrique du Nord. La défaite de Manzikert, en 1071, fragilise la résistance byzantine, désormais réduite à un noyau grec et chrétien essentiellement défensif.

La France d'aujourd'hui ressemble à la Byzance déclinante. On y retrouve les mêmes signaux cliniques des maladies de l'État : l'inertie bureaucratique, la surcharge normative et la fiscalité étouffante qui sont notre lot quotidien rappellent la multiplication des strates de fonctionnaires chargés de contrôler chaque parcelle de terre à Byzance alors que le Trésor impose des taxes extraordinaires sous Justinien et ses successeurs. Les Byzantins se plaignent de l'Impôt. Il y a là comme une parenté de récrimination.

Par ailleurs, nos empoignades idéologiques, de plus en plus violentes – sur la laïcité, le genre, la mémoire coloniale – nous ramènent aux disputes théologiques qui ont épuisé l'énergie byzantine en controverses interminables, notamment autour de l'iconoclasme. L'esprit de discorde a affaibli l'unité religieuse de l'Empire finissant : en effet, la querelle *toute byzantine* oppose les iconoclastes et les iconodules, provoquant la destruction d'icônes, l'exil de moines réputés et la disparition progressive de la vénération des saints.

Sous Léon III, les partisans des images furent contraints de cacher leurs icônes dans des boîtes scellées de plomb ou de les enfouir dans les fondations des églises. Ces schismes affaiblirent l'harmonie des cœurs dans les provinces orientales, préparant le ralliement des populations jacobites et monophysites aux conquérants arabes.

À partir de 1450, partout en Occident, on parle du « Siège ». On s'inquiète, puis on se rassure : « La Providence est là, elle veille. » On croit entendre le dernier rejeton de la branche aînée des Bourbons : « La France ne peut pas périr, car le Christ aime encore ses Francs. » On écoute les oracles des sages et des doctes : « Byzance est éternelle… Byzance est imprenable ! », « Les Byzantins tiennent bon », « Les assaillants sont en train de s'épuiser ». Mais la réalité se dérobe. On finit par se rendre à l'évidence, au printemps 1453. On est assailli par le doute. On serre les poings. On ferme les yeux. La question est existentielle. On sait que c'est perdu...

La ville de Constantinople, symbole de puissance et de grandeur, capitale millénaire de l'Empire byzantin, est sous la menace de l'assaut final. Cernée par le nouveau sultan. Il a vingt ans. Il s'appelle Mehmed II et il conduit les destinées d'un Empire dont le prestige, à ce qu'on lui a dit, serait décuplé s'il s'emparait de ce qu'on appelle « la Deuxième Rome ».

Il cherche une capitale de renommée mondiale. La prise de la ville assurerait le contrôle sur le détroit du Bosphore. Mais, surtout, la victoire ne serait qu'un moment de répit avant de conduire le sultan à Rome.

Le rapport de forces est déséquilibré. Le siège durera cinquante-cinq jours. Le djihad final commence le 29 mai au petit matin. C'est le coup de grâce. L'empereur Constantin XI, qui demeure l'âme de la défense, sauve l'honneur. L'épée et le bouclier en main, il résiste. Il reçoit un coup mortel et tombe à terre. Il est décapité. Sa tête est apportée au sultan, en guise de trophée. Cet empereur sans visage devient alors une figure mythique. Hélas, les remparts cèdent. Les portes s'ouvrent. La ville est prise. Le 29 mai, à midi, Mehmed le Conquérant entre dans la célèbre Sainte-Sophie.

Il ordonne la transformation de la basilique byzantine en mosquée. Les immenses mosaïques dorées sont masquées sous des plâtres. Et quatre minarets sont rapidement construits aux angles, symbolisant la primauté de l'islam sur l'héritage chrétien.

Les palais byzantins sont transformés en bazars ottomans. Lorsque Mehmed II fait de Constantinople la nouvelle capitale de son empire islamique en 1453, il ne se contente pas de conquérir un territoire : il orchestre un *remplacement culturel progressif.* Les mosquées succèdent aux églises, l'arabe et le turc supplantent peu à peu le grec dans l'administration et le commerce, et la loi islamique se substitue au droit romain byzantin, organisé auparavant autour du *Corpus juris civilis.* Par le système du « millet », les Grecs orthodoxes sont relégués à un statut de communauté protégée mais subordonnée : leurs écoles, leurs tribunaux personnels et leurs monastères ne survivent que sous l'égide du patriarche de Constantinople, nommé par le sultan.

Dans les faubourgs de la ville et dans les Balkans, de nouveaux colons turcs et musulmans s'installent tandis que les anciens citadins byzantins, maintenus hors de la haute administration et de l'armée, voient leur rôle public s'effacer. Dès 1454, le sultan fait venir des milliers de Turcs d'Anatolie et installe une garnison de janissaires dans les anciens quartiers impériaux, contraignant nombre de familles grecques à s'enfuir vers la péninsule des Balkans ou à se réfugier dans les faubourgs de Galata.

Les décrets impériaux, jusque-là rédigés en grec, passent au turc ottoman, écrit en alphabet arabe ; les prières du vendredi à la mosquée principale sont prononcées en arabe. Ainsi s'affirme la domination linguistique et religieuse des nouveaux conquérants. Le code légal de Mehmed II institue la charia comme droit musulman d'État ; le droit romain byzantin n'est plus enseigné dans les écoles juridiques, marginalisant les juristes chrétiens. Les Grecs orthodoxes, regroupés dans le « millet Rum », voient leur patriarche nommé par le sultan, chargé de percevoir un impôt communautaire et de maintenir l'ordre religieux.

En moins d'un siècle, la vie quotidienne, la toile urbaine, la musique, la gastronomie et la mémoire collective de l'ancienne capitale romaine d'Orient sont remodelées à l'image de la culture ottomane, scellant ainsi la substitution d'un sultanat islamo-turc à un empire chrétien-hellénistique.

Pour l'Occident, la chute de Constantinople est vécue comme la fin d'un monde et contribue à forger une identité chrétienne européenne face à la montée d'un empire musulman universel.

Nous avons là, sous les yeux, un miroir kaléidoscopique prémonitoire. Qu'il convient de méditer. Nous voilà taraudés par une question : quelle est la prochaine Constantinople ?

Là où l'islam s'impose à la chrétienté trémulante, le processus est le même. L'enchaînement est écrit : la charia devient loi d'État. Elle est supérieure aux lois civiles, les citoyens deviennent des dhimmis, c'est-à-dire des citoyens soumis, qui paient le tribut islamique. Les églises sont transformées en mosquées. L'*oumma* prend la relève de la laïcité et la périme. La « communauté des croyants » s'impose comme une nation à part, supérieure à toutes les autres.

L'histoire de la chute de Byzance a réservé une *virgule de fin* dont la puissance symbolique nous édifie sur la promesse des hommes.

Un an après la chute de Constantinople, toute la chrétienté est appelée à reprendre l'armure. Le pape Nicolas V appelle les princes chrétiens à organiser une croisade pour reconquérir la ville sainte. Le premier qui répond à cet appel, c'est Philippe le Bon, duc de Bourgogne. Il se pose en champion de la Cause. Il décide d'organiser le *« Vœu du Faisan »* à Lille ; c'est une cérémonie d'une solennité inouïe, avec un immense banquet où les invités, venus de toute l'Europe, vont prêter serment de partir en croisade. Il faut *aller reconquérir Byzance.*

Parmi les divertissements fastueux de cette veillée d'armes de haute chevalerie, figure l'entrée d'un géant conduisant un éléphant, portant sur son dos une forteresse dans laquelle se trouve une femme en deuil, représentant l'Église. Cette femme déclame alors une complainte suppliant les chevaliers de la Toison d'or. Chacun repart, au petit matin, après avoir *juré sur le Faisan.*

La portée métaphorique du « Vœu du Faisan » tient à la suite de cette soirée qui engage les plus nobles caparaçons de l'honneur français. Le « Vœu du Faisan » constitue un événement symbolique de l'histoire européenne du XVe siècle, en manifestant l'impuissance de l'Europe chrétienne face à l'expansion ottomane. Car c'est la première fois, dans l'histoire de la chevalerie, qu'un *serment ne sera pas tenu.* Le « Vœu du Faisan » restera un vœu pieu. La parole donnée n'est plus respectée. Peut-être que, ce soir-là, autour de l'oiseau symbolique, sans le savoir, l'Occident entre en rémission avant la lente agonie.

Comment l'abandon du politique à Carthage conduit à l'éradication d'un peuple

Quiconque musarde entre les pierres souffrantes de l'illustre cité carthaginoise est poursuivi bientôt par l'apostrophe célèbre dont il a les effets sous les yeux : « *Delenda est Carthago* ». Carthage doit être détruite. La parole du sénateur Caton a été entendue : Carthage a disparu. Il ne reste, éparses, que des ruines qui donnent une idée de cette cité fondée par la reine Didon. On y cultive encore la légende fondatrice de cette sœur du roi de Tyr qui aurait demandé au souverain voisin l'autorisation de dessiner un royaume sur ses terres. Celui-ci lui a offert alors un « *terrain aussi grand qu'une peau de vache* ». La reine, plus maligne que le roi jaloux et mesquin, fait découper ladite peau de vache en lanières très fines et trace ainsi les contours de la grande cité de Carthage. En référence à cette fondatrice mythique, les Carthaginois sont surnommés les « enfants de Didon ».

Après l'abandon d'Énée, qui la quitte pour suivre sa destinée de héros troyen, Didon se donne la mort. Ce suicide tragique présage la malédiction et la fin violente de la cité : la reine, en se perçant le cœur, incarne le sacrifice premier d'une cité promise à la destruction.

Mais il y a une autre légende qui en dit long sur le sort de la cité : on raconte qu'après le siège de Carthage, en 146 avant J.-C., quand la ville eut été complètement rasée, un officier romain fit labourer les ruines encore fumantes, puis il sala le terrain pour maudire ce sol à jamais, afin d'empêcher toute pousse future. Grâce au salage et à ses vertus acides, il a pu stériliser les terres. Le sel a, dit-on, un effet phytotoxique sur les cultures : grains blancs sur la terre brune, image indélébile d'une malédiction rituelle. « Que rien ne repousse ici ! » aurait proclamé le héraut romain. C'est là un geste symbolique du populicide intégral. La « salaison de Carthage », comme on l'appelle, illustre l'idée d'un effacement absolu : Rome ne s'est pas contentée de vaincre Carthage, elle a voulu effacer jusqu'à la mémoire de son sol.

L'histoire de Carthage porte une leçon que la sagesse la plus élémentaire nous appelle à méditer pendant qu'il en est encore temps. Ce qu'on a vu à Carthage, avant l'orage de feu et l'invasion romaine, on le voit chez nous : l'élite a abandonné, au fil du temps, le *bien commun*, l'intérêt général au profit des bénéfices et calculs personnels. Carthage était une cité prospère, elle a été détruite, culturellement et même physiquement, parce qu'il n'y avait plus personne pour la défendre. Chacun était à ses petites ou ses grandes affaires. Le conquérant n'avait donc qu'à donner de l'éperon et à se pencher ensuite, sans quitter les étriers, pour ramasser le butin. Il n'y avait plus d'esprit public.

Comment une cité aussi prestigieuse a-t-elle pu s'effondrer ainsi ? Fondée par les Phéniciens au IXe siècle avant J.-C., Carthage fut longtemps considérée comme la grande puissance maritime de la Méditerranée occidentale, grâce à son commerce et à son réseau de colonies. On s'en allait répétant, devant la baie la plus souriante, la plus puissante de « *Mare Nostrum* », « Carthage est un paradis. Carthage ne peut pas mourir ».

Mais, après la seconde guerre punique, en 201 avant J.-C., l'oligarchie carthaginoise, rongée par la seule recherche du lucre et une indifférence totale au Bien public, en vient à perdre peu à peu tout esprit civique. Privée de l'élan vital qui l'a naguère portée sur les mers victorieuses, la cité abdique jusqu'au goût de se défendre face à la puissance romaine qui guette sa proie. Le siège romain dure trois ans. Puis c'est un massacre systématique des derniers veilleurs et défenseurs sur les remparts. La population de Carthage est alors réduite en esclavage, les murs des maisons et des temples sont démolis. La citadelle punique de Byrsa disparaît. Le Tophet est démembré. Il ne reste plus rien, rien que la pierre *rasée*, la terre salée, le peuple *éradiqué*. Le populicide romain fait de Carthage un modèle de dépopulation organisée sur ordre du Sénat.

Que s'est-il donc passé pour produire une telle catastrophe – la fin d'une cité vaillante et glorieuse et la fin d'un peuple ? C'est Aristote qui a le mieux répondu : « À Carthage, les charges sont mises en vente ; on juge que la fortune vaut mieux que le mérite. Et c'est ainsi que tout *l'État devient avare.* »

La richesse commerciale n'engendre aucune mobilisation civique : l'aristocratie, obsédée par l'accumulation de ses prébendes et avantages, investit dans les palais tandis que les travaux de défense – les murailles et la flotte – sont négligés. Le Sénat détourne les recettes fiscales vers des fortunes privées, vidant ainsi les caisses de l'État.

J'ai lu une anecdote édifiante, et qui illustre l'abandon de la Cité par ses bénéficiaires naturels. Peu après la paix de 201 avant J.-C., alors même que le Sénat de Carthage met en débat le financement de nouvelles galères pour protéger le commerce, un riche magistrat propose en séance d'affecter cet argent à un banquet somptueux pour son fils, au motif que « la renommée d'un tel festin cimenterait mieux l'unité de la cité que des rameurs épuisés ». Séduit par l'idée, le Sénat ajourne indéfiniment la commande de vaisseaux, sacrifiant ainsi la *défense* au *luxe*.

Retranchés dans leurs demeures richement entretenues, les citoyens abandonnent et transfèrent leur devoir civique. On va chercher, pour la défense des remparts, et même des routes commerciales, des contingents mercenaires – des Ligures, des Ibères, des Numides. Alors que ce sont les guerriers carthaginois qui ont inventé le glaive court remplaçant la lance et la fronde, ces soldats de métier étrangers répondent à un contrat, sans rapport avec leur lignée. Bref, le service militaire a disparu, le lien civique s'effondre, la nation se désarme symboliquement comme militairement. L'historien Polybe a tout résumé : « Ils laissèrent leurs soldats étrangers mener la guerre, tout en se livrant aux fêtes et aux plaisirs. »

La puissance marchande oligarchique fut détruite, victime à la fois de la faiblesse militaire et de la soumission intérieure. Carthage a perdu sa fibre. L'historien romain Florus, originaire de la province d'Afrique romaine, nous livre un constat sans fioritures : « Elle se livrait aux besoins de lucre plus qu'à ceux de l'honneur ; c'est pourquoi Rome jugera prudent de l'anéantir. »

À la même époque, à Rome, le citoyen-soldat constitue le socle de la défense : lors des *comitia centuriata*, chaque consul prête serment de « protéger la *res publica* jusqu'à son dernier souffle ». Un engagement solennel lie patriciens et plébéiens dans un même réseau d'obligations militaires, jusque dans les campagnes les plus reculées. Caton l'Ancien n'avait donc pas besoin de rallumer la flamme patriotique. Il lui suffisait de souffler sur le feu doux qui ne s'éteindra que plus tard.

Quand on examine ce qu'a été le siège de Carthage, en 149-146 avant J.-C., on ne manque pas d'être frappé par ce qu'il faut bien appeler une *opération d'éradication*. C'est un protocole de dépopulation totale. La ville est systématiquement démolie pierre à pierre sur un ordre qui vient du Sénat. La population est massacrée. Sur les centaines de milliers d'habitants, seuls environ cinquante mille survivants seront épargnés, avant d'être capturés puis vendus. Le territoire carthaginois devient une province romaine d'Afrique, administrée par Rome.

Nous sommes là devant un cas d'école. La dérive oligarchique d'une société entièrement tournée vers l'appât du gain signe la *fin du politique* : on ne protège plus une population, une agriculture, une industrie, un outil de travail, des intérêts vitaux ; on cède plutôt à la logique marchande. C'est toujours la même erreur : on croit que l'échange va emporter les barrières, qu'il va les souffler, que l'économie rapprochera les hommes quand la culture les isolerait en leurs enclos.

On imagine que Dante, Goethe, Molière et Shakespeare auraient mieux servi l'Europe s'ils avaient écrit en esperanto ou volapük intégrés. L'illusion carthaginoise est parmi nous. Ce sont les mêmes élites qui, ne croyant plus à la politique, allèguent que la paix viendra de la prospérité et que la prospérité n'est qu'une addition de profits personnels. Les élites carthaginoises, déjà mondialisées, pensaient, à leur m[illegible] et dans leur petit monde, que le temps des fronti fini, que la marchandisation des amphores phéniciennes et des bronzes siciliens allait, par le seul effet de leur échange mercantile, établir la paix perpétuelle. Leur félicité débonnaire les a empêchées de voir monter les périls.

Quand on voit l'état de la France et l'insouciance des peuples européens, nous sommes tous d'esprit carthaginois, hélas. Les Romains de l'apogée, eux, pensaient tout autrement. Il vaudrait mieux, pour notre salut, que nous regardions du côté de la Rome triomphante que de la Carthage finissante.

La grande leçon de Carthage, c'est que les élites se trompent souvent sur le destin des peuples mais aussi que les peuples sont mortels et peuvent disparaître du jour au lendemain : Notre-Dame rasée, Victor Hugo brûlé, nos filles voilées, nos enfants transgenrés, le pays trans-mémorisé. Quand une nation perd sa raison d'être et qu'elle n'est plus que l'appendice d'un marché unifié, le péril monte. Le péril mortel.

Comment les *possessores* qualifient à Rome l'invasion d'un terme charmant : l'accueil de l'Autre

Pour comprendre le basculement qui s'opère en cet instant, il faut suivre du regard le jeune homme chétif qui court dans les marais, infestés d'insectes. Il se baigne dans les eaux croupissantes de Ravenne, où il a été transporté – relégué ? –, avec toute sa cour. Ambiance de fin de règne : les *clarissimi* qui tiennent la terre et les âmes brillent de la lumière chancelante des astres morts. Ce sont des fantômes qui promènent sur des ruines fumantes leurs lucioles expirantes.

Le jeune homme, qui sort de l'eau, couvert de pustules, est le dernier empereur de Rome – un pauvre enfant de quinze ans. Il s'appelle « Romulus Augustule ». La dérision de son nom vient ainsi couronner celle de son destin. Dans quelques heures, il va être déposé par le Skire Odoacre, dont le premier geste sera de renvoyer par courrier les *insignes impériaux* à Constantinople. Nous sommes en 476. Il n'y a plus d'Empire romain d'Occident.

Le malheur vient de loin, annoncé par les plus lucides dès le début du siècle. Peu après le sac de Rome par Alaric, en 410, saint Augustin a laissé en dépôt sacré ses impressions dans *La Cité de Dieu* : c'est pour le lecteur d'aujourd'hui une page quasiment allégorique. Il voit dans la défaite romaine le paroxysme d'une *substitution de peuples* : les Goths ne se contentent pas de piller la ville, ils investissent le Sénat, peuplent les quartiers patriciens et supplantent les Romains sur leur propre sol. Une démographie nouvelle, une culture nouvelle prennent la place d'une civilisation corrompue. Pour l'évêque d'Hippone, cette prise de pouvoir des barbares révèle la faillite morale de la *civitas* romaine.

Le destin de la Rome finissante est, pour nous, un avertissement prémonitoire. Le mot de l'historien grec Polybe aurait dû être sujet à méditation : aucune civilisation ne cède à une agression *extérieure* si elle n'a pas d'abord développé un mal qui l'a rongée de l'*intérieur*. Rome s'est effondrée simultanément de l'extérieur et de l'intérieur. Tout a cédé en même temps. La dilution de la citoyenneté et l'accueil des fédérés-barbares ont scellé la désagrégation politique et culturelle de l'Empire d'Occident. En accordant soudainement la citoyenneté à « tous ceux qui se trouvent dans l'Empire », en 212, l'édit de Caracalla cherchait l'unité juridique, mais en vidant la *res publica* de sa consistance. Privés de devoirs partagés et de liens communautaires, les provinciaux ne se virent plus que comme de simples administrés.

Le prêtre Salvien de Marseille, au Ve siècle, sonne la cloche du glas : il n'y a plus de peuple romain, mais une masse de sujets. Il dénonce la disparition du sentiment civique parmi les êtres désormais jugés indignes de la citoyenneté devenue universelle. Un peu plus tard, le chroniqueur célèbre Ammien Marcellin note que la Grèce, l'Orient et l'Afrique portent le nom des provinces romaines, mais ne forment pas *un même peuple*. Il n'y a ni la cohésion, ni le sentiment de ce qu'on appelle aujourd'hui « l'en-commun ».

mœurs. Il ne nous reste plus qu'à faire un acte de foi dans la sagesse de tous ces gens, ou bien de savoir que le rocher de Tantale n'est plus suspendu que par un fil au-dessus de nos têtes. Car nos hôtes barbares vont nous assaillir aussitôt qu'ils penseront que le succès est promis à leur entreprise. »

Comment un grand peuple peut-il ainsi refuser de voir ce qu'il a sous les yeux ? C'est une énigme qui éclaire les ressorts de l'âme humaine d'une lumière blafarde. La cécité volontaire égare parfois les intelligences les plus averties, celles qui trouvent naturel qu'on ait remplacé les chiens par les loups pour garder les troupeaux. Personne ne voulait entrevoir ou anticiper ce qui allait survenir, la fin d'un empire, d'une civilisation.

Les *possessores* ont préféré connaître la pauvreté et l'indigence au milieu des Barbares plutôt que de subir le fardeau des impôts au milieu des Romains. Ce fut le début de la fin. Quand l'affaissement mental fit cortège à la perte du discernement. L'Empire avait perdu toute clairvoyance. Hélas, il claudiquait comme un vieillard qui ne voit plus clair sur les remèdes. Il faut dire que l'usure du corps social les rendait tous inutiles. La société romaine, comme l'a dit Eucher, l'évêque de Lyon, était devenue un *« monde aux cheveux blancs »*.

La leçon romaine nous fait l'aumône de ses avertissements, valables pour tous les peuples : c'est quand les peaux se tavèlent que commence l'agonie. Le pourrissement précède la mort. Comme la paresse a précédé l'infiltration. C'est la corruption des âmes qui prépare toujours celle de l'esprit public. Quand le pot-de-vin devient la règle dans la toge, que les nominations s'achètent, c'est qu'on a déjà perdu l'énergie vitale. L'effondrement des naissances, l'infanticide, l'avortement, jusqu'au refus de la vie... Les historiens racontent qu'il suffit de se promener dans les rues et au Forum pour croiser du regard les visages affaissés, le délitement des mœurs : les hommes se déhanchent mieux que les femmes et parfois, en public, se couvrent la tête de voiles et de rubans de filles. La noblesse sénatoriale n'affiche plus d'autre souci que d'accroître son luxe, d'agrandir ses hypocaustes et de remettre une couche de porphyre sur ses baignoires. La borjoiserie des villes, de plus en plus inculte, n'est attirée que par des spectacles grossiers, la vilenaille passe sa vie dans le cirque où ne se produisent plus, engagés à prix d'or, que des mercenaires venus d'Afrique. On ne vit que des souvenirs des fêtes passées et de l'espoir des fêtes prochaines. La Rome impériale, croyant que les destinées du genre humain ont été fixées à jamais, s'est reposée dans la jouissance de ce qu'elle appelle encore la *felicitas.*

Il faut méditer la plainte de Juvénal : « Ce peuple qui, autrefois, distribuait le pouvoir, les faisceaux, les légions, ce peuple ne désire plus que deux choses au monde : du pain et des jeux. » La Fête de la musique et la Ligue des champions. Nous y sommes.

Comment le Machu Picchu a pratiqué l'autopopulicide

Un ami péruvien, qui proteste lui-même de son ascendance inca, m'a raconté une histoire touchante et troublante sur l'ancienne cité du XVe siècle, au Pérou, portant le nom du *Machu Picchu* – qui peut se traduire par « la vieille montagne ». Elle fut jadis une cité royale et religieuse, perchée sur un promontoire rocheux, sur le versant oriental des Andes centrales. Une œuvre maîtresse de l'architecture inca, bâtie sur des roches d'origine magmatique. Tout là-haut s'élève, pris dans les nuages, comme dans un *sfumato artistique* des brumes célestes, le temple de pierres taillées à l'andésite, dédié à *Inti*, le Dieu-Soleil, la divinité principale du panthéon inca.

L'ami péruvien insistait sur les croyances du peuple ainsi accroché à flanc de montagne sacrée, sur les célébrations du culte de l'*Astre irradiant*, soulignant le mystère de « cette *fusion éternelle avec le cosmos* ». Il m'expliqua ensuite qu'après la guerre civile et l'arrivée des conquistadors en 1534, le *Machu Picchu* se vida en quelques années. Le pressentiment du deuil de cet empire était si fort et vécu si intensément dans sa dimension tragique que furent accomplis, par les Incas de l'exode, deux gestes, à haute portée symbolique :

le premier, ce fut la fin de toute reproduction – on cessa de *faire des enfants*. Ce fut un suicide collectif, une sorte *d'autopopulicide*. Et le deuxième, ce fut l'*enterrement des « poupées divinatoires »*, accablées d'aiguilles, qui représentaient les dieux du peuple inca. La leçon est éloquente : quand un peuple ne croit plus à son destin, quand il se sent mortellement affaibli, qu'il perd ses voisinages affectifs, il perd l'espoir du lendemain, il se ferme à l'horizon d'une progéniture, il cesse de *se reproduire*, il répudie la vie. Il entre dans la mort comme il est entré dans la vie, dans le silence éternel des espaces infinis.

Les Français de *Peripheria* vivent aujourd'hui le syndrome du *Machu Picchu* : l'athéisme d'État et la dénatalité militante sont les signaux avant-coureurs de la colonisation à venir. On n'ensevelit pas les poupées, on enterre les crèches et on déplace les statues des saints protecteurs. Voici venu le temps où les Français commencent à entrevoir, à travers les *signaux faibles* que, dévalant la pente du *Machu Picchu*, la France est appelée à devenir la colonie de ses colonies.

Nous voilà pris dans un mouvement décolonial et recolonial. C'est la revanche des peuples colonisés. Mais de quelle colonisation parle-t-on ? Il y a autant de formes de colonisation que de visions des colonisateurs. On ne peut tout jeter aux géhennes.

Un dominicain espagnol, missionnaire, chroniqueur et historien, a sauvé l'honneur de l'Occident. Dans sa *Brevísima relación de la destrucción de las Indias*, publiée en 1552, Bartolomé de las Casas s'émerveille de la « paix et de la justice qui régnaient dans ces républiques indiennes » où « chacun des habitants possédait sa terre, sa maison et son rang ». Dans son *Histoire des Indes*, il décrit la vie civile des Indiens : « Il est évident que ces gens, dans toutes les

Indes, nous les avons trouvés installés dans des villages et de gros bourgs, ce qui est grandement signe et preuve de raison ; nous les avons trouvés avec des seigneurs puissants qui les dirigeaient et gouvernaient ; nous les avons trouvés pacifiques et organisés dans leurs républiques, où chacun des habitants possédait et jouissait de sa terre, de sa maison et de son rang. Il était impossible d'obtenir et de maintenir tant de gens assemblés sans paix et sans justice. »

Lorsque Christophe Colomb revient des Amériques et qu'il se rend à Tolède, à la rencontre de la reine Isabelle la Catholique, il raconte l'innocence des Indiens : « Ils nous apportèrent des ballots de coton, des javelots et bien d'autres choses, qu'ils échangèrent contre des perles de verre et des grelots. Ils échangèrent de bon cœur tout ce qu'ils possédaient. Ils étaient bien bâtis, avec des corps harmonieux et des visages gracieux. Ils ne portent pas d'armes – et ne les connaissent d'ailleurs pas, car, lorsque je leur ai montré une épée, ils la prirent par la lame et se coupèrent, par ignorance. Ils ne connaissent pas le fer. Leurs javelots sont faits de roseaux. Ils feraient de bons serviteurs. Avec cinquante hommes, on pourrait les asservir tous et leur faire faire tout ce que l'on veut. »

La reine étend la main : « Pas question de les asservir ». Au moment où l'explorateur jette aux pieds du trône un tas d'or et d'argent, Isabelle la Catholique, commanditaire de l'expédition, décide de transformer le métal précieux en un ostensoir en or géant. Puis l'ostensoir, ainsi réalisé avec le premier or arrivé d'Amérique, sera placé à l'intérieur de la *Custodia*, conçue comme une tour gothique avec un plan hexagonal. Cette *Custodia*, fameuse en Espagne, fait chaque année le tour de la ville de Tolède, lors de la Fête-Dieu, le *Corpus Christi*. Il s'agit d'un cérémonial exceptionnel, une grande procession eucharistique. Le cortège est centré sur l'ostensoir monumental, porté sous un dais par les prêtres et l'archevêque de la cathédrale. Aussi l'or des explorateurs fut-il mis au service du Tout-puissant.

Le moment-clé de l'histoire de la colonisation espagnole, c'est la fameuse « Controverse de Valladolid » (1550-1551). La colonisation est un instant suspendue par les autorités castillanes. Alors s'installe le débat contradictoire, organisé par Charles Quint, le roi de Castille et d'Aragon, qui a décidé de réunir des théologiens, des juristes et des administrateurs de haut rang, afin de « traiter de la manière dont doivent être menées les conquêtes dans le Nouveau Monde, pour qu'elles se fassent avec justice et en *sécurité de conscience* ». Tout l'enjeu, c'est de définir ce que signifie la *sécurité de conscience.* La question est de savoir si les Espagnols peuvent exciper d'un « droit de conquête » pour dominer et convertir par la force les populations indigènes ou si les différents peuples amérindiens – les *Indios* – ont la légitime possession de leurs territoires, auquel cas les Espagnols devraient alors se limiter à des *conversions volontaires.*

Le contexte est explosif. Les conquistadors s'enflamment. Le pape Paul III a condamné l'esclavage des Indiens au nom de l'Église catholique (1537). Charles Quint a promulgué « les lois nouvelles » qui proclament la liberté naturelle des Indiens d'Amérique et il implore la remise en liberté des esclaves indiens, punissant ceux qui seraient violents envers eux.

Le débat s'organise en un face à face entre deux éminences de l'Église. Le premier, Juan Ginés de Sepúlveda, est un humaniste de la Renaissance, qui se réclame d'Aristote. Selon lui, la force est légitimée par la nature même des civilisations précolombiennes. L'autre se réclame de saint

Thomas d'Aquin, c'est Bartolomé de las Casas. Il déclare : « Une société est une donnée de la nature ; toutes les sociétés sont d'égale dignité, ce qui veut dire qu'une société de païens n'est pas moins légitime qu'une société chrétienne. Il convient donc *d'interdire la conversion par la force.* La propagation de la foi doit se faire de manière évangélique. Ceux qui vont aux Amériques n'ont donc pas un titre de propriété mais un devoir de mission. »

Las Casas ne manque pas de saluer l'architecture des Aztèques, la rationalité des civilisations amérindiennes. Il proclame avec force : « L'évangélisation ainsi que le fait de sauver les victimes des sacrifices humains n'est pas tant un devoir des Espagnols qu'un droit des Indiens. »

Finalement, c'est le dominicain Las Casas, déclaré « ami des Indiens », qui sort vainqueur du débat. Charles Quint s'emploie alors à publier de nouvelles lois pour protéger les autochtones. C'est au palais de *Fuensalida* que j'ai appris à connaître et à suspecter la légende noire de la colonisation espagnole. C'est là que j'ai compris l'esprit de confusion qui règne sur la question. On confond à tort les expéditions espagnoles avec l'activité pour le moins discutable des responsables politiques nord-américains qui ont, le plus officiellement du monde, conçu et mis en œuvre la spoliation et l'extermination des populations indigènes dont ils convoitaient des territoires : extermination planifiée des bisons, *Indian Removal Act,* « loi sur la déportation des Indiens », déplacements massifs et parcage dans des « réserves ».

Pourquoi devrions-nous prêter une plus grande attention au destin dramatique des Amérindiens ? Parce que le populicide qu'ils ont subi nous fournit une grille de lecture pour le sort réservé aux « Amérindiens d'Europe » – pardon pour le parallèle prémonitoire. Dans nos banlieues, on trouve les premières *réserves.*

L'histoire de l'Amérique est éloquente. Lorsque les Européens sont arrivés au XVIIe siècle, l'Amérique du Nord-Est était partagée entre plusieurs nations amérindiennes : les Iroquois, les Sioux, les Cherokees...

Les populations furent repoussées, décimées, au nom de la « *Destinée manifeste* ». Cette expression désigne la forme américaine de l'idéologie calviniste, selon laquelle la nation américaine aurait pour mission divine l'expansion de la « civilisation » vers l'Ouest. Cette croyance messianique en une élection divine – la prédestination protestante – est très présente chez les « Pères Pèlerins » puritains arrivés en Amérique sur le *Mayflower* en 1620.

Ainsi les populations indigènes furent-elles repoussées vers l'Ouest puis soumises à une interdiction de vivre avec leur culture : les pensionnats – les *boarding schools* – empêchaient les enfants autochtones de parler leur langue ou de pratiquer leurs rites.

Les vagues de colons britanniques puis anglo-américains s'approprièrent les meilleures terres agricoles, repoussant les Amérindiens sur des territoires marginalisés. À partir du milieu du XIXe siècle, une nouvelle étape fut franchie : les Amérindiens furent regroupés dans des *réserves* – c'est de là que vient le mot –, pauvres en ressources, rompant leur lien avec la terre et sapant leur autonomie.

La colonisation française, au XIXe siècle, procède d'un tout autre esprit. Nos colons n'ont pas à rougir de leur œuvre. Les médecins, les ingénieurs, les missionnaires et bien sûr les soldats ont été admirables. Leur trace est magnifique. Mais l'esprit de l'État colonisateur, c'est celui de la *république universelle.* Ce n'est pas glorieux non plus. C'est la gauche qui colonise. Elle veut imposer au monde son « homme nouveau » qui date du Comité de Salut public. Elle veut *régénérer* l'univers. Il s'agit d'un impérialisme idéologique. La vision de cet universalisme est développée dans l'allocution tonitruante de Jules Ferry, le 28 juillet 1885, à la Chambre des députés :

« Messieurs, il faut parler plus haut et plus vrai ! il faut dire ouvertement qu'en effet *les races supérieures ont un droit vis-à-vis des races inférieures.* Je répète qu'il y a, pour les races supérieures, un droit, parce qu'il y a un devoir pour elles. Elles ont le devoir de civiliser les races inférieures. »

La République impose *son ordre* au monde entier. Cet ordre est établi sur le principe de la déliaison. L'homme républicain n'est plus un héritier, mais un humain sans origine. Il ne reçoit plus un nom, une langue, une histoire : il s'autodéfinit par une identité mouvante et des droits nouveaux. Le socle commun est dissous dans une multitude revendicative sans verticalité, où plus personne ne meurt pour la patrie, mais où chacun vit pour soi, sans passé.

Les *« républiques sœurs »* de la Convention ont échoué car elles avaient détruit ce qui faisait tenir un peuple : la foi, les coutumes, la continuité. La France contemporaine suit le même chemin. Ce modèle sans racines rappelle l'échec du projet d'Alexandre le Grand et de son rêve d'un monde unifié par-delà les peuples, les langues et les dieux, d'un « cratère d'amitié » universel où se fondraient Grecs et Perses dans un peuple nouveau. De même aujourd'hui, le rêve d'un homme mobile, flexible, ubérisé, créolisé, mondialisé, ne repose sur aucun attachement profond ni sur aucun désir de transmission. L'oubli volontaire du passé, la destruction des appartenances, l'imposition d'une citoyenneté sans mémoire ne produisent pas une paix durable, mais un vide, une amputation, une ablation, une désespérance.

L'universalisme républicain porte l'idée du « républicanisme transcendantal ». Il fait de l'homme universel un électron libre. Il récuse avoir reçu l'immense bénéfice des travaux de ses pères, leur patrimoine de glèbe et leur héritage d'esprit, la *terra patrum* : un sol, une civilisation.

L'autopopulicide est dans la nature même de ce reniement qui dessèche l'individu comme une fleur qui fane sur la pierraille.

Comment les élites tolédanes basculent dans la fascination de l'occupant

Tout commence aux aurores, avec une baignade matinale, dans le Tage. Cette baignade, appelée à la célébrité, le légendaire castillan l'appellera le « bain de *la Cava* ». La jeune princesse, Florinda, étincelante dans le courant sablonneux, attire tous les regards. Depuis les remparts qui surplombent la rivière, les Tolédans goûtent, d'un œil furtif, le spectacle quotidien de cette grâce sublime qui éclabousse les eaux argentées. Depuis son palais de Tolède, tout là-haut, le jeune Rodéric – le dernier roi wisigoth d'Hispanie – épie la jeune fille. L'histoire raconte qu'un soir, il la fait quérir puis il la déshonore.

Le père de Florinda – le comte Julian – qui avait envoyé sa fille en Castille pour parfaire son éducation jure sur la croix de son épée de répondre à l'outrage par une vengeance qui soit à la mesure de l'offense. Or il est riche et puissant. Il passe à l'ennemi et conclut un traité avec les Maures qui sont en train de remonter le détroit de Gibraltar. Il guide lui-même la flotte omeyyade, après avoir prêté à Tariq, le chef musulman, 1 700 navires de combat. Quelques semaines plus tard, les Wisigoths sont défaits. Le roi meurt, Tariq entre dans Tolède. C'est la victoire de l'Islam.

Cette histoire emblématique est souvent citée comme une illustration de la « trahison des élites ». Les historiens expliquent l'effondrement du régime wisigothique par la collaboration active du comte Julian et de ses amis avec l'ennemi qui guette sa proie. Il y a une sorte de *parti wisigoth* qui choisit les Maures plutôt que les héritiers légitimes. Face à la vitalité d'un islam fort et conquérant, l'affaissement moral de la société wisigothique accélère le désastre. Le royaume, miné de l'*intérieur* par les luttes internes, est menacé de l'*extérieur* par les incursions arabo-berbères. Le pouvoir central est faible, trop faible. Lorsque les troupes omeyyades franchissent les Pyrénées en 711, ce ne sont pas des unités royales permanentes qui répondent à l'invasion, mais des bandes levées indépendamment par chaque comite – *comes civitatis* – en sa province. L'absence d'une armée royale unifiée se traduit par une riposte tardive et inorganisée.

En moins de cinq ans, les assaillants s'emparent de Cordoue, de Saragosse et, bientôt, renversent la monarchie wisigothique. Ils établissent alors l'émirat de Cordoue, qui deviendra plus tard le califat. La péninsule ibérique passe sous le contrôle des musulmans. Tolède change de nom et s'appellera désormais Tulaytulah. Un symbole. On efface le passé. À croyance nouvelle, toponymie nouvelle.

Et là, il se passe quelque chose qui doit nous mettre en éveil et ne manque pas d'étonner les historiens : beaucoup de Tolédans *basculent dans une sorte de fascination exotique de l'arrivant.* Les églises sont transformées en mosquées, sauf quelques-unes où on pratiquera désormais le rite *mozarabe.* Beaucoup de chrétiens, tout en restant fidèles à leurs croyances ancestrales, s'éprennent ostensiblement de la langue et des coutumes arabes. La nomination de leurs évêques est maintenant soumise au visa de l'émir. On est dans le « dialogue interreligieux » mais c'est bientôt la religion la plus forte qui gagne.

L'influence arabe sera telle que Tolède va très vite devenir le champ d'expérimentation d'une tentative chrétienne de conciliation avec la religion dominante. Du *Nostra Aetate* dans l'esprit conciliaire. Les cloches sont contraintes à la discrétion. Beaucoup d'entre elles sont descendues pour être fondues. Bientôt seul le muezzin sera autorisé à faire retentir ses appels à la prière dans la Tolède musulmane.

En 820, un siècle après le djihad, Alvaro de Cordoue, le célèbre écrivain mozarabe, dénonce, très affecté par le phénomène, la séduction qu'exerce sur les autochtones la culture arabo-islamique : « Hélas ! Tous les jeunes chrétiens ne connaissent que la langue et la littérature arabes. Ils lisent et étudient avec la plus grande ardeur des livres arabes, et proclament partout que cette littérature est admirable. Parlez-leur au contraire de livres chrétiens : ils vous répondent avec mépris que ces livres-là sont indignes de leur attention. Quelle douleur ! Les chrétiens ont oublié jusqu'à leur langue. »

On ne compte plus les Espagnols fraîchement convertis à l'islam. On les appelle les *muladies.* Ils se piquent de poésie guerrière arabe et dénigrent tout ce qui vient d'avant le *Dar-al-islam.* Le plus connu de ces « poètes tolédans musulmans », à la fin du VIIIe siècle, est le fameux Ghirbid. Par ses vers, il s'est attiré le respect de l'émir.

La *collaboration des élites* est impressionnante. Pour préserver leurs domaines, les notables locaux négocient directement avec les occupants : les chroniques, que j'ai eu l'occasion de lire à *Fuensalida*, décrivent comment certains notables hispano-romains convertis, soucieux de protéger leurs terres, sont nommé *qodi* – juges en vertu de la justice islamique. Ils échangent ainsi la toge et le sceptre contre la gandoura andalouse et le sabre courbe, et multiplient les mariages mixtes pour assurer leur descendance.

Il faut dire que les choses sont allées très vite. En quelques années, l'arabe a supplanté le latin et les dialectes wisigothiques : dès 720, les édits et les actes officiels de Cordoue ne sont plus rédigés qu'en arabe, et les prêches du vendredi à la grande Mosquée retentissent dans cette langue, diffusant la culture coranique. Les colons arabes et berbères, récompensés pour leur service militaire, reçoivent les terres les plus prospères – les plaines irrigables du Guadalquivir ou les oasis de la Mancha – tandis que les convertis musulmans d'origine ibérique, les « *muladies* », accèdent progressivement aux plus hauts grades administratifs. En moins de trente ans, cette arabisation transforme profondément la société andalouse : les écoliers chrétiens apprennent l'arabe pour suivre les cours de poésie et de science, et les salons intellectuels de Cordoue accueillent des savants comme Qarafa ibn Farrah, qui compose des traités de philosophie en arabe classique, attestant d'un basculement culturel irréversible.

Dorénavant, la charia s'impose à tous. La langue du conquérant est celle de l'administration et du culte. En moins d'un siècle, la noblesse hispano-romaine s'est rendue à la mosquée ou est devenue *dhimmie*. S'ouvre ainsi une période de sept siècles de substitution d'une civilisation à une autre, d'une religion à une autre, d'une vision du monde à une autre.

À travers le drame de Tolède, tombée comme un fruit mûr en quelques années, on peut lire en transparence notre propre destin.

Il suffit d'observer les *signaux faibles.* On a parfois l'impression que le basculement tolédan est en train de se faire sous nos yeux, au pays de Charles Martel et de l'autre Tariq, Tariq Ramadan. Le calendrier chrétien est scrupuleusement déconstruit, l'arabe est étudié et promu à l'école, l'enseignement de l'histoire est déjà largement islamisé, les fêtes traditionnelles – Noël, Pâques – sont marginalisées, voire interdites. On déplace le buste de saint Michel, on interdit la célébration de la Sainte-Geneviève, les prénoms changent – plutôt Mohamed que Jean-Baptiste –, l'Aïd devient une fête nationale, les ministres participent à la « Rupture du Jeûne », le voile s'étend inexorablement. La laïcité d'État nous prépare à embrasser son exact contraire, l'intégrisme coranique, car la soif de transcendance cherche son asile et le trouve plus souvent là où la foi est ardente et contagieuse.

En fait, pour notre pauvre pays avachi, la résignation tient lieu de cavalerie omeyyade. Dans l'insouciance et sous le sceau de la veulerie, nous allons à la dhimmitude, comme la « fille » de Molière allait à la selle. Les comtes *Julian* qui ont émigré depuis le Tage vers *Metropolia* sont partout, qui pactisent avec l'*Autre.* Il y a même un « parti des omeyyades » qui prête la main à l'invasion des Tariq en herbe. Nos qadis à nous – les magistrats de l'inversion victimaire – contribuent activement à inaugurer un nouvel ordre normatif, propre à installer demain, d'abord dans les quartiers souverains puis sur tout le territoire, la société charia-compatible à la *tolédane.*

On nous endort, on nous ment, on nous prépare doucement au califat et au statut de dhimmi. Pour nous rassurer, on réinvente l'histoire pour qu'elle soit plus présentable. Le paradis diversitaire est devant nous !

Les mythes ont la peau dure quand c'est la gauche progressiste qui leur assure gîte et couvert. Celui de « Al Andalus » nous a été inoculé pendant mes années d'étude à Sciences-Po : on nous prédisait matin, midi et soir, que le pluriculturalisme était l'horizon indépassable de l'Occident.

« Al Andalus », c'est le mythe d'une période bénie, le mythe de la « coexistence harmonieuse des trois religions, juive, chrétienne et musulmane », naturellement sous la férule bienveillante de l'islam.

Lors de son voyage d'État au Maroc, Emmanuel Macron a enfourché le cheval de Tariq, il a vanté les mérites de la colonisation musulmane : « Les années d'Al Andalus ont fait de l'Espagne et du sud de la France un *terreau d'échange* avec votre culture. » Pour lui, la colonisation française fut « un crime contre l'humanité », mais la colonisation arabo-musulmane de l'Espagne fut un bienfait humanitaire. Les études scientifiques les plus récentes ont réduit en miettes ce mythe des « trois cultures » qui auraient vécu en bonne intelligence et dans l'harmonie. Ce poncif, qui porte un nom, la *convivencia* – un terreau d'échanges –, vise à imposer une vision irénique de l'occupation de l'Espagne par l'islam.

La réalité est bien différente. Le djihad fut de tous les instants ; ce fut une conquête sanglante et impitoyable. La Reconquista devait durer sept siècles. Fin 711, c'est donc la conquête de Tolède, avec Tariq, remontant le Tage ; puis, c'est la libération de Tolède par Alfonso VI, en 1085 ; puis, la victoire de Las Navas de Tolosa, en 1212, avec Alfonso VIII, le grand-père de saint Louis ; enfin, le triomphe final de Grenade avec Isabelle la Catholique, en 1492. Quand on visite le monastère gothique de Saint-Jean-des-Rois, on ne manque pas d'être frappé par l'exposition, sur la plus haute façade, des chaînes qui y furent accrochées, après la libération des chrétiens, lors de la libération de Grenade. Ces chaînes des anciens prisonniers castillans sont placées en guise d'ex-voto.

Pendant les sept cents ans d'occupation, on ne trouve pas trace du « vivre-ensemble ». C'est plutôt l'apartheid. Les Arabo-Berbères imposent leur loi, leur style, leur architecture mozarabe. Ils garantissent une inégalité structurelle, l'interdiction de construire églises ou synagogues, ils appliquent un statut de « demi-citoyens » pour les non-musulmans, une ceinture jaune pour les Juifs, un impôt spécial pour les « non-croyants », la *jizya*.

Le légendaire officiel du *bonheur à trois*, à l'abri du Coran, relève d'un passé fantasmé, d'une réécriture de l'histoire, par des scribes militants qui ont oublié – excusez du peu – la lapidation, l'esclavage, la castration, les razzias, les pogroms...

Aujourd'hui, le mythe de Al-Andalus est brandi comme un signe de ralliement pour les militants du djihad en terre du *Dar-al-Harb*. Un vecteur de propagande pour les mouvements djihadistes dont l'un s'appelle d'ailleurs « Al-Andalus ». Je n'oublie pas que la référence au passé glorieux de l'ancienne *Al-Andalus* est constante dans la propagande de Daech.

Le discours d'Emmanuel Macron sur les apports bénéfiques de Al-Andalus était un geste de politique *intérieure*. C'était un message subliminal adressé à tous les musulmans de France : « La colonisation islamique est un terreau d'échanges bénéfiques. » Macron a acté la transmutation de la France. Pour lui comme pour d'autres politiciens, *Al-Andalus* est notre destin. C'est trop tard...

On sait maintenant que, lorsque la *oumma* s'installe, il faut en moyenne sept siècles pour la dégager. 700 ans en Espagne, entre 150 et 480 ans en Europe centrale et orientale, depuis la Hongrie jusqu'à la Serbie du Kosovo. Il arrive donc que les peuples gagnent, qu'ils retrouvent leur liberté, qu'ils résistent. Quand ils n'ont pas oublié d'où ils viennent.

Je parle devant l'Histoire
C'est peut-être mon cri ultime

Quand j'ai lu l'œuvre du grand historien Edward Gibbon, j'en ai tiré une leçon intemporelle qui surplombe les siècles et les continents : l'histoire a cette vertu cachée de nous éloigner de nous-mêmes et, en même temps, de nous y ramener par les détours de ses ruses éternelles, qui imposent un modèle d'humanité absolument invariable. « Lorsque les Athéniens, regrette Gibbon, ne voulurent plus *contribuer* à la société, mais essentiellement *recevoir* de la société, lorsque la liberté qu'ils souhaitaient consistait à être libérés de toute responsabilité, alors *Athènes cessa d'être libre.* » On ne se sent pas vraiment dépaysé, après un tel constat. Il y a comme un relent de notre temps. À regret, on se sent athénien pour aujourd'hui.

Gibbon parle d'or. Il parle de l'Attique qui fut le genre humain. Mais c'est tout l'Occident qui tire sa substance des Grecs anciens. Le greffon ressemble au pied mère. Le temps des hommes est une redite.

L'histoire n'est jamais la même, mais c'est toujours la même histoire. Derrière la bigarrure de l'instant qui ne ressemble à aucun autre, les retours du passé nous ramènent sans cesse aux mêmes leçons, lancinantes et implacables.

Les peuples vivent et meurent en exprimant le même *fond de nature* qui, parfois, les porte sur le toit du monde avant de les plonger dans les alanguissements de l'ordinaire des jours et de les précipiter dans les abysses. Ce *fond de nature* touche au mystère de l'*élan vital*, qui nous donne encore la force de renouveler les *serments originels*.

Le plus frappant dans la fresque des populicides, où, finalement, tout se répète à l'identique, c'est qu'on retrouve partout et toujours, par-delà les circonstances si diverses et le caractère si particulier de chaque civilisation, la même loi de gravitation : dès qu'il néglige son *récit fondateur* et qu'il répond aux *convoitises* extérieures par l'insouciance, le peuple est comme aspiré par le vide, fasciné par le trou noir. L'envahisseur, à son arrivée, trouve des identités molles et dépareillées, une société boursouflée où le déclamatoire le dispute à l'emphatique, où les âmes, imbibées de pleutrerie, ne transcendent plus rien autour d'elles.

La frontière ne cède que lorsque le cœur a déjà cédé. C'est une loi perpétuelle. J'aurais pu faire trois fois le tour de la mappemonde, arrêter le doigt sur mille cas cliniques, comme un marin au long cours qui pose le regard las sur la mer « sans cesse recommencée », j'aurais pu évoquer l'histoire des Sumériens, des Phéniciens, et même des Scythes ou bien sûr des Égyptiens ; à chaque fois, j'aurais eu à constater que le choc migratoire vient sanctionner l'engourdissement et l'obsession de l'instant ludique et intempérant.

Chateaubriand a eu un mot juste sur la morbidité latente des vieux peuples, pressés de se déconstruire : *« Tous les hommes ont un secret attrait pour les ruines. »* Quand on va à la ruine, on ne se voit pas marcher comme une ruine. C'est même l'inverse : on plastronne, on toise les pierres d'angle qui se descellent. Les épaules tombent, les rêves claudiquent, les mots prennent du volume à mesure qu'ils perdent leur sens. La chambre d'écho vrombit et sonne vide. Les peuples meurent mais sans se voir mourir. C'est plus tard, lorsque, longtemps après le deuil, les historiens réunissent d'une main distraite les fragments de souvenirs, comme on ramasse les fagots de bois mort, qu'on mesure l'immensité des grandeurs perdues.

En même temps – nous l'avons vu avec les Grecs –, quand on cesse de croire à la vision *sacrificielle* qui transmue la privation en un gage de prospérité, on finit dans un clapotis de sentiments troubles où le commun du peuple préfère la flétrissure de ses abaissements à la gloire fugace de l'écriteau des Thermopyles : « Passant, va dire à Sparte que ses soldats sont morts ici pour obéir à ses lois. »

J'ai souvent médité, tout jeune, la fiction de Claudel sur notre cher pays : « Je suis vieille – dit la France –, on m'en a fait de toutes sortes jadis, mais je n'étais pas habituée à la *honte* ! [...] On n'a pas seulement livré mon corps, on a installé quelqu'un dans mon âme. Quelqu'un a dit au monstre : "Prends-là ! C'est elle, cette chose consentante et infâme !" La voilà, cette pauvre chose, une fois de plus, qui avait pris les armes, laissez-moi rire ! *pour le Droit* ! Mais maintenant, c'en est fini des chimères, voici l'ordre indubitable et froid... Voilà ce que, depuis des années, je m'entends dire par la bouche de quelqu'un qui parle à ma place. On s'est assis sur mon cœur et j'entends quelqu'un qui parle à ma place. Quelqu'un qui parle sinistrement à ma place et qui s'exerce à répéter chaque matin que c'est bien fait, que c'est moi le coupable, et que j'ai tout mérité, et que tout espoir est mensonge. Et que pour être tout à fait bien dans la honte, il n'y a qu'à s'installer pour de bon. Quand on est des vaincus, chère Madame, ça dispense d'avoir des prétentions. »

Ce bulletin d'agonie prophétique nous accable de vérités crues sur nos abdications. Nous sommes submergés et nous ne croyons même plus au sursaut. Nous, les Français du crépuscule, tout courbés sous le faix de la charge accusatoire non amnistiable, eh bien nous collectionnons à nous seuls, par une accumulation terrifiante, l'ensemble des *traits communs* du populicide vécu par tous les peuples du monde avant nous : la barbarie de la jeunesse numérique, la fin du petit autochtone de chez nous, remplacé par le fils du bled, l'effondrement de la matrice anthropologique vanté comme un accomplissement séculaire de l'humanisme en marche, la tropicalisation des mœurs et des mentalités, l'universalisme totalitaire, le confinement des âmes, la collaboration ardente des élites au changement de peuple, au nom de l'unification du genre humain, désexualisé et diversitaire.

Il y a donc des peuples qui cèdent au tropisme mortifère. Ils n'ont plus les sèves nécessaires pour passer les saisons froides du temps long. Mais il y a aussi des peuples qui résistent. Le peuple espagnol a résisté et il a réussi sa *Reconquista.* Parce qu'il avait préservé son âme et sauvé ses attachements vitaux. Le peuple polonais, le peuple hongrois ont résisté au communisme implacable. Et pourquoi donc ont-ils pu survivre ? Parce que, ayant perdu leur *souveraineté*, ils ont su malgré tout préserver leur *identité.* Ils ont gardé ce qu'on appelait du temps de Solidarnosc, *« les forces vives »*, c'est-à-dire les forces morales de l'instinct de survie.

Mes méditations studieuses sur les peuples anciens, concordant avec mon expérience de la vie, m'ont enseigné que les deux clés de l'avenir d'une communauté de destin sont la *souveraineté* et l'*identité.* La *souveraineté* pour que le peuple reste ou redevienne maître de son sort. Et l'*identité* pour qu'il échappe à ce que Franz Fanon recommandait à la gente révolutionnaire pour traquer les peuples : « L'asservissement, au sens le plus rigoureux, de la population autochtone est la première nécessité. Pour cela il faut briser ses systèmes de référence ; l'expropriation, le dépouillement, la razzia, le meurtre objectif se doublent d'une mise à sac des schèmes culturels ou du moins conditionnent cette mise à sac. Le panorama social est déstructuré, les valeurs bafouées, écrasées, vidées. »

J'ai vécu tout cela depuis un quart de siècle de décrépitude. Je connais la vie publique de l'intérieur. Je connais, pour les avoir fréquentés, les recoins des coulisses tout autant que le devant de la scène : le parjure et l'exhibition qui composent la matière première de la politique. J'ai vu comment s'est mis en place le populicide français. J'ai combattu, j'ai ferraillé, j'ai pris les coups, j'ai alerté, j'ai hurlé dans le désert, j'ai subi la traque, j'étais parfois comme ce chevalier des *Monty Python* – j'agitais en vain des moignons d'alarme –, j'ai promené ma crécelle de lépreux.

Il est temps, aujourd'hui, pour moi, de tout dire, sans retenue mondaine, sans ménager quiconque.

Je parle devant l'Histoire. C'est peut-être mon cri ultime, le message final, le dernier dépôt, le fruit de la dernière mise en garde avant qu'il ne soit trop tard.

II

COMMENT J'AI COMBATTU LE POPULICIDE FRANÇAIS

« Les peuples qui perdent l'idée du pélican offrant son cœur à ses enfants »

Entre mes courses haletantes dans les herbes folles de mes bocages enfantins et ma casquette de sous-préfet aux champs à Vendôme, il s'est écoulé une vingtaine d'années seulement.

Eh bien, en vingt ans, j'ai vu s'abîmer un monde, un petit monde, mon petit monde à moi. J'ai vu s'éclipser un peuple, un petit peuple, mon petit peuple à moi. J'ai vu disparaître un pays, un petit pays, mon petit pays à moi.

Alors, j'ai pris peur. En pensant à l'autre monde, le grand monde, le grand peuple, le grand pays. Vu qu'on a laissé le petit pays rouler à l'abîme, on pourrait se laisser entraîner à faire de même avec le grand. On est même parti pour... Les signes avant-coureurs sont déjà sous nos yeux. Le petit monde dont je parle, il me semblait éternel, comme les bruyères et les chênes têtards calcinés de l'intérieur, mais qui savaient malgré tout résister aux déchirures d'orage. Il était là depuis des siècles, à l'abri des mêmes voisinages. On nous apprenait tout petit à toiser les infortunes et l'adversité. Nous participions de la même mémoire contenue dans la tradition orale et toute de lauriers tressés dans des mœurs apparemment impérissables. J'ai vécu dans une petite nation, dont le point de contact avec la grande était le service militaire et la statuaire du vieux légendaire du tréfonds millénaire, aux croisées des routes et sur les places publiques. Cette petite nation a été engloutie. Elle a tout perdu : la fantaisie des dentellières, la liturgie des préveils et puis cette manière si particulière de mettre de l'intemporel jusque dans l'ordinaire des jours. L'art d'éclore et de s'en aller, l'art d'ouvrir les yeux avec ravissement devant la vie qui arrive et de les fermer avec un infini respect pour le vieux qui s'en va.

À chaque fois que je traverse la petite commune de Boulogne, en dévisageant les façades auxquelles sont accrochés tous mes souvenirs d'enfance, je repense à un événement qui m'a marqué pour toujours, qui a laissé dans ma vie une trace à la fois terrible et sublime, une trace indélébile, que certains jugeront dérisoire.

C'était un soir d'hiver. Les routes étaient gelées. Le maire, qui était mon père, frappe à la porte du garde-champêtre, Raymond Martin. Il lui annonce l'affreuse nouvelle : son fils unique vient de se tuer en scooter au pont de la Boulogne. Il est mort sur le coup. Une chape de silence immense s'abat sur la salle du séjour. On entend le murmure de la mijotée de mogettes sur l'âtre et le chien qui aboie, dehors, dans le carré d'asperges. Les larmes viennent aux yeux de ce cher Raymond que j'aime tant et qui a un mental de bûcheron, inentamable.

Il ne bronche pas, il est impeccable, comme un chêne qui meurt de l'intérieur, foudroyé.

Puis il se tourne lentement, précautionneusement, vers sa femme, Marie, une figure admirable qu'on appelle « le sourire de la paroisse ». Elle s'est retournée vers le manteau de la cheminée où sont déposées côte à côte une petite

Vierge de Lourdes et la photo toute fraîche du fils qui trinque à ses vingt ans.

Et c'est à ce moment-là que j'assiste à une scène qui me saisit, une scène hors de notre temps, inaccessible à nos mentalités post-modernes : je vois Marie qui tombe à genoux. Elle a la tête dans les mains. Et voici qu'elle murmure ces quelques mots : *« Fiat... Fiat... que Votre volonté soit faite... »* Voilà. Tout est consommé. Aujourd'hui je me dis que, pour se hisser jusqu'à une telle seigneurerie des humilités oblatives, il aura fallu deux millénaires. C'était une civilisation. La civilisation française.

Les prières publiques, la mission, les fêtes, les coutumes, qui épanouissaient les plus beaux dariolages, tout cela est passé derrière la haie. C'est fini. J'ai perdu mon petit pays. Il s'est éteint.

Désormais, nous avons « l'homme châtré » dont parle Saint-Exupéry, châtré de son pouvoir créateur, et qui ne sait même plus, du fond de son village, créer une danse ou une chanson.

Quant à la mémoire commune, elle n'est plus transmise, car les Anciens ne sont plus là ; d'ailleurs, dès qu'on les juge *périmés* comme on dit à l'*hyper*, on les envoie au mouroir finir de mâchonner leurs souvenirs intransmis, entre le lit et la pendule de Jacques Brel, qui dit « oui », qui dit « non » et puis qui les attend, avant la prochaine piqûre létale, vu qu'ils coûtent trop cher.

Je n'aime pas notre époque. Elle nous fait du mal. Elle est algorithmique et algocratique. La vie a transmuté. Elle a tué à petit feu l'âme d'un peuple. J'ai vu comment on faisait mourir les plus beaux voisinages.

Toutes les histoires sont singulières. Mais, face à la Grande Histoire, finalement, elles se ressemblent. Ce sont presque des redites. Parce que les réflexes et les ressorts des hommes sont les mêmes. Il y a les peuples qui ont un tel appétit de vivre qu'ils se saignent pour écrire leur avenir en lettres de sang, dans les temps hostiles. Et il y a les peuples qui cèdent à l'indolence, qui étouffent l'idée du pélican offrant son cœur à ses enfants, pour leur survie, au nid d'altitude.

Très tôt, j'ai senti que le peuple français perdait pied. On nous a expliqué que la France souffrait d'avoir à supporter un passé affreux, que le legs de nos ancêtres était honteux, qu'il fallait enter une nouvelle mémoire sur l'ancienne, qu'il fallait établir un *nouveau peuple* là où l'ancien avait failli, que l'heure était venue de travailler au limon d'un *homme nouveau*. Je ne l'ai pas accepté. J'ai combattu de toutes mes forces ce déni d'héritage. Ce fut mon premier combat politique.

Puis on nous a expliqué que la France était trop petite, le peuple français trop étriqué, qu'on allait faire un *peuple européen*, faire naître une super-citoyenneté, qu'on allait abolir les frontières, qu'on allait confier le pouvoir à des gens nommés et non plus élus, autrement dit « compétents et désintéressés ». Quand j'ai compris ce que serait cette Europe sans *corps*, sans *tête* et sans *âme*, j'ai pris mon paquetage et je me suis levé, avec d'autres, pour refuser l'aliénation, l'abandon, le parti de l'étranger. Ce fut mon deuxième combat.

Puis, on nous a expliqué qu'on allait faire un *« Liban d'Occident »* chez nous, autrement dit une *société multiculturelle*, qu'on allait tenter une expérience de nouvelle harmonie exotique avec de nouveaux voisinages, un *changement de peuple* tout simplement. Je ne l'ai pas accepté. J'ai mené la bataille contre la dhimmitude des élites mondialisées. Ce fut mon troisième combat.

Enfin, un jour, j'entre dans un bar du Nord de la France. Le patron me prend le bras et m'explique que le service au comptoir est désormais « interdit par les autorités » et que la position debout est proscrite. Pendant ce temps-là, on me dit qu'un maire – celui de Marcq-en-Barœul – a pris un arrêté municipal interdisant à ses concitoyens « de cracher sur la voie publique, sous peine d'une amende de 68 euros ». Je comprends que le *contrôle social* est en route. La *Davocratie* nous surveille. On se sert d'un virus pour nous mettre au pas. Alors je décide d'écrire sur le monde qui vient[1]. C'est une nouvelle bataille qui commence. Un quatrième combat. Contre l'idée d'un *peuple asservi.*

Au cœur de toutes les bagarres où j'ai tiré l'épée pendant quarante ans, il y avait donc toujours la question du devenir incertain du peuple français. Le peuple condamné, sacrifié, le peuple ballotté, le peuple tuméfié, le peuple périmé...

1. Philippe de Villiers, *Le Jour d'après*, Paris, Albin Michel, 2021.

« Reconstituons la nature humaine en lui donnant une nouvelle trempe »

C'est l'été indien, nous sommes en 1988, je deviens président de la Vendée. Le jour même de ma prise de fonction, je ressens le poids de la charge. Je suis face à un redoutable cas de conscience, l'image qui me vient à l'esprit est celle du surfeur pris dans les barres d'écume, et qui, aspiré par la mer de corail, s'abandonne au risque d'être emporté par les courants du grand large.

Mes barres d'écume à moi, ce sont les commémorations – qui s'annoncent tonitruantes – du « Bicentenaire de la Révolution », à partir du 1er janvier 1989.

François Mitterrand a vu les choses en grand : la célébration du 200e anniversaire prendra les allures d'un jubilé exceptionnel. Ce sera, nous dit-on, un rouleau compresseur auquel nul n'échappera. On dresse déjà des autels, devant lesquels tous les élus viendront bientôt, en quête des légitimités nouvelles, faire la génuflexion oblique du dévot pressé.

Je vois venir avec effroi le retour en gloire de Robespierre, le bourreau de la Vendée. Pour les socialo-communistes au pouvoir depuis l'élection de Mitterrand, en mai 1981, l'hommage à l'angélisme exterminateur impose qu'on brûle de l'encens dans tous les lieux de la vie publique. Pour ces militants du Grand Soir, « la Révolution est un bloc ». Il n'y a pas à trier entre les cailloux blancs et les cailloux noirs. Il faudra tout célébrer. Et célébrer partout, à Paris et en province. Sans céder nulle part à l'irrédentisme. Aucune portion du territoire national ne doit rester à l'écart du rituel commémoratif.

La difficulté, pour moi, tient à l'alternative suivante : ou bien je me glisse dans le courant en jouant les chiens crevés au fil de l'eau et, pour ne pas être soupçonné d'ardeurs récalcitrantes, je fais donner moi aussi les clairons de l'unité nationale en sacrifiant le souvenir du massacre humanitaire. Mais c'est un reniement pour la Vendée. En fêtant le *bourreau* plutôt que *la victime.* Ou bien je fends la vague et je m'avise de faire de la Vendée rebelle un mythe universel, celui de la *conscience dressée* contre la temporalité close des idéologies.

Autour de moi, on a des vapeurs, à l'idée que le Conseil général décide « d'escalader la pointe du Hoc ». Car toute la gent politique nationale, aux ordres des commis stipendiés de la célébration – ceux pour qui la France n'a que deux siècles et ne vit pleinement que depuis le 10 mai 1981 –, crie au sacrilège, dès que les nouveaux représentants en mission pressentent qu'il y a encore *« des tièdes et des indifférents »*.

Je décide de monter à l'abordage. Panique à bord : je hisse le mât de hune et je fais chanter le bronze. Je vais multiplier les gestes de défiance, aller au-devant des confrontations avec les thuriféraires officiels, faire entendre la seule voix dissonante sur les plateaux, tenus par la France officielle. Je me souviens d'un grand moment de télévision, animé par Anne Sinclair. J'étais assis dans un fauteuil-surprise, plongé dans la pénombre. Le fauteuil se retourne, sort du noir, et me voilà face à Jack Lang – le grand prêtre de toute cette histoire reconstruite, mythifiée, légendée. Je lis sur son visage son embarras. Je le prends au collet :

– Ma question est simple, Monsieur le Thuriféraire en chef : considérez-vous que la Vendée est *un point de détail de l'Histoire de France* ?

Jack Lang se décompose, il est désarçonné :

– Euh oui… euh non… euh peut-être… Je ne suis pas historien… la question n'est pas là… Vous en faites un dérivatif. Vous cherchez à briser la Fête. Ce n'est pas un acte citoyen.

– Monsieur Lang, posons la question autrement : connaissez-vous le verbe « dépopulationner » ?

– Non, ce n'est pas français.

– C'est pourtant le mot utilisé par les terroristes du plan d'extermination décidé par la Convention. Cela voulait dire la déportation des femmes et des enfants, les tanneries de peaux humaines, l'empoisonnement des puits, les colonnes de feu, la terre calcinée, les milliers de corps sans sépulture. Et puis l'Oubli programmé, le Déni séculaire, le Mensonge d'État…

Tandis que se déroulent les fastes officiels, j'essaie de débusquer Mitterrand lui-même. *Ouest France* titre : « Le premier des Vendéens écrit au premier des Français. Sous la forme d'un *"Cahier de doléances de la Vendée au président de la République"* qui est une requête en réparation. La demande est précise et redoutable : effacer de l'Arc de Triomphe le nom du général Turreau qui, à la tête des Colonnes Infernales fut, en 1794, l'organisateur et l'exécuteur du *"plan d'extermination de la Vendée"*. Le ton est celui de la supplique d'une province sacrifiée à un monarque constitutionnel. Les mots font mouche : "Monsieur le Président, c'est, pour nous, comme si le général Lammerding – le bourreau d'Oradour – était inscrit sur la colonne Vendôme. La présence d'un criminel contre l'humanité – crime imprescriptible qui, de nos jours, aurait été déféré à la Justice – vient ternir l'éclat de tant de héros authentiques de notre vieux pays recru d'épreuves, et représente à nos yeux une offense à l'Histoire, une insulte à nos morts... Le premier des Droits de l'homme, n'est-ce pas le droit à la Vérité ?" »

François Mitterrand me répondra par ces mots : *« Il n'est pas dans la tradition républicaine de changer l'épigraphie des monuments publics. »* La gloire de Turreau est inamovible. La *version officielle* résiste encore... La croûte est épaisse...

Alors, je monte le ton et j'écris un pamphlet qui va encombrer d'une tonalité dissidente – stridente, diront les mauvaises langues – toutes les manifestations et cérémonies, comme pour suggérer que l'orchestre joue faux. Le titre de mon livre est explicite : *Lettre ouverte aux coupeurs de têtes et aux menteurs du Bicentenaire.* C'est une déflagration. On entend couiner la gent des officiels. Les premières lignes plantent une écharde dans le discours convenu du *Grand Refoulement* : « L'esprit des Lumières voulait en finir avec les "siècles obscurantistes" quand la religion était l'opium du peuple. Aujourd'hui, la Révolution en est devenue la cocaïne. On nous fait sniffer à toute heure du jour et de la nuit, à l'Élysée et dans les ministères. Overdose de menteries. On nous force à croire que la Révolution est le commencement absolu de la France, quand la Terreur avait déjà émis la folle prétention d'un recommencement absolu de l'humanité. »

Ma « Lettre ouverte » est restée en poste restante. Mais elle a sauvé l'honneur d'un *petit peuple de parias*, condamné à mort pour avoir incarné, au prix de son sang et du deuil le plus intime, la liberté de conscience.

Si j'insiste sur le tournant de 1989, c'est que cette année-là a pris, au fil des mois suivants, un tour inattendu. La commémoration a tourné court, elle s'est prise dans ses propres rets. On ne regarde plus cette année charnière aujourd'hui comme hier. Car 1989 a inauguré une nouvelle ère, comme si l'Histoire avait choisi le bicentenaire du Grand Renversement pour s'emballer vers un point de retournement complet. Il faut repartir de l'année 1789 pour comprendre le basculement du bicentenaire.

C'est donc en 1789 que le premier populicide français a commencé. Le projet révolutionnaire n'était pas de libérer le peuple. Il était, selon les propres mots de Mounier, à la tribune de l'Assemblée, le 13 juillet 1789, de *régénérer* la France et, pour cela, de *changer de peuple.*

Le 3 novembre 1789, Rabaut Saint-Étienne définit la mission de l'Assemblée : « Chargée de faire le bonheur d'un peuple, dont tous les établissements consommaient le malheur jusqu'à présent, il faut *renouveler ce peuple même,* changer les hommes, changer les choses, changer les mots. » Et le 13 avril 1793, entre deux trépignements convulsifs, l'incantation de Robespierre lisant un texte de Lepeletier de Saint-Fargeau vise à esquisser le cahier des charges pour la fabrication de cet incroyable prototype : un *homme neuf* – l'homme générique. « Considérant à quel point l'espèce humaine est dégradée [...], je me suis convaincu de la nécessité [...] de *créer un nouveau peuple.* » Pol Pot, empruntant au grand ancêtre le précieux moule, reprendra mot à mot la formule démiurgique.

Pourquoi parler ainsi du *« premier populicide »* ? La réponse a été apporté par l'historien Philippe Pichot-Bravard qui a décortiqué le détournement idéologique du sens des mots[1]. « Le mot “Peuple” ne désigne pas la population française dans sa totalité mais une *entité abstraite* qui réunit ceux qui adhèrent aux valeurs idéologiques. Ceux qui rejettent les principes de la Révolution, fussent-ils paysans ou artisans, ne font pas partie du peuple. » Le nouveau peuple sera l'ébauche de la *société universelle.* La France a quitté les patries ancestrales, elle est entrée dans le *hors-sol,* le temps de l'*homme abstrait,* dépouillé de ses attaches constitutives.

Le philosophe voltairien La Harpe expliquera plus tard que « le propre de la langue révolutionnaire est d'employer des mots connus, mais toujours en sens inverse ». Il faut donc changer les hommes pour leur bien et pour le bien de la société, s'emparer d'eux pour les rendre sociables, pour en faire des « citoyens sages et bons », des *individus* sans corps intermédiaires.

La nouvelle classe qui accède au pouvoir affiche un mépris profond pour le petit peuple. Restif de La Bretonne en fait l'aveu : « La nuance entre l'homme et le singe est presque insensible. Le singe est un homme inférieur, moins parfait. » Diderot ajoute : « L'homme et l'animal ne sont que des machines de chair. » Voltaire avait déjà lâché un bel aveu : « La multitude sera toujours composée de brutes... Quand la populace se mêle de raisonner, tout est perdu. » Cette bourgeoisie progressiste qui veut tailler en pièces le cadre traditionnel me fait penser à un mot sublime d'Emil Cioran : « La Révolution fut provoquée par les abus d'une classe revenue de tout, même de ses privilèges, auxquels elle s'agrippait par automatisme, sans passion ni acharnement,

1. Philippe Pichot-Bravard, *L'Homme transformé,* Versailles, Via Romana, 2025.

car elle avait un faible ostensible pour les idées de ceux qui allaient l'anéantir. La complaisance pour l'adversaire est le signe distinctif de la débilité, c'est-à-dire de la tolérance, laquelle n'est, en dernier ressort, qu'une *coquetterie d'agonisants.* »

Les révolutionnaires, en chrétiens *invertis*, ont contrefait et renversé l'idée de la révolution *paulinienne* de « l'homme nouveau », du « nouvel Adam ». Ils sont d'avis qu'il faut tout reprendre, rebaptiser les lieux publics, redéfinir le calendrier, reléguer la famille et le mariage, installer l'État dans les cœurs, fonder une éducation vraiment afamiliale, vraiment républicaine, la seule capable de régénérer l'espèce humaine. L'abbé Grégoire a résumé la nouvelle ambition : « Reconstituons la *nature humaine* en lui donnant une *nouvelle trempe.* »

Un député de la Vienne, Antoine Thibaudeau, déclare, le 1er août 1793 : « J'ai toujours pensé que les *enfants* étaient la *propriété de l'État* et que les parents n'étaient que les dépositaires de l'autorité supérieure. Et que donc, l'État devait s'en emparer comme de son bien le plus précieux. » Danton s'exclame, dans la même veine : « Mon fils ne m'appartient pas, il est à la République, c'est à elle de dicter ses devoirs pour qu'il la serve bien. »

Le grand historien Michelet a très bien vu que la Révolution était une religion : elle met en scène l'appartenance commune à l'Humanité. L'idée même de patrie a changé de sens : elle ne se confond plus avec la France. Elle se confond désormais avec celle des *« droits de l'homme »*. Elle a vocation à s'étendre un jour au genre humain tout entier.

Même le mot « France » change de sens : « La France ne doit pas se complaire en elle-même. Elle ne doit pas oublier sa mission qui est d'établir la félicité universelle. » La France n'est plus un *acte d'amour*, elle devient un *acte militant*. Une projection de ses délires sur le monde entier.

Robespierre annonce le *jour d'après* : « Ce sera un beau jour, dit-il, que celui où nous célébrerons la *fête du Genre humain* ; c'est le banquet fraternel et sacré où, du sein de la victoire, le peuple français invitera la famille immense dont seul il défend l'honneur et les imprescriptibles droits. »

La France, vidée de sa chair et de ses entrailles, devenue une entité nominale, n'est plus qu'un instrument nécessaire à la réalisation du bonheur de l'humanité. Deux siècles après, à l'orée de l'année 1989, me voilà obligé de faire le constat que la lubie garde ses prestiges. Le Bicentenaire vire à l'intégrisme refondateur. C'est, pour moi, une surprise : « Ils ont osé. » Ils n'ont pas choisi la *version soft*. En effet, je ne savais pas que la prophétie de Robespierre allait s'accomplir sous mes yeux, devant huit cents millions de téléspectateurs enfiévrés. Le 14 juillet 1989, Mitterrand organise une réplique de la *Fête du Genre humain*, chère à l'Incorruptible. Avec un message subliminal pour la nouvelle citoyenneté à venir : le *bien-être cosmique* devra – c'est le vœu officiel – se substituer aux passions nationales mortifères. Le melting-pot est en route. Dès 1983, la France a rejoint le marché mondial. Le 14 juillet 1989 n'est donc plus le jour de la Fête nationale. C'est le jour de la fête des *« tribus planétaires »*, comme elle s'intitule elle-même. Toute la bourgeoisie française est en pâmoison. Enfin du neuf ! De la bigarrure ! De l'exotisme !

Les concepteurs de la commémoration voulaient à tout prix « éviter un cocorico franchouillard ». Ce fut une soufflerie théâtreuse – « allons, z'enfants de la planète » –, un carnaval des fraternités. Le concepteur inénarrable de ce happening dégingandé, un publicitaire en vogue, Jean-Paul Goude, justifie ainsi son chef d'œuvre gorgé de dérision : « Pour moi, la vraie révolution, c'est la naissance d'une *sonorité mondiale.* » Alors, on fait du bruit, beaucoup de bruit, en tapant sur des bidons. Il y a le ballet *Atchoum* et le *Royal Tatoo*, les camions soviétiques de la *Glasnost*, le *marching band* de Floride. Et, pour fermer la marche du cortège, les *pom-pom-girls.* Voilà la France du *« nouveau peuple »*. Le tout est imprégné d'une africanisation de toutes les musiques folkloriques du monde, sur fond de métissage généralisé des races et des cultures. Et, pour finir la soirée, le rêve des citoyens sans frontières représenté par un tableau énigmatique de valseuses géantes, drapées de robes noires, portant dans leurs bras des enfants du monde entier.

C'est la cantatrice américaine Jessye Norman, vêtue d'une robe tricolore, qui a été choisie pour chanter l'hymne national. Ce choix appelle à l'exaltation de l'idéologie cosmopolite. C'est le défilé de la *Nouvelle France*, le défilé prémonitoire, avant-gardiste, de la *« mondialisation heureuse »*.

Nous sommes là devant un tournant scénographique – on ne représente plus les couleurs françaises – mais aussi un tournant métapolitique – la France est appelée à incarner le rêve du *citoyen sans frontières.*

La machine est en route. On a basculé. La « Fête des tribus planétaires » va donner du fruit dès les mois qui suivent. Et la machine va alors s'emballer.

« Mitterrand m'a avoué : j'ai jeté une pierre dans le jardin de la cure »

Dans la même année 1989 – coïncidence d'une portée allégorique majeure –, il y a un autre événement annonciateur des temps nouveaux, et qui défraie la chronique, c'est « l'affaire du voile islamique » de Creil. Personne ne saisit, en l'instant, l'effet symbolique du basculement de civilisation. Le laïcisme d'État qui garde toute sa vigueur contre les chrétientés finissantes déclare forfait devant l'arrivée massive d'une nouvelle religion venant du Sud, et qui revient en Europe pour la deuxième fois dans l'histoire de notre continent. Il ne s'agit plus seulement de *changer le peuple* mais de *changer de peuple.*

Le 14 juillet, on a donc voulu fêter « les tribus planétaires ». Eh bien, les voici, elles arrivent.

Je me souviens, comme si c'était hier, d'un déjeuner amical avec Ernest Chénière, le principal du collège de Creil. Je le revois, croisant les mains qui tremblent et la voix qui dévisse… Il est encore sous le choc. On l'a accusé d'intolérance. La Gauche, désinvolte, le ton grinçant, l'a nargué en comparant le voile islamique aux serre-têtes des jeunes Versaillaises et en rappelant le temps des vieux châles et de l'eau bénite :

– Que n'a-t-on interdit le foulard de nos grands-mères endimanchées ?

Le ministre de l'Éducation nationale, Lionel Jospin, a fait le choix d'une nouvelle posture : « l'*École inclusive* ». C'est la suite de l'opération des « petites mains jaunes », imaginées par Mitterrand, épinglées à la boutonnière de toutes les étoiles médiatiques, et qui portent une intention subliminale : les nouveaux arrivés sont en somme les Juifs d'aujourd'hui.

De l'étoile jaune à la petite main jaune de *SOS Racisme*, on a ainsi favorisé une confusion historique pour occulter l'*islamisation en marche*.

Le peuple migrant devient le nouveau « peuple élu ». Un discours victimaire, imprégné de moraline, vitrifie les esprits critiques. Il prône le « droit à la différence », il appelle à la mosaïque diversitaire. Voici venir le multiculturalisme militant qui entreprend d'en finir avec la tradition assimilatrice de la France.

Aujourd'hui, nous payons l'addition. Trente-cinq ans après l'affaire du voile de Creil, le pays tout entier essuie les larmes des familles des professeurs endeuillées. Sans comprendre que le voile est le signal de prosélytisme à feu doux d'une guerre de basse intensité. Et que l'École est la première cible stratégique du « frérisme », annonciateur d'un espace-témoin charia-compatible.

La classe politique se rassure en invoquant le fameux rempart de la « laïcité inclusive ». Alors que l'athéisme d'État, fût-il inclusif, est une notion inaccessible à une foi brûlante. On n'éteint pas une lame de feu avec des abstractions et le refus de la transcendance. On ne peut arrêter une lame [illegible] qu'avec une autre lame de feu, le feu des cœurs [illegible] embrasés. L'affaire de Creil nous fait entrer dans un nouveau pays, avec un nouveau peuple d'arrivants, un nouveau peuple de croyants. Le voilà, le point de bascule du « Bicentenaire » : on évangélise la planète. Et la planète s'installe chez nous. On troque un peuplement contre un autre peuplement : la terre de France, sur son sol, désormais porte deux peuples. Et c'est en 1989 que tout s'est joué. C'est à ce moment-là que le personnel politique a plié le genou, à ce moment-là que les cléricatures ont cru à une forme de parousie, à ce moment-là que la France est entrée en dhimmitude, à ce moment-là que l'État a flanché, qu'il s'est soumis et qu'il a donné consigne à toute les écoles de France de répudier les derniers hussards noirs de la République.

Dans sa traduction littérale, islam veut dire « soumission ». Notre école, depuis l'incident emblématique de Creil, a basculé. Lors de mon déjeuner avec Ernest Chénière, cet éminent principal a dévidé le fil devant moi : « Philippe, nous allons – nous les profs – nous soumettre. » Il avait vu juste. Il y a eu d'abord la soumission des *enseignés.* Le nombre est là. Il façonne la salle de classe. L'immigration porte l'islamisation comme un terreau fertile.

Cette première soumission en cache une seconde, celle des *enseignants.* Hier, la menace était de *perdre sa classe.* Aujourd'hui, elle est de *perdre la vie.* Cette menace tient tout entière dans le préavis terrifiant : « On va te faire une Samuel Paty. » Le professeur guette les regards. Il devient un intrus. Il hésite : se taire ou fuir.

Enfin, il y a la troisième soumission, celle de l'*enseignement* lui-même, en butte à une double censure, islamiste et wokiste. Le frérisme impose de mettre en relation la culpabilité coloniale de l'Occident et le djihad pacifique de la *oumma.*

On n'ose plus transmettre. On n'apprend plus rien. On n'apprend plus à aimer la France. Elle est passée à la trappe. Il y a le récit *autorisé* et le récit *interdit*. Les élites mondialisées n'osent plus parler du creuset français.

Isoler l'école de la société relève de la candeur des imbéciles. Il est impossible d'imaginer, côte à côte, une société qui perd ses repères et une école qui les redonne, parce que l'école est le miroir prémonitoire de la société en devenir.

En réalité, derrière l'affaire de Creil, je comprends très vite que la gauche est en train d'effectuer sa grande mue. Elle a perdu sa base ouvrière. Avec l'ouverture au libre-échange, elle cherche un électorat suppléant. Elle en pince pour les « tribus planétaires ». Son défilé de 1989 est un appel : « Venez chez nous. » L'immigration devient, pour elle, absolument vitale. On ira chercher dans les banlieues l'électorat manquant des usines en friche. On remplace le bleu de travail par le tchador. On remplace l'Internationale par l'Oumma. Les urnes n'ont pas d'odeur. Puisque la démocratie, c'est le nombre, alors, soyons plus nombreux.

J'ai eu l'occasion de parler de tout ce basculement avec François Mitterrand. C'était à Mouilleron-en-Pareds, le 11 novembre 1987. Je l'avais invité pour un hommage à Clemenceau et de Lattre. Profitant d'un temps mort dans l'emploi du temps, autour d'un café réparateur, je plaisante avec lui :

– Vous savez, Monsieur le Président, je connais bien la petite église de votre affiche sur la « Force tranquille », où on vous voit en gros plan, avec en fond d'image, un clocher typique de chez nous. Une question me taraude : Pourquoi vous, le laïc, avez-vous choisi une affiche de droite cléricale ?

Le président éclate de rire :

– Je voulais, je voulais... *jeter une pierre dans le jardin de la cure...*

– Ça veut dire quoi ?

– Oserais-je vous le dire ? Eh bien, c'était pour aspirer le vote catholique.

Il a réussi son pari. La phagocytose fut parfaite. Puis l'assèchement. Il me confesse qu'il ne croit pas à l'avenir de la *démocratie chrétienne.* Je m'en étonne. La réponse claque :

– Elle sera avalée par la baleine de Jonas du progressisme boulimique.

La prophétie s'est réalisée : la baleine a tout avalé. Les burettes et les surplis. La stratégie de la gauche a atteint son but, qui était le dépouillement de la matrice anthropologique chrétienne. Aujourd'hui, on voit bien que tous les repères de cette matrice ont sauté. Où en est la *démocratie chrétienne* ? Eh bien, elle préconise le « suicide assisté ». Elle se l'est appliqué à elle-même. Elle est morte. Tout est parti de Creil. La droite LR du moment – qui s'appelait le RPR – n'a rien dit, rien vu, rien anticipé.

Le troisième événement – du reste inattendu – qui éclaire l'année 1989 d'une lumière symbolique particulière, c'est la chute du Mur de Berlin, le 9 novembre 1989. En une nuit, une seule nuit, le communisme russe reçoit un coup mortel. Nous avions tous en tête la célèbre apostrophe de Kennedy – *« Ich bin ein Berliner »* – qui avait bercé nos enfances. Je me souviens de nos échanges, quelques semaines plus tôt, avec mon ami Charles Millon. Nous nous adonnions à une surenchère d'espérance libératrice pour notre lointaine, très lointaine progéniture :

– Peut-être que nos enfants...

– Ou plutôt nos petits-enfants...

– Ou plutôt nos arrière-petits-enfants finiront par voir *le Mur tomber.* Quelle chance pour eux ! On voudrait être là pour pleurer de joie avec eux…

Et, quelques jours plus tard, c'est le miracle. On apprend au petit matin que le mur est tombé. On écoute le violoncelle de Rostropovitch.

Puis, très vite, vient le moment de mettre en relation la fête du Bicentenaire et la chute du Mur. Cela s'appelle un incroyable *choc en retour.* Un pied-de-nez de la grande Histoire.

En effet, la révolution soviétique était célébrée, depuis 1917, comme la *fille* légitime de la Révolution française, ajoutant à la dimension *politique* la dimension *sociale.* Elle venait la compléter, la parfaire en quelque sorte.

Or c'est l'année même où est commémoré l'événement fondateur que l'Histoire aura choisi l'instant emblématique où le discrédit jeté sur la *fille* rejaillit sur la *mère.* La déchéance de la seconde entraîne la déchéance de la première. Quand Soljenitsyne est venu inaugurer le Mémorial du Petit Luc, il nous a dit que le lien entre les deux révolutions, c'était la Convention : « C'est ici, nous dira-t-il, que la "Roue rouge", qui devait broyer la Russie, a fait ses premiers tours. C'est ici que la matrice des terreurs du XXe siècle a été inventée. »

Lénine et Staline ont sans cesse fait référence à la fameuse phrase : « La Terreur est à l'ordre du jour. » À la terre entière, ils ont proposé leur révolution comme un héritage. L'un après l'autre, ils se sont réclamés de Robespierre. Terrible filiation des sans-culottes aux bolchéviques et des Vendéens aux *koulaks.* Insupportable parenté aujourd'hui pour le peuple français.

Parfois, l'Histoire se joue des hommes qui cherchent à la contourner. L'année 1989 n'a donc pas fini comme elle avait commencé. Elle débuta par un escamotage et se termina par un beau carambolage : la Révolution des harengères a une héritière, prometteuse, « l'autre Révolution », la progéniture russe. Combien de fois les communistes n'ont-ils pas dit que la révolution d'Octobre 1917 était l'accomplissement de la Révolution de 1789 ? Tous les grands historiens marxistes – Albert Soboul, Albert Mathiez – vantaient cette filiation prospère. Et voici que, le 9 novembre 1989, *en pleine année du Bicentenaire*, le Mur de Berlin s'effondre. Et il y a du monde au-dessous, qui agonise sous les éboulis. Fatalement, le Mur s'écroule sur Lénine et Robespierre. Constatant les tares de la *fille soviétique*, on va vite remonter aux vices constitutifs de la *mère française*. Pour peu qu'il y ait dans l'ADN de la Révolution un gène exterminateur...

Au lendemain de la soirée en l'honneur des victimes de la Terreur, on entend des noms d'oiseaux dans les médias : Soljenitsyne est traité de « prophète de malheur », de « moujik mystique qui radote sur le stalinisme ». Décidément, la gauche intello supporte mal qu'on lui ait rappelé ce par quoi elle avait péché. Alexandre Issaïevitch dérange. Dans *Le Nouvel Observateur*, Jean Daniel s'interroge alors sur « les *étranges* raisons qui semblent l'avoir conduit à réhabiliter le combat des Vendéens, sous le prétexte de dénoncer la Terreur ».

Alexandre Issaïevitch me confie avoir été abasourdi d'apprendre que les éditions Stock ont republié récemment les « plus beaux discours » de Robespierre[1]. Il peine à croire qu'« il y ait eu une promotion Robespierre » à l'ENA. Et

1. Slavoj Žižek, *Robespierre entre vertu et terreur*, Paris, Stock, 2008.

il s'avoue choqué par les communiqués des politiciens : la palme de l'indécence revient à Christine Albanel, la ministre de la Culture qui, un mois avant le séjour de l'ancien *zek* du Goulag chez moi, en Vendée, déclare, le 4 août 1993 : « Il appartient à l'Histoire de discuter de ce qu'il peut y avoir d'*archaïque* dans les textes de Soljenitsyne, *l'anticommunisme peut-être.* » Le titulaire de la chaire d'histoire de la Révolution de la Sorbonne allègue, quant à lui, que le massacre des Lucs fut « inventé » dans les années 1860, puis par Vichy[1]. Et il préconise de remplacer le mot « Terreur » par « rigueur avec des violences ». Le Mur est tombé. Mais les pierres, même descellées, mentent encore...

La France a raté ses deux bicentenaires. Celui de 89 et celui de 93. En 1989, on a commis une bouffonnerie. Elle s'est retournée contre ses auteurs, comme par une forme de ruse de l'Histoire qui se venge et nous nargue. Le Bloc a volé en éclats. En 1993, personne n'a rien osé commémorer ni célébrer. C'était pourtant une occasion unique de réintégrer solennellement la première dissidence historique dans la mémoire nationale. Cette chance n'a pas été saisie. Pas une seule voix ne s'est élevée dans la France officielle pour évoquer un quelconque repentir quant au massacre humanitaire perpétré contre les esprits libres. Comme si ce drame de la Vendée devait rester à jamais un non-lieu de la mémoire. Balladur et Chirac – m'a confié Soljenitsyne – ont cherché à le « *décourager* de venir en Vendée ». Misérables...

L'omerta continue à régner sur les fondements du nouveau régime. Le plus grand dissident du XXe siècle s'en est pris au principe même de la Révolution. Le discours des

1. Jean-Clément Martin, « La Liberté ou la Terreur », TF1, 3 mai 1989.

Lucs restera dans l'Histoire – la Grande – parce qu'il brise l'*omerta.*

« Toute révolution déchaîne chez les hommes les instincts de la plus élémentaire barbarie, les forces opaques de l'envie, de la rapacité et de la haine. C'est le XXe siècle qui a terni aux yeux de l'humanité l'auréole romantique qui entourait la révolution au XVIIIe siècle. De demi-siècles en siècles, les hommes ont fini par se convaincre, à partir de leurs propres malheurs, de ce que les *révolutions dynamitent le caractère organique de la société*; qu'elles ruinent le cours naturel de la vie ; qu'elles annihilent les meilleurs éléments de la population ; qu'aucune révolution ne peut enrichir un pays. Le mot "révolution" lui-même signifie *rouler en arrière, mettre sens dessus dessous,* une kyrielle de significations peu enviables.

Et il serait vain d'espérer que la révolution puisse *régénérer la nature humaine.* Or c'est ce que votre Révolution, puis la nôtre, la Révolution russe, avaient tellement espéré. »

Avec les révolutions, on a cru qu'on allait pouvoir construire « des sociétés hors-sol, affranchies de tout lien avec une histoire, une culture, une religion particulières, libérées des préjugés de classe, rassemblant des citoyens émancipés, maîtres de leur propre destin, unis par leur seule raison. La primauté accordée aux droits de l'homme a connu un tel triomphe que la notion de peuple a tendu à être reléguée aux poubelles de l'histoire. L'ère qui a duré plusieurs siècles, où la vie politique de l'Occident a été dominée par le projet de construire une humanité nouvelle, est en train de se clore[1] ».

1. Philippe d'Iribarne, « Le lent crépuscule du projet politique français », *Le Figaro,* 16 août 2024.

Ce fut, c'est mon premier combat, le retour au *peuple concret,* fort de ses héritages et de ses affections. Sur le moment, ce fut très dur. J'étais seul. Aujourd'hui, tout a changé. Il y a comme un murmure qui monte, un doute qui se promène. La couverture ignifuge de l'Université ne suffira pas à éteindre le feu des questions…

Pierre Nora l'a très bien résumé : « L'idéologie des droits de l'homme porte en elle la destruction du roman national. » Et j'ajoute : des tissus conjonctifs et des capillarités créatives et affectives, des communautés de destin.

Il faut revenir aux attachements vitaux. Nous ne sommes pas que des Français administratifs ou des Français fiscaux. Nous sommes des êtres de chair, des vivants. Il nous faut des parents, des foyers, des familles, des cousinages, des voisinages, des amitiés sur le seuil d'en face, pour recueillir et pour transmettre.

Ce combat que j'ai mené, contre vents et marées, n'est pas gagné. Mais il est bien engagé. Bientôt les révisionnistes et négationnistes robespierristes réuniront leur congrès annuel sur un bout de trottoir, en face de la Sorbonne. Un abri à trottinettes devra bientôt suffire à héberger ces belles intelligences, en ces temps incertains.

Le tournant de la vie politique française

Ce fut mon deuxième grand combat. Un combat pour l'Histoire. Pour la préservation de notre souveraineté. Comme m'a dit un jour Charles Pasqua : « Peut-être, dans cent ans, serons-nous nimbés de la même gloire posthume que d'Artagnan. »

Je suis tombé sous les murs de Maastricht.

Le siège aura duré trois mois. Trois mois de flèches au curare échangées sur les estrades où les coups pleuvent. Nous sommes les bretteurs qui escarmouchent face à la Grosse Bertha. Répliquant aux saillies des conscrits du « Non », tout l'appareil d'État se met en grand arroi, il ment, il bâillonne, il insulte et puis tente de passer sous le grillage du radar. « Ce n'est rien… » « C'est juste une petite ablation… de souveraineté. » « À plusieurs, on sera plus forts… » Les slogans pleuvent : « Voici venir *l'Europe puissance.* » *« L'Europe, c'est la paix. »* « L'Amérique n'a qu'à bien se tenir… »

La consultation du peuple était considérée par beaucoup de gens établis comme une incongruité. Je me souviens de la consigne du ministre des Affaires étrangères, par ailleurs membre de la Commission européenne, Claude Cheysson :

« Dès les origines de la campagne, nous nous sommes placés dans l'*a-démocratie.* On a toujours mieux avancé *hors du contrôle démocratique.* » Évitons d'ennuyer le peuple avec nos affaires auxquelles il n'entend rien. Souvenons-nous de la recommandation fondatrice de Monnet : « Ne perdons jamais le goût du Secret… »

Je n'ai pas oublié la petite phrase du patron du Quai d'Orsay, Roland Dumas, l'ami personnel de Mitterrand : « Nous avons, sans le dire, pris le parti d'une mutation fondamentale vers une entité supranationale fédérale. » Transférer le pouvoir, sans le dire, c'est la ruse ultime des oligarques.

Je sentais bien, je savais bien, je voyais bien que l'utopie maastrichtienne recelait une tentative insensée, inédite dans l'histoire des peuples européens, d'*anéantissement du politique.* Il s'agissait tout simplement de nous faire vivre sans politique : sans gouvernement élu, sans démocratie, sans géographie ni limites. On cherchait à dissoudre la notion de peuple, la notion de communauté nationale, la notion de territoire. Il y avait, sous-jacente, l'idée d'en finir avec les nations. D'ailleurs, l'euro – le cœur nucléaire du dispositif – ne représentait pas seulement une politique du renoncement. C'était le *renoncement à la politique.*

Tout mon instinct me portait au combat. Mais nous étions en porte-à-faux, parce qu'en face de nous, le discours était celui d'une ambition excitante, qui avait la force de l'utopie, « la création des États-Unis d'Europe ». Une super-puissance mondiale. Nous apparaissions comme les mauvais joueurs, ceux qui ne croient pas que « l'union fait la force », ceux qui ne croient pas au *bain de jouvence,* ceux qui ne croient pas que « l'Europe va remettre de l'ordre chez nous », ceux qui ne croient pas que l'Europe unie va devenir *« la première puissance du monde* ». Ceux qui ne croient pas au coup de fouet de notre industrie nationale, de notre agriculture... Ceux qu'on répute rétrogrades, bellicistes, rabougris, ratatinés entre la rogne et la renfrogne...

Je hurle, nous hurlons. Mais la chape de plomb est trop lourde à soulever. Malgré tout, sans être repris ou couverts par la presse, nous montons à l'assaut d'un terrain miné par les médiacrates. Nous en appelons à nos compatriotes bercés par l'eurobéatitude : « Français, dites non à une France vassale dans un empire de marchands. » Nous jetons toutes nos forces dans la bataille.

L'empoignade commence dès le printemps et va durer tout l'été. C'est la soirée du 5 mai 1992 qui lance les hostilités. L'hémicycle est chauffé à blanc. Les tribunes sont combles. Philippe Séguin monte lentement à la tribune, d'un pas pesant. De sa voix de stentor, il soigne ses effets. Encombré de ce physique massif qui occupe tout l'espace sous la verrière, les traits burinés qui accordent tant bien que mal la mélancolie pied-noire et les rigueurs de la Cour des comptes. Il a un visage d'emprunt. On dirait Raymond Barre plus Enrico Macias. Face à lui – qui somnolent dans la quiétude et l'inconscience –, « les *détaillants* du RPR et l'UDF qui se fournissent chez le même *grossiste* qui tient boutique à Bruxelles », comme les croque l'orateur avec une cruauté magnifique.

La campagne sera rude. On nous interdit les tréteaux, on nous boute hors du « cercle de la raison ». Mais nous avons l'humeur gaillarde. Le trio Pasqua-Séguin-Villiers tient la marée. C'est une vague qui monte. Nous remplissons les salles : « C'est la houle... C'est la foule... C'est la mer ! » Les colères de Séguin font trembler les lutrins. Les mimiques de Charles Pasqua sont irrésistibles. Avec son sourire à la

Fernandel dans *La Vache et le Prisonnier*, il nous fait du Pagnol, matin, midi et soir, le saucisson corse à la main. Quand il bascule en avant, il a dans les yeux qui roulent la gourmandise d'un vieux grenadier à bonnet d'oursin. Il répète la formule : « Je sens que le destin hésite... » Puis il ajoute en aparté, la main sur la bouche : « On ne sait pas encore si on est en route pour Wagram ou Trafalgar. »

Hélas, le 30 septembre au soir, la messe est dite : le « oui » l'emporte de justesse. Je me rends au QG de campagne, rue François Ier. Pour l'épilogue, la dernière réunion des trois conscrits. Je suis triste. Pour le pays. Pour les Français, qui ont perdu la fibre... On me tend une coupe de champagne, comme pour fêter la défaite. Je suis surpris par la jovialité des deux chefs de la dissidence. Ils devisent sur les *« avantages de la situation »*. Pasqua agite sa coupe :

– On l'a *échappé belle* ! Mon pauvre Philippe, tu imagines ?

Ce à quoi on *« a échappé »*, c'est la victoire du « non » ! J'ai du mal à suivre. Séguin reprend à la cantonade :

– Putain, si on avait gagné, on aurait été bien emmerdés !

« Bien emmerdés ? » Il aurait fallu *gouverner* ! Je suis déconfit, désarçonné... Quelques jours plus tard, surprise ! La parenthèse se referme. Ce n'était donc qu'une brèche, une *« musse »* comme on dit chez moi pour les impertinences de la souris furtive. Pasqua et Séguin rentrent au bercail, au RPR. Chevènement regagne les rangs de la gauche. Comme on dit au Québec, *chacun* a retrouvé sa *chacunière*. Comme si Maastricht n'était qu'une escapade estivale. Une sortie en mer. Un permis de pêche à la dorade pour la saison.

Ce combat de Maastricht m'a valu d'être, pour la deuxième fois, ostracisé. À nouveau, il va falloir que je me promène avec un dossard infâmant : « a appelé à voter non à Maastricht ». Comme « M » le Maudit. Pointé du doigt. Livré aux géhennes des Guignols. Une tunique de Nessus.

J'avais flairé que Maastricht était un tournant. Un tournant majeur, ce que d'ailleurs la classe politique dissimule aux Français depuis trente ans. En effet, au moment du référendum du 20 septembre 1992, est apparue une nouvelle configuration qui périme l'ancienne : ce n'est plus la gauche contre la droite – le clivage ancestral depuis la Révolution. C'est le « oui » contre le « non » – la fracture historique est déjà en germe dans le débat naissant, avec l'émergence de deux souverainetés concurrentes : la souveraineté *nationale* contre la souveraineté *européenne.* Cette fracture va devenir une béance avec les traités de Marrakech, de Schengen, d'Amsterdam, et bien sûr avec le nouveau référendum de 2005 sur la Constitution européenne.

Deux ans après le référendum, en 1994, je connais une grande victoire, avec mon ami Jimmy Goldsmith, aux élections européennes : c'est, en quelque sorte, le match retour de la consultation sur le traité de Maastricht. La presse ose le titre « Une percée mémorable ». Le journal *Le Point* me qualifie ainsi sur sa « Une » : « Le Dynamiteur ». La classe politique est accablée.

À l'automne suivant, le candidat Jacques Chirac m'invite à déjeuner à la mairie de Paris. J'ai droit à la tape dans le dos avec le classique chiraquien « Comment ça va ? ». Dès l'apéritif, il me couvre de mots chaleureux de bienvenue, veillant à concilier l'hyperbole et l'humilité feinte. Un professionnel. Il va droit au but comme il a coutume de faire avec tous les politiciens affamés qui hument, dès le pastis, l'odeur anisée, alléchante du maroquin à venir. Mais mon triomphe électoral encore tout frais a réhaussé mon classement à l'*Argus.* Je vaux cher. Jacques Chirac se livre à une longue inspiration comme s'il allait chercher au fond de ses poumons le bon portefeuille, puis il engage l'échange :

– Cher Philippe, je vais te faire une confidence : *tu es au-dessus du lot* ! Si je gagne – ce qui est hautement probable selon tous les spécialistes qui ne mettent pas un *kopeck sur l'ottoman* – tu as évidemment toute ta place dans l'équipe future, et quand je dis « toute ta place », cela veut dire une très belle place, plus haut que les chapeaux à plume.

Je me compose à cet instant un masque, marmoréen, illisible, insensible, inaccessible au *bel canto.* Alors il insiste :

– Je comprendrais que tu mettes… des *conditions.*

– Non, pas de conditions. Ou plutôt si… Une condition… Une *seule*…

– Tu es bien raisonnable… Quelle condition ?

– Que vous renonciez à la *monnaie unique.*

– Ce n'est pas rien, ce que tu me demandes. Mais tu as raison, cette putain de monnaie, c'est de la connerie… Je ferai un référendum sur la question, je te le promets…

– Non. Pas un référendum. Il faut une annonce ferme et claire… Une volonté… Un affichage… Jouer cartes sur table…

– Et pourquoi ce refus de principe ? On s'en fout de la monnaie, c'est une affaire de banquiers…

– Non, pas du tout… c'est tout sauf une affaire de banquiers… La monnaie, c'est le régalien par excellence. Je crois que la monnaie unique ne sera pas un accélérateur de *vertu* mais un accélérateur de *laxisme* budgétaire. L'endettement ne sera plus sanctionné par les marchés. C'est ma conviction. Je ne suis pas un politicien. Je ne vais pas trahir mes convictions. Pour moi, le combat de Maastricht, c'est du sérieux… C'est non. Bon vent, Monsieur le Premier ministre !

Je revois la tête de Chirac. Interloqué, décontenancé. On n'achète pas le « non » à Maastricht… Aujourd'hui encore, la question de la monnaie reste taboue. Et pourtant, l'endettement abyssal devrait nous faire réfléchir. L'euro devait garantir une sage gestion. On a vu.

« Pardon de vous déranger : il y a un Monsieur Montaigne qui vous appelle. »

En novembre 2001, je publie un livre dissident : *Vous avez aimé les farines animales, vous adorerez l'euro.* J'annonce le programme : « Né le 5 décembre 1360 à Compiègne, condamné à mort le 10 décembre 1991 à Maastricht, le franc a été exécuté le 1er janvier 2002. Après l'Europe des "Villes-États", puis des "États-Nations", voici venu le temps de la "Banque-État". » Plus de *monnaie,* plus de *souverain.* Plus de nation, juste un marché...

Le livre décolle. Je reçois un message de Paul-Marie Coûteaux :

– Chevènement vient de vous lire. Il a apprécié. Il souhaiterait vous rencontrer.

Réponse amusée de ma part :

– La droite me lâche. la gauche me courtise. Le monde à l'envers. On aura tout vu !

– Mais non, Chevènement, ce n'est plus la gauche. C'est l'homme de la nation. Il est candidat...

J'accepte la rencontre. Elle aura lieu le 15 janvier 2002, au domicile du général Gallois, qui joue les plénipotentiaires. À 91 ans, cet officier supérieur est un monument vivant du gaullisme historique. Il est le père spirituel de la force de frappe. C'est lui qui a formulé le concept de la « dissuasion du faible au fort ».

Le dîner est un rendez-vous secret, qui exige quelques précautions recommandées par celui qu'on appelle à gauche le *« Che »*. Je remonte le col de mon manteau, je rentre la tête dans les épaules pour ne pas être épinglé par les curieux de la rue et reconnu par le personnel de l'entrée.

Je sonne. Le général en personne m'ouvre, tout sourire. L'appartement a des allures de décor de cinéma : lourdes tentures flanquées de tableaux surréalistes, murs en trompe-l'œil peints par le général lui-même. On nous sert une coupe. Chevènement est déjà là. Il me salue chaleureusement :

– Philippe – je peux vous appeler Philippe ? – j'ai la plus grande estime pour vous. Allons droit au but : je veux faire gagner la *république des deux rives*. Mon programme, c'est la souveraineté… son rétablissement. Je pense que je peux être élu président de la République. Il faut que vous m'aidiez…

– Jean-Pierre – je peux vous appeler Jean-Pierre ? –, j'ai une question préalable à vous poser : si vous n'êtes pas au deuxième tour, et que Jospin y accède, appellerez-vous à voter pour lui ?

– Voter Jospin ? Jamais ! Comment pouvez-vous penser une chose pareille ?

Éclat de rire des commensaux autour du ris de veau. Alors, le général lève son verre et se tourne vers chacun de nous : « Nous avons ce soir à notre table celui qui incarne la continuité française. Il est l'héritier de Du Guesclin et de De Gaulle. Jean-Pierre est le dernier des résistants. Et vous, cher Philippe, vous êtes un patriote. Vous devez répondre à l'appel de Jean-Pierre, comme vous l'auriez fait à celui de l'Homme du 18 juin. »

Au moment du café, le général décide de s'éclipser. Il nous laisse seuls. En le voyant partir vers sa bibliothèque, j'ironise :

– Il fallait bien laisser les pigeons s'accoupler...

Chevènement insiste pour que nous puissions nous revoir – « en fonction des événements ». Au moment de nous séparer, nous échangeons nos coordonnées. Et là, surprise, Jean-Pierre suspend le stylo, le fait tourner au-dessus de son petit carnet de poche, comme s'il tergiversait.

– Il y a un problème, Jean-Pierre ?

– Oui et non... C'est ennuyeux, dit-il, précautionneux. On m'espionne, à gauche comme à droite... Il y a des écoutes, et il ne faut surtout pas que les gens sachent que nous sommes en contact... c'est prématuré... même mon chauffeur doit l'ignorer.

– Moi, je m'en fiche. Enfin, si cela vous pose problème, on peut mettre un passe-montagne tous les deux...

– Non, non. Mais on pourrait prendre des noms de code. Pourquoi pas un tandem littéraire ?

– Des noms de code ? Quel tandem ? Bouvard et Pécuchet ?

– Non... on pourrait prendre Montaigne et La Boétie.

Il y a un temps de silence, je pouffe de rire.

– Moi, Montaigne ?

Jean-Pierre se reprend et peaufine la *distribution* :

– Attendez, on va inverser les personnages : Montaigne, c'est moi. Et La Boétie, c'est vous.

Sur le pas de la porte, « l'homme de la Nation » se tourne une dernière fois vers moi :

– Alors, c'est bien d'accord ? Vous êtes La Boétie ? Allez, au revoir La Boétie !

– Au revoir, Jean-Pierre.

– Non... Pas Jean-Pierre... Montaigne.

– Au revoir, Montaigne !

Le jeudi 17 janvier, la standardiste de nuit du Conseil général de la Vendée m'appelle à sept heures du matin :

– Monsieur le Président, pardon de vous déranger si tôt. Mais il y a un Monsieur Michel Montaigne qui demande à être rappelé par vous d'urgence. Ma sœur, qui est bordelaise, habite dans sa rue, je croyais qu'il était mort... Il a insisté et vous a laissé le numéro où Monsieur de La Boétie peut le rappeler... Je lui ai dit qu'il n'y avait pas de conseiller général à ce nom-là...

Je compose le numéro.

– Allô, Michel Montaigne ?

– C'est lui-même.

– Ici La Boétie...

– Ah ! merci de me rappeler...

La conversation prend une allure métaphorique hautement littéraire :

– Que se passe-t-il, cher Montaigne ?

– L'affaire de notre livre prend mauvaise tournure !

– Vous voulez dire qu'il y a eu des fuites à l'imprimerie ? Je viens d'apprendre en effet que la nouvelle du dîner se répand dans le Paris qui postillonne.

Montaigne est inquiet. Qui a parlé ? Je le rassure. Quelques jours plus tard, il me rappelle, euphorique : il y a un bon sondage. Montaigne est à nouveau en selle.

– Allô, La Boétie ? Ici Montaigne. Vous avez lu les gazettes ?

– Et comment ! On peut dire que ça décolle... Dès le *premier Essai*...

– Oui, mon livre marche bien. C'est le moment de procéder à un retirage. Je vais avoir besoin de vous...

Bientôt, les indiscrétions se répandent, la gauche se déchaîne. Et, au fil des jours, je sens que Montaigne faiblit dans son amitié toute fraîche avec La Boétie. Il a des fourmis dans la plume. Il hésite. Il semblerait que, pour lui, l'eau du Rubicon fût devenue trop froide entre *« les deux rives »*. J'apprends quelques semaines plus tard que le journaliste qui a vendu la mèche n'est autre que mon ami Éric Zemmour. Il rit aux larmes, tout en regrettant le duo littéraire. Aujourd'hui, Éric me dirait :

– Alors, Villiers ? *grand-remplacé* par La Boétie ?

En fait, je vois bien que Chevènement prête la plus grande attention à l'équilibre alchimique des ingrédients de son pôle républicain. Il se laisse entraîner dans des négociations picrocholines. Le clivage droite-gauche est peut-être dépassé, mais il résiste encore aux intempéries. Son manteau d'Arlequin devient importable. Le dialogue entre nous en restera là. Rencontre historique ratée entre les souverainistes des deux berges.

Cet apologue porte une leçon : le clivage ancien est mort. Mais le nouveau – *souverainistes* contre *européistes* – tarde à éclore. L'expression québécoise garde toute sa fraîcheur : *chacun* danse avec sa *chacunière*, comme au bon vieux temps. On sort le soir, avec des noms d'emprunt et le fard d'un maquillage éphémère, mais on revient vite à la maison – la vieille maison, comme on dit à gauche.

Aujourd'hui, les Français continuent à croire que la politique se décide à Paris. On les trompe. Tout se joue à Bruxelles : les éoliennes ? c'est Bruxelles. La facture d'électricité ? c'est Bruxelles. La censure des réseaux sociaux ? c'est Bruxelles… Nos compatriotes ne sont pas encore prêts à sortir de cette Union qui est en train de nous broyer. La voix anglaise me paraît pourtant la plus sage. La France meurt à petit feu. Le peuple français s'éclipse. La vie s'en va. Le pays se vide. Et Bruxelles décide de nos vies.

« Ils ne voient pas la vague qui vient sur nous »

Le référendum sur la Constitution européenne fut un moment politique d'une rare intensité. Au soir du 29 mai 2005, contrariant tous les augures de la médiacratie, le « non » l'emporte. Cris de joie... allégresse... Je pèse mes mots en écrivant mon communiqué de victoire.

Vingt ans après, je m'aperçois, en le relisant, qu'il n'a pas pris une ride : « Ce référendum a révélé une véritable fracture, comme s'il y avait deux France. Celle de la mondialisation heureuse a passé son temps à expliquer à celle des déchirures, de la friche et de la peur : la France est une nostalgie, la Turquie, une chance ; l'euro, une réussite ; le marché mondial, une aubaine ; l'immigration, une aube nouvelle ; les incendiaires, des victimes ; les casseurs, des cœurs tendres ; la société multiculturelle, notre destin. Ce soir, la France des terroirs qui souffrent, interpelle la première en son exil doré : "On n'emporte pas la patrie à la semelle de ses souliers". »

Vingt ans ont donc passé. Tous ceux qui disaient le vrai sont partis ou sont oubliés. Et ceux qui se sont toujours trompés occupent encore le devant de la scène. Eux ou leurs héritiers. Comme si l'imposture, à condition de s'y complaire et d'y montrer de la constance, était un gage de longévité. Drôle d'époque où les crédulités et les innocences couronnent et récompensent les séductions de l'erreur et favorisent la rédemption par le mensonge.

Je garde le souvenir d'une campagne rude, inéquitable. Il n'y a pas de place pour nous. On se glisse comme on peut dans les interstices comme une musaraigne dans les rainures d'un parquet disjoint. C'est David contre Goliath. Ou plutôt le pauvre Sisyphe, efflanqué, besogneux, qui tente d'escalader la montagne dogmatique. De plateaux télévisés en conférences de presse, on a l'impression que rien n'imprime. Quand le « non » s'exprime, l'oreille des médias se fait paresseuse, voire hostile. Toutes les élites – politiques, économiques, culturelles, spirituelles – brûlent de l'encens autour du « oui ». Je vais pourtant lever deux lièvres qui vont changer la donne : « le plombier polonais » et l'adhésion de la Turquie.

Je n'oublierai jamais le fameux débat qui eut lieu quelques jours avant le scrutin fatidique. Ont été réunis, autour de la table, dans un climat d'extrême tension, quatre « oui » et un « non ». Quatre contre Un, c'est le tarif : on appelle cela, dans le Service public, « l'équité des temps de parole ».

Face à moi, il y a donc les leaders du « oui ». D'abord Michel Barnier, un homme de la IIIe République qui rêve de la IVe ; à côté de lui, François Bayrou, un homme de la IVe, égaré dans la Ve ; en face de moi, Daniel Cohn-Bendit, le fils spirituel de Robespierre devenu le père spirituel de Giscard. À côté de lui, Strauss-Kahn, un homme du *Grand Soir* qui, à cette heure-ci déjà, tourne de l'œil vers l'escalier de l'hôtel.

La tension est palpable. Les sourires sont figés. Je lis la haine dans les yeux du plateau. La confrontation tourne très vite à un exercice colyséen. Je suis la proie, sur le sable de l'arène, dans la fosse aux lions. C'est un piège. Chacun avance avec son trident, un filet derrière le dos. Soudain, Michel Barnier s'avance, la main impérieuse, le doigt tendu. Et il assène :

– Monsieur de Villiers, il faut que les Français le sachent : *vous êtes un menteur* !

Murmure gourmand de toute la table, ravie du coup au but et suspendue à ma réponse :

– Un menteur ? Monsieur Barnier... vous devriez être *plus prudent* !

– Oui, un menteur... Vous avez menti, pour faire peur... En faisant croire que la Turquie allait entrer dans l'Europe... Vous savez très bien que c'est faux...

Alors, le piège va se refermer. Non pas sur moi, mais sur lui.

Je brandis le texte du « Traité établissant une constitution pour l'Europe ». Ce texte, les Français le connaissent, certains l'ont parcouru. Car il a été adressé par La Poste à tous les électeurs. Un pâté de cent quatre-vingt-dix pages. Indigeste. Un embrouillamini. Protestation de toute la table :

– C'est insupportable... s'élève Bayrou...

Jusqu'au moment où, entre chuchotis et marmottements hostiles, je plante la banderille mortelle :

– Regardez bien ce document. J'ai fait une découverte intéressante, en le lisant ligne à ligne. Savez-vous que le traité constitutionnel a été signé par *tous* les chefs d'État ? Je dis bien... *tous* les chefs d'État ?

Éclats de rire autour de la table.

– Ah ! la belle affaire ! Quelle découverte !

– Attendez, Messieurs… Laissez-moi finir ma phrase. Parmi les signataires, il y avait… le Premier ministre turc. L'autographe est en bas de la page, écrit en turc. Tenez, regardez… vérifiez par vous-mêmes.

Hiroshima sur le plateau. Raclements de gorge. Le « oui » grommèle. Je regarde Barnier. Il est blême. Alors, je porte l'estocade. Je sors de mon cartable une photo, que j'exhibe en appelant la caméra pour faire un gros plan. Que voit-on sur la photo ? La Turquie à la table des paraphes de la Constitution, à Rome, le 23 octobre 2004. Recep Tayyip Erdoğan, la plume à la main, se trouve assis à côté de son ami, Jacques Chirac. Il représente ainsi, auprès des vingt-cinq membres signataires de l'Union européenne, le *vingt-sixième pays signataire.*

Je brandis la photo et le traité. C'est une déflagration. L'œil rieur, je dévisage chacun de mes contradicteurs. Ils ont changé de teint, ils sont passés du cireux au terreux :

– C'est vous les menteurs ! La preuve est là. J'invite tous les téléspectateurs français à ne pas jeter à la poubelle le texte du traité mais, au contraire, à le lire consciencieusement.

Et j'insiste, en étant plus précis :

– Allez donc à la page 165. Et lisez l'instrument juridique qui permet d'identifier le texte : vous y découvrirez que la *Turquie est déjà dans l'Europe.*

En cet instant, le « oui » flageole. Cohn-Bendit jette de dépit son pavé, Bayrou bredouille un juron béarnais, Barnier lâche le remonte-pente et glisse patins en l'air ; et Strauss-Kahn, déjà dans l'escalier, rate la marche, pétrifié.

Pourquoi donc voulaient-ils tous faire entrer la Turquie dans l'Europe ? Eh bien, parce que c'était la volonté affichée de la Commission : « La dynamique de la population turque pourrait contribuer à compenser le *vieillissement* des sociétés de l'Union européenne. » Déjà l'argument du remplacement démographique ! Mais c'était aussi le vœu solennel du cercle de la raison : « L'Europe ne doit pas être, ne doit plus être un *"club chrétien"*. Faire entrer la Turquie, c'est faire entrer l'islam modéré. » En effet...

Enfin – j'aurais dû commencer par là –, c'est le choix de l'Amérique, pour « faire l'Europe de l'Atlantique à l'Aral » et ainsi dessiner un nouvel ensemble, l'« Union eurasiatique ». En fait, le projet américain était de faire coïncider le périmètre de l'Europe avec le périmètre de l'OTAN.

Un des souvenirs les plus marquants de ma vie publique, c'est ma rencontre avec Jacques Chirac, le 28 octobre 2003, à ce sujet, au palais de l'Élysée. Je vais être tellement estomaqué par notre dialogue que je décide, dès la sortie de l'entretien, d'en faire un livre[1].

Il y a un mystère Chirac, le mystère de cet homme qu'on décrit comme une feuille morte dans les vents dominants. C'est sans doute vrai, mais il y a un sujet sur lequel il n'a jamais varié, c'est son tropisme oriental. Je l'ai très bien connu, dès mon stage de l'ENA, en Corrèze, quand il était président du Conseil général. J'ai beaucoup parlé avec lui, grâce à l'entremise de mon cher ami Jean-Pierre Bechter, mon maître de stage. Je sentais Chirac peu concerné par l'histoire de France, je le devinais passionné par les arts africains. Il s'intéressait à la protohistoire et à la posthistoire. Entre les deux, il bayait aux corneilles du plateau de Millevaches.

Ce matin-là, notre entretien sera orageux. Je découvre un homme fasciné par la culture asiatique. Plus il s'éloigne de

1. Philippe de Villiers, *Les Turqueries du Grand Mamamouchi*, Paris, Albin Michel, 2005.

l'Europe, plus il s'enflamme et se libère. Les chemins de l'Orient répondent à l'écho de son for intime, chargé de cette culture des premiers soleils. Quel dommage qu'il ait vécu à l'époque de Pierre Boulez plutôt qu'à celle de Molière, car ce dernier n'aurait pas manqué de le croquer sous les traits d'un Monsieur Jourdain chassant les rabat-joie, couvert de prose étrange et de plumes du Levant, la réincarnation du Grand Mamamouchi !

Je me souviens du tintement discret de la petite pendule soprano qui alerte le Président : il est déjà onze heures. L'entretien dure depuis soixante minutes. Jacques Chirac esquisse un rictus en signe d'épilogue. Je sens qu'il est sur le point de se lever. Alors, je force le passage :

– Monsieur le Président, m'autorisez-vous à vous voler encore quelques minutes ?

– Euh oui, bien sûr… Parce que c'est toi…

– Je voudrais, par simple curiosité, vous demander pourquoi vous semblez à ce point obstiné dans votre refus d'inscrire, en préambule de la Constitution, l'expression des *« racines chrétiennes »* de l'Europe ?

– Tout simplement parce que c'est historiquement fantaisiste et politiquement maladroit… d'ailleurs, c'est un débat clos, les évêques nous rejoignent, seul le Vatican s'y accroche. C'est absurde !

– Absurde ? Absurde de prétendre que l'Europe a des « racines chrétiennes » ?

– Écoute… *Les racines de l'Europe sont autant musulmanes que chrétiennes.*

– Ah oui… On l'a bien vu à Lépante en 1571 ! À Vienne en 1683 ! Il y a quelques semaines, j'étais à Budapest, pour enregistrer la nouvelle musique du Puy du Fou. Les Hongrois nous ont parlé des bains turcs en murmurant :

« C'est bien le seul bon souvenir de leur passage. » Comment avez-vous pu dire, au sommet d'Helsinki[1] : « La Turquie, par son histoire, et pas seulement par la géographie, [...] est européenne » ?

– Mais je l'ai dit, cher Philippe, parce que c'est une évidence. Prends par exemple, l'Espagne. Aznar et ses amis peuvent raconter ce qu'ils veulent... Il n'en reste pas moins que l'Espagne a des racines musulmanes. Elle a été musulmane avant d'être chrétienne.

– Non, c'est faux. Le roi Récarède a été sacré et baptisé plus d'un siècle avant l'arrivée de l'envahisseur, Tariq. La greffe de l'islam n'a jamais pris nulle part.

– Nous pouvons peut-être en rester là ? Puisque nous ne sommes d'accord sur rien...

– Effectivement ! Ni sur l'entrée de la Turquie en Europe ni sur la Constitution européenne...

La petite pendule soprano vient d'alerter le Président : il est onze heures et dix minutes. Jacques Chirac esquisse un sourire pincé. Les jambes se décroisent, les bras se lèvent comme deux soupirs, le geste est d'une politesse régalienne, mais la main s'ouvre et montre la porte. Que dire ? Le métier parle.

« Ce sont des sujets graves !

– Oui, graves, graves... »

Le dernier mot viendra en haut de l'escalier. Je le vois qui s'arrête et, à la deuxième marche, dans un effort d'amabilité mécanique pour rester dans les usages, il plonge la main dans la panoplie sémantique des convenances formelles. Et, pénétré de ce qu'il va dire, il lâche :

« En tout cas, c'est très intéressant !

1. 15 décembre 1999.

– Ah oui ! très intéressant. »

Encore aujourd'hui, la relation entre l'Union européenne et notre voisin turc est pour le moins ambiguë. La Turquie reçoit toujours des crédits de pré-adhésion. Et aussi des crédits d'aide à la gestion des migrations et des réfugiés. La Commission maintient le lien… En attendant de pouvoir en finir avec le fameux « Club chrétien », comme Attali appelait la « vieille Europe ».

Effectivement, la question turque pose le problème de l'islam en Europe. Au début des années 2000, la question est encore un tabou presque absolu. En tous cas, elle ne vient pas jusque sur le forum.

Au printemps 2005, les Services secrets, exaspérés par l'inertie des ministères, me confient sous le manteau plusieurs rapports confidentiels sur « l'islamisation rampante de la France », en comptant sur ma hardiesse pour qu'ils soient publiés dans l'espoir de « faire enfin bouger les lignes ».

J'hésite. Ce que j'ai entre les mains, c'est du trinitrotoluène. Je retiens ma plume. Peur du carton rouge… Je suis en mesure de révéler que, sous le tarmac de l'aéroport de Roissy, pénétré comme un gruyère par les islamistes, il y a au moins vingt-sept salles de prière. Je m'entoure de mille précautions confinant à la clandestinité.

Pour que la surprise soit totale et l'impact maximum dans le public, mon éditeur et ami fidèle Richard Ducousset – un homme remarquable – a fait imprimer le livre en Hongrie sous un titre factice : *Une histoire d'amour*, et sous une fausse identité : Jacques Lecoq. Ce pseudonyme, c'est celui de mon père dans la Résistance. Un symbole des éloquences familiales pour cet ouvrage que je qualifie « d'acte de résistance et de sursaut ».

Le devoir m'appelle. Je fais violence à mes scrupules. Je passe outre et publie *Les Mosquées de Roissy*. Le livre flambe. On y apprend que des islamistes sont parvenus à infiltrer les services de sécurité des grands aéroports et à prendre le contrôle de zones entières où transitent bagages et passagers. Les notes d'alerte adressées au sommet de l'État concluent : « L'*islamisation* avance sans bruit mais avec un indéniable *esprit de conquête*. La *confrontation* est devant nous. »

À la sortie de mon livre, la société de connivence s'avise de pratiquer le déni. J'ai choisi la radio Europe 1, pour allumer le cordon de la mine. Je suis reçu par Jean-Pierre Elkabbach, le grand journaliste de référence des plateaux. Quand il veut être gentil, il vous promeut comme un comparse onctueux. Quand il veut être méchant, il ironise pour vous disqualifier, en se faisant le Grand Justicier du Système. Pas de chance pour moi, ce matin-là. J'entre dans le studio, l'atmosphère est poissarde… Échange de sourires tendus. Il ajuste :

– Bonjour, Monsieur de Villiers… Alors, vous publiez un brûlot *Les Mosquées de Roissy* !… J'ai une seule question à vous poser : *vous êtes sérieux* ?

Le ton est donné. On traite mon enquête par la dérision. « Un brûlot ? » On étouffe le débat. On livre au public inquiet un impeccable syllogisme : « Certes, l'islam *radical* existe. Mais l'islam *modéré* ne demande qu'à le vaincre. Il faut donc encourager l'islam *modéré*. L'islam *radical* est plutôt dans les caves. L'islam *modéré* est plutôt dans les mosquées. Il faut donc sortir des caves et *construire des mosquées*. » Fermez le ban.

Je sens que je suis sorti du périmètre autorisé. Autour de moi, on murmure :

– Il va trop loin… On ne peut plus le suivre… Ce livre est un brandon de guerre civile. Il va mettre le feu aux banlieues…

On évoque, dans les milieux chrétiens, le document conciliaire *Nostra Aetate* qui prône le rapprochement des religions et qui, anticipant la globalisation à venir, s'ouvre sur la nécessité du *partage* et du *vivre ensemble « à notre époque où le genre humain devient de jour en jour plus étroitement uni »*. C'est dire à quel point le manque de lucidité est le lot commun de tous ceux qui sont censés penser l'avenir de la société. L'irénisme est de saison, avec le sourire niais des santons de la crèche.

Nos politiciens oscillent entre la nonchalance et l'insuffisance intellectuelle. Ils ne voient pas la vague qui vient sur nous. Souvent, je prononce en moi-même, comme dans une sorte de geste prophylactique, le mot de Mallarmé : « Le vomissement impur de la Bêtise/ Me force à me boucher le nez devant l'azur. »

Nous sommes devenus les cobayes de la Babel sanitaire, verte et numérique

Le patron du Forum de Davos avait publié, au tout début de la crise du Covid, un livre-événement : *The Great Reset.* Il y soulignait le parti que le *capitalisme de surveillance* pourrait tirer de la pandémie. « Elle représente une *fenêtre d'opportunité* rare pour *réinitialiser* le monde. » Au fil des pages, chargées de sous-entendus globalistes, il exprimait l'espoir que le virus serait l'occasion de changer *la* société, de changer *de* société, afin d'imposer ce que le capitalisme global appelle le *« Bien total »*. En avril 2021, la lecture de cet ouvrage prospectif m'a glacé les sangs. J'ai mis le feu à mes encres pour dénoncer ce programme de « réinitialisation de la planète » au service des élites mondialisées[1]. J'avais tout de suite saisi le filigrane de ce que serait le *« Great Reset »* : ils allaient profiter du Covid pour mettre au banc d'essai l'idée d'une *« société disciplinaire »*. Hélas, cinq ans après, tout ce que j'avais anticipé, deviné, combattu, s'est réalisé.

Le Covid aura provoqué trois mutations fondamentales. D'abord, il nous a fait entrer dans un nouveau pays, le *Webistan.* Un « village global » où la post-société d'une

1. Philippe de Villiers, *Le Jour d'après*, Paris, Albin Michel, 2021.

humanité sans contact intronise le « citoyen numérique » et réaffecte ses bornages : nous passons du voisin *géographique* au voisin *digital*, du voisin *réel* au voisin *virtuel*. Du *prochain* au *lointain*. Mon prochain est devenu le lointain. Le lointain est devenu mon prochain. Dans le Webistan, le ministre de la Vérité – orwellien par destination –, l'inénarrable docteur Véran, appelle à *renverser* toute démonstration d'affection : « Si vous voulez montrer à vos proches que vous les aimez de tendresse, alors tenez-vous à distance. Ne les embrassez jamais. » C'est là le plus bel oxymore de l'histoire des charités élémentaires. On prépare une société composée de *solitaires*.

Plus grave encore, le Covid aura installé la société du *contrôle mutuel* : on ne serre plus la main de son voisin mais on le guette, on le dénonce : « M'sieur l'agent, le gars du troisième étage est sorti sans son *Ausweis*. » Le virus aura initié tous les « asymptomatiques » à une nouvelle forme de citoyenneté vertueuse, le civisme délateur. Chacun vérifie que, sur le palier d'en face, on respecte bien la recommandation d'*« éternuer dans son coude »*. La délation du *morveux*... On prépare une société composée de *mouchards*.

La seconde mutation touche à la transmutation du *Pouvoir* qui s'est mué en *Biopouvoir*. La politique à l'ancienne contrôlait les territoires. La « biopolitique » contrôle les corps et les esprits, au nom de ce qu'on appelle désormais *l'hygiénisme d'État*. Voici venir la société des sentinelles intimes, qui préfigure la fusion – annoncée par Klaus Schwab – de nos trois identités – physique, numérique, biologique.

Évidemment, le Covid m'a ramené au souvenir cocasse de la fameuse rencontre des « Deux Rives », chez le général Gallois. Ayant accepté d'emprunter, pour quelques semaines, le pseudonyme de La Boétie, j'avais finalement été attiré par son œuvre. Et il me fut donné de découvrir que mon double était sans le savoir un visionnaire du Covid ! Sa prophétie sur la « Servitude volontaire » anticipe l'infantilisation d'un peuple de consommateurs qui, non content d'accepter l'assignation à résidence, revendique l'enfermisme et salue, à heure fixe, chaque soir, par un concert de casseroles à la chinoise, nos geôliers et matons. Tout naturellement, la puissance publique nous propose aujourd'hui un « kit de survie » : on nous prescrit ce qu'il faut prévoir de pansements et de cachets en cas « d'urgence ». C'est l'avènement du *citoyen pensionné.* Le *Discours de la Servitude volontaire* a été écrit par un jeune homme de 18 ans, au XVIe siècle. Retrouvant aujourd'hui une actualité troublante, il raconte comment le vice monstrueux de la servitude peut conduire les dominés à consentir à leur asservissement et même à s'employer pour lui.

Le biopouvoir porte l'idée d'une administration et d'un trafic des corps ainsi que d'une hiérarchie des normes morales : à partir du moment où on s'en remet à la puissance publique pour tout ce qui touche à l'intime, c'est à l'État de définir la manière de vivre et de mourir. C'est ainsi que la *Haute Autorité de Santé,* traitant les enfants comme des cochons d'Inde, a recommandé que la *transition de genre* soit prise en charge dès l'âge de 16 ans par la Sécurité sociale. Ainsi avons-nous enchaîné les ruptures anthropologiques : notre génération aura vécu la fin du serment d'Antigone, qui garantissait le droit d'*enterrer son frère.* Avec le Covid, qui a rendu les adieux impossibles pour ses propres morts, on a connu l'interdiction des rites funéraires, comme pour les chiens et les chats.

Le biopouvoir décrète qui peut vivre et qui peut mourir. Tout naturellement, l'État dispose du droit de tuer.

L'*avortement constitutionnel* qui condamne l'enfant à naître est une régression logique. Le *« suicide assisté »* va suivre. Le serment d'Hippocrate aura duré vingt-cinq siècles. Le voilà frappé de désuétude.

Enfin, la troisième mutation, c'est la transformation de la société en un *sanatorium écolo* par les *Khmers verts.* Emmanuel Macron, le 14 décembre 2020, nous avait prévenus : « Cette crise [...] constitue une opportunité pour réorienter en profondeur nos modèles économiques et *les rendre plus verts.* » Le confinement *sanitaire* a préparé le *confinement écologique.* On nous explique que le nouveau virus, c'est le CO_2. Les fameuses « zones à faible émission » étaient en gestation dans ce nouvel ordre. Ainsi que le *Green Deal.* Le *« dérèglement climatique »* est désormais présenté comme un risque systémique similaire à la pandémie de Covid 19. Nous sommes devenus les cobayes de la *Babel sanitaire, verte et numérique.*

Comment j'ai fait sauter Édouard Philippe

Il fut un temps où j'avais mes entrées à l'Élysée. J'étais *persona grata.* Tout avait commencé avec le séjour d'Emmanuel Macron au Puy du Fou. C'était en 2016, il était ministre de l'Économie de François Hollande. Sa venue à la Cinéscénie tenait des échauffements préélectoraux – une sorte de tatami culturel pour une pré-candidature.

L'impétrant me fait comprendre que le Puy du Fou lui semble l'endroit idéal pour un pas de deux en limite de périmètre. L'œuvre est dans l'actualité internationale, le Puy du Fou est à la mode, avec les moissons américaines du *Thea Classic Award* et des premiers prix mondiaux à Los Angeles. Nous avons tout juste racheté aux Anglais la pièce à conviction du procès de Jeanne d'Arc. Emmanuel Macron est allé aux Fêtes johanniques du 8 mai à Orléans, il y a mordu la main de Hollande et dénoncé tous les *Cauchon de service,* il franchit tous les Rubicon.

Le voici devant l'Anneau, dans la chapelle Marie-Madeleine. Il se recueille. À la sortie, sur les marches, Brigitte lui tapote l'épaule, la presse s'impatiente et le bouscule de questions dérangeantes sur son parcours. Il porte la parka du Puy du Fou. Il affiche la couleur avec une ardeur de catéchumène… Prenant soin d'articuler chaque mot de sa déclaration, il annonce d'une voix suave :

– Je ne suis plus… *socialiste…*

Friselis et chair de poule dans le parterre des caméras de la gauche médiatique qui s'étonne d'une conversion aussi subite… Ravi de cette abjuration – le Puy du Fou vaut bien une messe –, je glisse aux journalistes :

– C'est le premier miracle de l'Anneau…

Emmanuel sourit. La relation deviendra vite amicale avec le couple présidentiel. On m'appelle, on me demande des auscultations. On me presse de découper les poulets sacrés. J'incarne, en ces moments d'augures favorables, une sorte d'haruspice vendéen prisé pour les auspices sur le ciel bas, sur les cumulonimbus, sur les humeurs des ronds-points. Un an plus tard, le nouveau Président demandera à son Premier ministre de me prendre le pouls sur l'affaire du projet d'aéroport de Notre-Dame-des-Landes :

– Ses arguments méritent d'être entendus… lui glisse-t-il.

Je suis d'ailleurs convaincu que ma conversation avec Édouard Philippe a pesé dans la décision. Plus tard, quand je m'élève contre l'extension des parcs éoliens, le Président m'envoie un message pour me rassurer :

– Ne vous inquiétez pas, cher Philippe. Je donne des ordres aux préfets. Stéphane Bern m'en a parlé. Il faut arrêter tout cela… ça n'a pas de sens…

Quand le président de la Chine est invité à Paris, le président du Puy du Fou, Nicolas de Villiers, est à la table d'honneur. L'Élysée multiplie les égards. Nous voilà « dans les petits papiers du Mercure François ».

Le point d'orgue, c'est le 4 mars 2019. Je m'apprête à déposer une charge qui provoquera une déflagration sur l'Europe – *J'ai tiré sur le fil du mensonge et tout est venu*[1]. Je me retrouve à la table des Macron, autour d'un plateau de crabes, à l'Élysée, pour un dîner à trois :

– Je vous apporte mon nouveau livre… Il ne va pas vous faire plaisir, cher Emmanuel.

Le Président pose son casse-noix et répand la mayonnaise sur sa tartine de froment :

– Un livre de vous est toujours une bonne nouvelle. Il est sain que vous puissiez nourrir le débat… Votre voix est écoutée, elle est précieuse…

– Oui, mais je divulgue, preuves à l'appui, des vérités iconoclastes : que l'Europe est une invention américaine et que le premier président de la Commission – Walter Hallstein – était un ancien nazi. La Grande Europe est une idée allemande…

– Vous savez, cher Philippe, je me méfie comme vous des européistes. Ce sont des brûleurs de cierge qui mettent le feu à la plaine…

– Ah oui… les démocrates chrétiens… les Bayrou et compagnie…

– Je ne les supporte pas…

– Moi non plus…

Ce soir-là, je fais coup double. À la fin du repas, je dédicace à Brigitte mon *Roman de Clovis*, paru quelques mois plus tôt : *« À la reine Clotilde, pour qu'elle ne manque jamais d'influencer le Roi des Francs. »*

Alors je retire de mon cartable le sulfureux opus « qui sort de la boulangerie ». Emmanuel le feuillette, puis dodeline, en murmurant, l'œil légèrement

1. Philippe de Villiers, *J'ai tiré sur le fil du mensonge et tout est venu*, Paris, Fayard, mars 2019.

contrarié par le titre, hasardant un compliment d'une fadeur calculée :

– Quel travail !

Je réplique en riant, pour déminer :

– Ça va vous horrifier mais ça peut vous faire du bien...

À partir de la publication de ce livre blasphématoire sur les huiles sacrées de Bruxelles, je vois bien que ce n'est plus tout à fait la même chanson. Mais Emmanuel reste attentif à la geste puyfolaise. Il garde un bout de parka dans le cœur.

À ce moment-là, je ne sais pas encore que le Puy du Fou sera bientôt une pomme de discorde au sommet de l'État. Et que je vais bientôt me retrouver au milieu du gouffre entre le Président et son Premier ministre. Nous sommes en plein Covid : Macron se veut rassurant, il promet du ciel bleu, il est lyrique – « nous sommes en guerre » –, puis emphatique – « nous sortirons bientôt de la grisaille ». Édouard Philippe, lui, enchaîne les « je ne sais pas » et devient le chef emblématique des confineurs.

À Matignon, le sang et les larmes. À l'Élysée, les lendemains qui chantent. Le Puy du Fou, bien malgré lui, va devenir le symbole de la béance qui se creuse entre l'Élysée et Matignon. Toute la France est à l'arrêt. J'éructe contre le *« connardovirus »* qui menace une œuvre culturelle fragile, qui ne peut compter que sur elle-même. Je supplie les pouvoirs publics d'en finir avec le confinement mortifère. Nous scrutons les interventions du Président, du Premier ministre et du fameux croque-mort, le professeur légiste Jérôme Salomon qui, le visage poupin et glabre, égrène chaque soir, dans un décompte macabre, le nombre de morts de la journée.

Je bougonne, je fulmine, je bouillonne « contre l'enfermisme ». J'appelle le Président :

– Emmanuel, je constate qu'autour de vous, tout le monde raconte n'importe quoi : on est aux antipodes de la règle d'hygiène pratiquée au Moyen Âge. À l'époque de la lèpre, on enfermait les mal-portants, on laissait dehors les bien-portants. Aujourd'hui, on fait l'inverse : on assigne à résidence les bien-portants plutôt que les malades du virus.

Nouvel appel, le 11 mai. D'un ton solennel, je dépose le bulletin du décès prochain d'un fleuron français auquel Emmanuel a répété son attachement personnel :

– Nous allons mourir...

– Non, Philippe, ayez confiance, soyez patient... Je tire des bords...

– Vous tirez des bords ? Vous n'êtes donc pas le patron ?

– Je pratique, même en interne, le « quoi qu'il en coûte » ...

– C'est plutôt le « quoi qu'il en broute » ...

– Disons franchement les choses. On traîne les pieds dans la rue de Varenne. Je vais même vous confier un secret : Matignon est gouverné par le trouillomètre. Le Premier ministre a peur des tribunaux. Il ne veut pas engager sa responsabilité en *déconfinant* trop tôt. Il se couvre. Il ne pense qu'à se protéger des plaintes intempestives.

Le Premier ministre serait, à ce qu'on dit en ville, hanté et comme rongé par le souvenir du « sang contaminé ». Le 13 mai, à la demande instante du Président, Édouard Philippe m'appelle tardivement :

– Je ne vous téléphone pas pour une bonne nouvelle : je n'ai pas le choix. Les lieux accueillant du public resteront fermés...

– Fermés ? Jusqu'à quand ?

– Impossible à dire... Mais je ne prendrai aucun risque... Croyez bien que ce n'est pas de gaîté de cœur. Mais c'est mon devoir. L'état sanitaire du pays doit rester au-dessus des considérations *touristiques.*

Cette réponse à l'aveugle est celle d'un techno-rigide... On voit bien, à la télévision, qu'il semble épuisé par cette crise, il a la barbe dévorée par une tache blanche, il évoque le bien supérieur du pays et incrimine le risque de contagion qui rend impossible, selon lui, la réouverture d'un lieu accueillant du public.

La conversation dure, elle se tend, elle tourne au vinaigre.

– Vous vous en foutez de mettre à terre un fleuron français ! Les gens comme vous n'ont pas de cœur, ils n'ont pas de tête... juste une tête de gondole !

– Mais vous ignorez les dangers du brassage...

– Et vous, vous ignorez le métro ? Le brassage dans le métro à 6 heures du soir ? La logique impose donc que vous fermiez le métro !

– Ce n'est pas la même chose...

– Et le parc de La Courneuve, qui a rouvert ses grilles, et le zoo de Beauval, qui a rouvert ses portes...

– Ce n'est pas la même chose...

– Ah bon ! Vous avouez donc une préférence symbolique pour les *animaux exotiques* plutôt que pour les *Gaulois réfractaires* ? Vous voulez en finir avec le lyrisme et les enracinements de la civilisation ? Ou alors... dois-je comprendre que c'est un confinement *ad hominem* ?

La conversation aura duré quarante-cinq minutes. Le clapet est tombé. Pas d'ouverture. Les châteaux de la Loire rouvrent. Ma colère est à son comble. Quelle injustice ! Même le ministre du Tourisme, Jean-Baptiste Lemoyne, nous chuchote à l'oreille son incompréhension et son désarroi. L'affaire va devenir, en quelques heures, sujet de crispation entre les deux têtes de l'exécutif.

Car la situation tourne au désastre : deux mois après l'hibernation, un hôtel sur deux, un gîte sur deux, un camping sur trois s'apprêtent à fermer boutique.

Une pétition circule. Le pouvoir panique. Le 17 mai au soir, je reçois un nouvel appel d'Emmanuel Macron. J'apprécie cette sollicitude, elle n'est pas feinte. Il s'élance et se déchaîne contre Édouard Philippe :

– Il faut que vous sachiez, Philippe, que tous ces *« européistes »* ne comprennent rien à ce qui se passe.

– Vous parlez de votre Premier ministre ? « Européiste » ? C'est un virus ? Ça, c'est une nouvelle !

– Il s'entête et se calfeutre, pour ne pas encourir de procédures... On tourne en rond. Mais j'ai pris une décision... Je rapatrie le dossier des parcs en *Conseil de défense*, ce mercredi 20 mai, pour le soustraire à l'autorité de Matignon.

Le Puy du Fou au Conseil de Défense ? Beau geste du Président. Tout change. Édouard Philippe ne supportera pas cet affront. À partir de ce moment-là, les deux hommes se toisent, ils ne se parlent plus. Quelques jours plus tard, Édouard Philippe dépose sa démission à l'Élysée. Immédiatement acceptée. L'enfermisme est vaincu. L'État profond vient de connaître l'un de ses premiers revers...

En attendant, on a mis le pays par terre. Il y a un *avant* et un *après* Covid. Avec le fameux « quoi qu'il en coûte » et avec la claustration de tout un peuple. La trace restera, elle est lugubre. On ne s'en est pas remis. On croule sous la dette. Les hommes politiques ont eu peur, ils ont paniqué, ils ont fait n'importe quoi. Après avoir aboli les frontières extérieures, on a rétabli la « frontière domestique ». Ce faisant, on a basculé dans un nouveau monde. On a habitué l'État à l'immixtion continue jusque dans l'intime et on a fait glisser les citoyens dans la servitude consentie. On a menti sur tout, sur les masques, sur les chiffres, sur les vaccins. Ce qui s'est passé en France, avec le Covid, relève d'une entreprise totalitaire. La machine roule, on ne l'arrêtera plus, elle roule sur nous. Le biopouvoir est en place. Cet été 2025, pendant que les vaccinolâtres enchaînaient les déconvenues, la ministre de la Santé, dans une conférence de presse solennelle, a annoncé la parution d'un décret *« pour boire trois litres d'eau par jour »*. Vous avez bien lu ? Un *décret* nous dit ce qu'on peut, ce qu'on doit boire. Attention à la goutte de trop... On demande au corps préfectoral de faire des rondes avec un dosimètre républicain, laïque et universel. Orwell, reviens ! Ils sont devenus fous !

Nous avons quitté le champ politique pour verser dans la dystopie. C'est un basculement ou plutôt un point d'aboutissement d'une logique comparable à la bêtise minérale de la boule de billard.

Quand j'étais jeune, je lisais les romans d'anticipation de René Barjavel. Il décrivait un monde terrifiant. On était pris de vertige mais on sortait de chacun de ses livres tout à fait rassuré à l'idée que le cauchemar tout juste traversé se rattachait à un genre littéraire, hors de notre univers quotidien, encadré, protégé par les sagesses institutionnelles et les stabilisateurs automatiques de l'économie de consommation. Le monde nouveau des grandes surfaces était celui de l'*abondance « qui pourvoit à tout »*. Nous nous pensions *immunisés par le caddie.*

Les Trente Glorieuses feraient face à toutes les pannes et épidémies. Ainsi se déployait la sollicitude apaisante d'un nouvel État – en veille permanente – qu'on appellerait d'un composé théologique l'*État-providence.*

L'État prendrait les corps et leur dispenserait les soins, et la providence prendrait les âmes et les emplirait de nouvelles liturgies : le masque à la place du cierge. La claustration à la place de la retraite. Le concert de casseroles à la place des complies. L'État-providence a tout pris. Il a pris nos vies, nos impôts, nos libertés, il a pris nos pensées et nous glisse subrepticement de quoi sustenter nos arrière-pensées. Saint-Exupéry a prédit ce qui est en train d'arriver à nos contemporains : « L'homme devient, sous un totalitarisme universel, bétail doux, poli et tranquille [...], l'homme que l'on alimente en culture de confection, en culture standard comme on alimente les bœufs en foin. »

« Au-dessus du peuple s'élève un pouvoir immense et tutélaire »

J'ai calfaté les œuvres vives, en pleine tempête. J'ai écopé. J'ai pris les paquets de mer. J'ai bu la tasse. J'ai connu la vague scélérate, celle qui vient par l'arrière et qui vous surprend et vous submerge. J'ai connu le naufrage et le sauvetage. J'ai repris la mer. La haute mer a toujours été mon élément. C'est une manière métaphorique de dire que j'ai mené, sans jamais rien lâcher, les combats successifs sur l'essentiel de ce qui nous menace.

Mais j'ai mis beaucoup de temps à saisir qu'entre toutes les agressions, il y avait un lien. Je n'avais pas les clés.

J'ai fini par trouver le trousseau. Voici le fruit de ma découverte. C'est Macron qui m'a mis sur la voie, avec son discours de Vendôme.

« On est dans une période où on refonde. On est en train de réinventer un modèle. C'est plus dur de le réinventer quand tout n'a pas été détruit. » Cette phrase est terriblement ambiguë, lourde de sous-entendus. Le Président semble regretter que *« tout n'ait pas été détruit »*. Il reste encore un bout de société qui échappe à la *tabula rasa.*

En avril 2023, le Président français parle ainsi d'une méthode de gouvernement bien à lui. Une méthode qu'il entend incarner seul. Beaucoup de Français qui observent de loin, décontenancés, l'effondrement navrant du pays, surendetté, s'interrogent sur cet étrange Monsieur Macron. Que cherche-t-il en vérité ? Qu'est-ce-qui l'anime profondément ? À *quoi* et *comment* tient-il ? De quoi est-il la marque déposée ? À force de transgresser, on ne sait ce qu'il transgresse, ce qu'il traverse ou ce qui lui traverse l'esprit.

On peut apprivoiser la réponse par une exégèse de la formule du discours de Vendôme : il n'est possible de *refonder* que lorsque tout a été *détruit*. Voilà cinquante ans que l'on nous dit que « tout, en ce monde, peut être construit ». Or, si tout peut être *construit*, prévenait Hannah Arendt, alors tout peut être *détruit*. Nous y sommes. La formule n'a pas été inventée à Vendôme, elle est celle des alchimistes : *ordo ab chao*, l'ordre émerge du chaos, lequel doit être parfois provoqué, encouragé. Tout – laisser – détruire pour pouvoir tout reconstruire à sa main. Le Progrès, entendu dans son sens idéologique, n'est pas un idéal humaniste, c'est un processus d'inversion qui se nourrit du désordre microbien des petits hommes pour dissoudre tout ce qui lui fait obstacle. Le nouvel ordre est en marche.

Monsieur Macron n'est pas ce qu'on appelle un *Président* à l'ancienne. Plutôt un *Programme*. Un Programme choisi par les officines *davophiles*. Un programme de liquéfaction, un programme de liquidation de tout ce qui tenait encore debout. Une fois qu'il aura fini de remplir sa tâche, il sera remercié et remplacé par un autre *Young Global Leader* de la ferme davosienne et des « Cercles de la Raison » transnationale. Mais que veulent au juste les *global shapers*, les façonneurs mondiaux, qui tirent les ficelles de l'*État-Gulliver* ?

Ordo ab chao, c'est la stratégie du pompier-pyromane : mettre le feu à la ville et ensuite se précipiter au-devant des foules effrayées pour revêtir la tenue du sauveur et faire acclamer la lance bienfaisante devant les braises lamentables qui retournent à la poussière insignifiante. Les foules accourront d'elles-mêmes, elles remettront leurs libertés, leurs biens, leur propre personne, leurs enfants, en échange de la promesse d'un ordre restauré. Alors, les contre-pouvoirs se tairont, les corps intermédiaires se coucheront, la voie sera dégagée, à la faveur du vide sanitaire et sur les cendres tièdes, pour refonder, d'une main tranquille, un ordre neuf, d'une tout autre nature. D'autres menaces permettront de l'affermir subrepticement, selon la bonne vieille mécanique fonctionnaliste des engrenages, ce que les eurocrates appellent le *« spill over effect »*, la machine crantée, qui, sans même qu'on ait besoin de l'actionner, passe au cran d'après.

Le *management* des populations – comme on dit chez McKinsey – gagne à se nourrir du sentiment de frayeur. Il faut entretenir toutes les formes d'épouvante, répandre l'effroi. On l'a donc vu avec le Covid. Le besoin de sécurité, par ailleurs méprisé par les élites, agrège les foules obéissantes. Dans son discours de réception à l'Académie française du 3 mars 2022 où il devait remplacer Max Gallo, François Sureau lâcha tout de go : *« Je ne crois pas que Gallo eût souscrit à cette substitution du lapin de garenne au citoyen libre que nous prépare cette formule imbécile, répétée à l'envi depuis vingt ans, que la sécurité est la première des libertés. À cette aune, pas de pays plus libre sans doute que le royaume de Staline ou celui de Mussolini. Après Rocroi, après Valmy, après Bir Hakeim, voici la sécurité, comme la ceinture du même nom, comme le rêve de l'escargot ! »*

C'est sur ce rêve de l'*escargot européen* que misa l'un des plus grands ingénieurs sociaux de tous les temps, Jean

Monnet : « *Les hommes n'acceptent le changement que dans la nécessité et ils ne voient la nécessité que dans la crise* » constate-t-il ou plutôt recommande-t-il. Il faut donc *provoquer des crises* pour rattraper le peuple et le tenir coi. C'est ainsi que, depuis quelques années, l'ordre technocratique mondial a renouvelé son *imperium*. Plutôt que d'imposer une domination ouverte, il est dans la quête permanente du paroxysme et il favorise des situations d'urgence qui rendent ses interventions désirables.

La « crise sanitaire » a ainsi révélé la capacité du système à transformer l'humanité en une *espèce administrée*. En quelques mois, des milliards d'individus ont accepté des restrictions de liberté inimaginables, sur la base d'une expertise technique – largement corrompue – qu'ils ne comprenaient pas mais que la plupart des patients – impatients – n'osaient pas questionner. Tout un pays s'est masqué en un tour de main. Si on nous avait dit : « Mettez-vous en pyjama », c'est toute une France en liquette qui aurait ouvert ses fenêtres et exhibé son nouvel état, une France coiffée d'un bonnet de nuit, et qui sent la tisane de verveine.

La « crise climatique » fonctionne à son tour comme une urgence vitale, un état d'exception permanent qui justifie des mesures exceptionnelles. Les modèles climatiques du GIEC, déclinaisons directes des modèles cybernétiques des années 1960, produisent des scénarios d'apocalypse qui permettent de légitimer une gestion hors-sol de l'économie mondiale et des sociétés humaines.

L'actualité charrie avec elle de nombreuses et spectaculaires illustrations de toutes ces « crises » qui ne sont pas – que – des accidents – mais des instruments de gouvernance. Elles ouvrent sur un blanc-seing pour court-circuiter les processus démocratiques, suspendre les droits et libertés fondamentaux, imposer des transformations sociales furtives et irréversibles, sous couvert d'une nécessité scientifique ou sécuritaire.

C'est ainsi qu'est né et a prospéré, à la faveur de ces « crises bénéfiques » accueillies comme des « fenêtres d'opportunité » *davosiennes* dans la course à un ordre nouveau, un *pouvoir lui aussi d'une nature nouvelle*. Un régime oligarchique a pu se parer des oripeaux de la démocratie, du libre-commerce et des droits de l'Homme, pour donner naissance à la *technocratie de marché*, sans jamais abolir formellement la démocratie.

Dès lors que le peuple devait garder l'illusion du pouvoir, de la libre parole et du vote formel, on a jugé qu'il serait prudent de l'éloigner de la « salle des machines » – le pouvoir serait dorénavant l'affaire des techniciens, experts, hauts fonctionnaires, juges, agences, qui composent le fameux *État profond*. Cette révolution managériale a réalisé la prophétie attribuée à Saint-Simon sur « le passage en douceur du gouvernement des hommes à l'administration des choses ».

La gouvernance par le chaos est la formule principale de l'alchimie politique, souvent associée à la devise *« Solve et Coagula »*, signifiant « dissoudre et coaguler », deux étapes clés de la transformation alchimique. En d'autres termes, l'alchimiste, à travers des opérations de dissolution et de solidification, cherche à atteindre une sorte d'état de perfection et d'harmonie. Aujourd'hui, si on applique cette métaphore à la politique, on peut dire que cet état de perfection et d'harmonie doit passer par la transmutation d'un ordre toujours plus resserré. On ne vise plus d'abord au Bien commun mais au *Contrôle*.

Ainsi avons-nous vu naître sous nos yeux, depuis plus de vingt ans, en lieu et place du fameux « *État de droit* » – lequel suppose, dans la conception française, le respect de la souveraineté nationale et populaire, la primauté de la Constitution sur toutes les lois, la séparation des pouvoirs, le respect des droits et libertés fondamentaux – un « *État par le droit* », une sorte d'état d'exception. Un État qui rôde, en prédateur avide, sur nos libertés, un État pour lequel le droit n'est plus une digue, mais une arme.

Je fais un constat sur quelques décennies de craquements divers : il n'est plus aucune « réponse » aux fléaux de notre temps qui, ces dernières années, soit parvenue à en éloigner ou guérir un seul. La plupart du temps, la médiation d'État a aggravé la crise. Surtout, chaque commotion se traduit, pour les peuples, les familles et les individus, par la dégradation progressive et pernicieuse de leurs libertés, leur droit à la vie privée, à la propriété, et jusqu'à leurs conditions d'existence. Terrorisme, dérive financière, migrations, Covid, urgences climatiques, Ukraine, insécurité, troubles dans le genre : chaque crise, chaque problème, chaque désordre est comme une sorte de grain à moudre, une rente déguisée pour les bénéficiaires stipendiés de tout un écosystème. Avec une marqueterie secrète composée d'organisations publiques, de multinationales, de fondations privées surpuissantes et plus généralement d'une suprasociété globale représentant quelques dizaines de milliers de personnes qui, consciemment ou non, en tirent discrètement de flatteuses prébendes.

Ces prétendues « crises », ainsi convoitées par la caste élitaire, accélèrent le processus d'effondrement et contribuent à renforcer l'emprise du pouvoir de la Machine sur la Liberté et contre la Vie.

Ce que je dis là est très concret. C'est le *gouvernement par le chaos.* Les exemples récents parlent d'eux-mêmes : les *attentats terroristes* auront justifié les lois d'exception, la surveillance de masse, l'intrusion dans la vie privée, la fouille invasive et systématique aux aéroports.

Le *Covid* aura permis de tester la soumission des populations occidentales, l'entrée dans l'ère des « pass » en tous genres et la normalisation d'une surveillance gouvernementale. Le virus aura aussi légitimé les rapts des compétences nationales de la Commission de Bruxelles.

La *guerre d'Ukraine* aura servi de prétexte à l'adoption d'une loi de programmation militaire extraordinaire qui a permis d'accroître l'endettement européen de manière exponentielle et donc l'emprise des pouvoirs supranationaux et de la finance transnationale sur nos vies. Tout cela, avec le transfert de l'idée de patrie hors de l'Europe, pour une expropriation du sentiment national. Mais surtout, pour faire accepter la chimérique *souveraineté européenne*, il faut la guerre. La guerre qui *fédéralise*, la guerre qui nourrit et garantit le sentiment de peur, et qui maintient ainsi une société de *têtes baissées.*

La mobilisation au nom du *climat* justifie une débauche de mesures normatives contre les personnes, leurs libertés, leurs biens, leur travail, leur vie, leurs paysages.

L'*insécurité exponentielle* dans les rues et les écoles débouche sur la multiplication des couvre-feux, des portiques, des caméras de surveillance, des drones, des contrôles. Grâce au malfrat, l'innocent est filmé partout. Grâce au terroriste, le voyageur doit remettre sa ceinture au détecteur de présomption. Celui qui n'a rien fait est surveillé, celui qui tue est relâché.

L'*islamisation galopante* justifie qu'on s'en prenne, au nom de la laïcité, à toutes les écoles hors contrat ou à l'enseignement en famille. Et qu'on interdise la messe dans les écoles catholiques sous contrat. C'est ce qu'on pourrait appeler un fusil à tirer dans les coins. On fait mine de contrôler le lycée fériste Averroès pour faire les pires ennuis au lycée catholique Stanislas.

La *crise identitaire* – race, genre, sexualité, etc. – justifie quant à elle la garde montante des clercs autoproclamés – universités prestigieuses, juges, agences, médias de grand chemin –, déguisés en vigiles du nouvel ordre moral qui prospère sur le *contrôle* de l'information, de l'expression et de la pensée.

Le chaos que nous avons sous les yeux est bien le marchepied d'un pouvoir polyarchique, diffus, sans visage, sans adresse et sans forme, autrement dit hors d'atteinte parce qu'innommable. Celui qui a deviné cela avant les autres, celui qui a tout entrevu, un siècle avant nous, c'est Tocqueville. Il croyait décrire l'Amérique de la révolution industrielle et de l'hyperdémocratie individualiste. En réalité, à l'heure techno-globale, son analyse surclasse aujourd'hui de loin toutes les anticipations :

« Je vois une foule innombrable d'hommes semblables et égaux qui tournent sans repos sur eux-mêmes pour se procurer de petits et vulgaires plaisirs, dont ils emplissent leur âme. Chacun d'eux, retiré à l'écart, est comme étranger à la destinée de tous les autres : ses enfants et ses amis particuliers forment pour lui toute l'espèce humaine ; quant au demeurant de ses concitoyens, il est à côté d'eux, mais il ne les voit pas ; il les touche et ne les sent point ; il n'existe qu'en lui-même et pour lui seul, et, s'il lui reste encore une famille, on peut dire du moins qu'il n'a plus de patrie.

Au-dessus de ceux-là s'élève un *pouvoir immense et tutélaire*, qui se charge seul d'assurer leur jouissance et de veiller sur leur sort. Il est absolu, détaillé, régulier, prévoyant et doux. Il ressemblerait à la puissance paternelle si, comme elle, il avait pour objet de préparer les hommes à l'âge viril ; mais il ne cherche, au contraire, qu'à les fixer irrévocablement dans l'enfance ; il aime que les citoyens se réjouissent, pourvu qu'ils ne songent qu'à se réjouir. Il travaille volontiers à leur bonheur ; mais il veut en être l'unique agent et le seul arbitre ; il pourvoit à leur sécurité, prévoit et assure leurs besoins, facilite leurs plaisirs, conduit leurs principales affaires, dirige leur industrie, règle leurs successions, divise leurs héritages ; que ne peut-il leur ôter entièrement le trouble de penser et la peine de vivre ? »

La peinture est fascinante, l'anticipation fulgurante. Nous y sommes. Tocqueville était un visionnaire. Son tableau est saisissant. Il décrit le nuage vibrant, l'entremêlement, le grouillement informe. On fait de chacun de nous un *être de manque.* En quête perpétuelle de complétude, par la consommation et le divertissement. Ainsi, devenus tributaires, vulnérables, disponibles, exploitables. Prêts pour la récolte. Nous sommes la récolte. Nos corps, nos esprits, nos libertés, nos maisons, nos économies, nos données personnelles, tout est aspiré dans la grande centrifugeuse. On s'acharne, au nom du Progrès, à briser le lien entre la femme et l'homme, l'enfant et ses parents, le natif de quelque part et ce quelque part. On fabrique en série des êtres qui ne sont plus indivisibles et qui sont traités comme un amas de fonctions et de modules séparables. L'homme sans qualité est un homme modulaire, asservi, démontable. Un lego de chair et d'os, qui erre et divague entre vestiges et gravats.

C'est dans le fatras de toutes ces usines désaffectées, de ces bourgs désertés, de ces écoles fermées, de ces fleurons liquidés, c'est au nœud coulant de toutes les cordes fatales qui se balancent dans le vide aux poutres des granges désespérées qu'est suspendu le récit véritable du populicide – une entreprise, plus froide que violente, de dissolution d'un peuple dans son autonomie, son assurance tranquille, sa singularité.

J'ai vécu toute mon enfance et ma jeunesse dans une France qui était encore un pays d'artisans, d'ouvriers, de paysans, de commerçants, d'ingénieurs, de propriétaires. Avec des petits bouts de société qui s'emboîtaient les uns dans les autres pour former une famille de familles, c'est-à-dire une nation : imbriqués, solidaires, traversés de conflits certes, mais épris du sentiment commun d'un destin. On tendait le doigt vers l'horizon, au-dessus de la haie, vers le soleil couchant, avec la promesse naïve et si vraie : « Demain, le soleil se lèvera, sur nos petites économies, sur nos besognes et il viendra nous irriguer le cœur en y mettant quelque chaleur céleste. »

À partir des années 2000, les élites occidentales ont viré au *postnational*. Elles se sont accordées désormais sur la nécessité de l'« ouverture » généralisée. Le mondialisme néolibéral devait ainsi se déployer dans toutes ses dimensions : frontières ouvertes, libre-échange intégral, société ouverte sur la migration des « métiers en tension ». Avec l'idée qu'il faudrait un jour prochain une « gouvernance » *transnationale* pour gérer les flux et administrer la globalité.

Au début des années 1990, l'hyperclasse mondialisée déclare l'État-nation obsolète, au motif que les « problèmes mondiaux exigent forcément des solutions mondiales » et donc une « gouvernance mondiale ». Les frontières ayant cédé la place aux flux, le « capital humain » devient ainsi une sorte de « complexité à gérer » au niveau global. Le tour de passe-passe rhétorique va fonctionner bientôt sur tous les sujets, soustrayant ainsi à peu près l'ensemble des affaires publiques et aussi, de plus en plus, les affaires privées – début et fin de vie, santé, orientation sexuelle, identités, croyances et opinions – à la délibération des nations et des citoyens, c'est-à-dire à la souveraineté *nationale*, à la souveraineté *populaire* et à la souveraineté *personnelle*. Le « mondialisme » de la déliaison apparaît à cet instant de l'histoire comme la mise en œuvre non pas seulement du libre-échange économique, mais aussi de l'expansion de l'empire managérial et du capitalisme libertaire. L'homme du commun est peu à peu vidé de toute substance humaine. Il est un homme-robot, un homme-termite, qui n'a plus que des étonnements châtrés. Ses rêves sont reliés au cerveau central de la Grosse Machine qui produit – comme dans le film *Inception* – du subconscient reprofilé par le Système avec des extracteurs de matière grise.

C'est dans ce contexte qu'il convient de replacer la guerre *horizontale*, celle qui maintient la peur et fédéralise le supra-espace de « libre circulation », et la guerre *verticale*, celle qui est menée contre les peuples – le populicide – et se décline économiquement, culturellement, socialement. Nous sommes là devant un processus de dissolution nécessaire et préalable à une fusion, sous un même empire, grâce à la dette, la norme, la surveillance.

Je repense au temps des légistes qui, les premiers, ont défini les contours de l'État. J'avais été impressionné par un dialogue saisissant entre le jeune Louis de Poissy (le futur Louis IX, saint Louis) et la Régente, sa mère – un dialogue dans lequel la question de l'essence même de la politique fait irruption.

Seul avec Blanche de Castille, le jeune fils s'interroge sur ce qu'on attend de lui :

– Quelle est donc la mission qui est la mienne ? Le salut du peuple dans l'au-delà ou le bonheur ici-bas ? Les fins dernières ou les fins premières ?

Sa mère le regarde tendrement et lui répond :

– Vous savez, Louis, ce qu'on attend de votre État, ce n'est point d'apporter les *bonheurs domestiques* mais d'abord d'éloigner les *malheurs publics.*

Aujourd'hui, c'est l'inverse ; les malheurs publics servent la nouvelle définition du régalien.

Le politique a muté : ce n'est plus le *bonheur* des peuples qui l'occupe, c'est le *contrôle* des peuples.

III

COMMENT J'AI OBSERVÉ L'ACCÉLÉRATION DU POPULICIDE

Déréliction

On n'a qu'une vie. J'en ai eu trois. J'ai été gâté. Trois vies dans la même. Prises les unes dans les autres mais bien distinctes. Trois vies tramées dans la même étoffe des prosopopées françaises. Ma tapisserie de Bayeux à moi. J'ai tissé, brodé les passementeries de mes songeries, de mes joutes, de mes embarquements, de mes barouds d'honneur.

La première vie fut celle du *créateur.* À vingt-huit ans, j'ai déposé mes bonheurs d'enfance sur les flancs d'une petite colline de bois mort, de ruine et d'amnésie. La différence entre un adulte et un enfant, c'est le prix de ses jouets. J'ai rêvé comme un enfant, j'ai accompli comme un adulte.

J'étais porté par deux intuitions fondatrices : d'abord, en 1977, je voulais faire reconnaître un génocide, celui de la Vendée martyre. Ce fut le Puy du Fou de la nuit. En un demi-siècle, nous avons tout fait basculer, nous avons renversé la vapeur. La venue de Soljenitsyne a tout changé. La Vendée est devenue un mythe universel de la *Conscience dressée.* Dans vingt ans, le révisionnisme sera pointé du doigt. Comme quoi, le combat gramscien pour l'*hégémonie culturelle* est déterminant. Les victoires culturelles précèdent les victoires politiques.

La deuxième intuition, c'était de refaire quelque chose qui ressemblât au *roman national*, atteint mortellement d'un cocktail Molotov en Mai 68. J'ai imaginé, entre nature et légendaire, un livre d'histoire vivante à ciel ouvert, le Puy du Fou de jour.

Puis le temps de la transmission est arrivé. Une réussite… L'œuvre est mondialement connue, reconnue ; les Français, de plus en plus nombreux, viennent chercher sur la petite butte sortie des ronces, devenue un haut lieu de la Mémoire vivante, leurs *patries manquantes*. Voilà pour la première vie, la vie du *créateur*.

La deuxième vie fut celle du *gouverneur territorial*. J'ai présidé aux destinées de la Vendée pendant plus de deux décennies. J'ai voulu faire de mon département, reconnu pour son dynamisme, une province de l'esprit. J'avais trois balises en tête : d'abord tramer dans le développement *endogène* de l'économie traditionnelle un développement *exogène*. C'est pourquoi j'ai créé les fameux *Vendéopoles* à chaque sortie d'autoroutes. Ce fut un succès phénoménal. Le premier qui est venu, c'est Bernard Arnault. Les autres ont suivi.

Ensuite, je voulais créer une pépinière, un creuset, un bouillon de culture pour sortir une élite. Ce fut la « grande école » de l'Institut supérieur de l'Enseignement catholique, aujourd'hui réputé pour la qualité de sa formation.

Enfin, je voulais que le nom de la Vendée fût associé à l'infini des océans, pour qu'on dise un jour : *« La Vendée est un rêve »*. Avec Philippe Jeantot, nous avons imaginé l'Everest des mers, le Vendée Globe.

Aujourd'hui, la Vendée est le département où il y a le plus grand nombre de créateurs d'emplois et aussi le département où il y a le moins de fonctionnaires. C'est-à-dire que la sphère publique n'étouffe pas la sphère privée. Un modèle.

La troisième vie fut celle du *lanceur d'alerte.* J'ai allumé les alarmes. En livrant bataille, poitrine en avant et panache à la main, pour la survie du pays. Ce furent le combat pour la *Vérité,* en 1989, avec le Bicentenaire ; le combat pour la *Souveraineté,* en 1999, avec Maastricht ; le combat pour l'*Identité,* en 2006, avec mon cri d'alarme sur l'islamisation du pays ; et enfin, le combat pour la *Liberté,* en 2021, avec le confinement sanitaire. J'ai pris les coups, on m'a tout fait. On m'a sali, on m'a trahi, on m'a guignolisé, on a fait de moi un personnage ridicule, hors du temps.

C'est à partir de 2005 que j'ai connu l'éclipse, la solitude, la déréliction. Je me suis accroché, les doigts gourds, le cœur dévasté, à la paroi. Après le fameux référendum sur la Constitution européenne, beaucoup de chefs d'entreprise vendéens m'ont lâché. Ils ne supportaient plus que le premier des leurs pût manifester un tel décalage avec le traité de Lisbonne et aille à rebrousse-chemin de la classe dirigeante. Ils pensaient, ils disaient que ma parole était devenue un handicap pour la Vendée, ainsi montrée du doigt. Une parole trop clivante. Pas assez inclusive. Trop peu européenne. Trop tournée vers la valeur « travail ». Trop critique des délocalisations au bout du monde… Trop accrochée au capitalisme familial des PME traditionnelles. Trop cocardière et trop attachée au *Double Cœur* vendéen.

Enfin, il y eut ce livre iconoclaste sur la défense du « petit peuple des apiculteurs ». Le titre était un cri d'angoisse, repris d'un mot d'Einstein : *Quand les abeilles meurent, les jours de l'homme sont comptés*[1]. Je me souviens de ces quelques lignes qui m'ont été reprochées. « Il y a, entre le monde de l'homme et le monde des abeilles, des correspondances intimes. Plus l'homme observe la ruche, mieux il se comprend lui-même, et plus il s'émerveille de pouvoir lire, dans ces ondulations aux formes inconnues et dans le prodigieux murmure de la cité du miel, une étonnante réplique de la société humaine, du langage de l'homme, de son goût pour l'aventure et l'abstraction.

Impassibles, nous regardons s'abîmer un morceau d'intelligence de la planète des hommes. Car ce monde des abeilles, cette merveille d'organisation où l'improvisation s'ajoute à l'instinct, évoluant parfois à un stade supérieur à l'homme – quand il s'agit, par exemple, de capter le champ magnétique terrestre –, ce monde-là participe, comme la ronde des astres ou l'univers du for intérieur, du même mystère de l'unité vivante, et représente sans doute l'une des manifestations les plus sophistiquées de l'intelligence universelle.

L'abeille, c'est la rencontre d'un homme qui serait à la fois architecte, chimiste et ingénieur avec un ordinateur capable de raisonner, de recommencer ses calculs et de comprendre ses erreurs. "Il arrive parfois à l'abeille de se tromper, dit à ce propos Réaumur, et c'est encore un des faits qui semblent prouver qu'elle juge." »

Le président national de la FNSEA, Luc Guyau, fit savoir à toute l'assemblée départementale, en signe de défiance à son président, que le monde agricole ne pouvait approuver

---

1. Philippe de Villiers, *Quand les abeilles meurent, les jours de l'homme sont comptés*, Paris, Albin Michel, 2004.

les condamnations du modèle « agrochimique ». Nouvelle attaque sourde, nouvel isolement.

Quand je sors *Les Mosquées de Roissy*[1], j'inaugure une nouvelle sémantique. Je lance dans le public un mot que même Jean-Marie Le Pen récuse, le mot *« islamisation »*. J'entends les sarcasmes : « Il ne faut pas confessionnaliser le débat. » C'est à ce moment-là que tout se gâte. On m'écrit des petits mots : « Philippe, là, je ne peux plus te suivre. » Je suis en avance, trop en avance. On me le reproche. Et puis vient un drame personnel, un cancer de l'œil, un mélanome de la choroïde. Un cancer très rare. On pense autour de moi que la messe est dite. La messe de requiem. On s'éloigne. On change de monture. C'est à ce moment-là que le jeune sénateur Bruno Retailleau a été aspiré par Gérard Larcher et François Fillon. Comment lui en vouloir ? Il a tracé sa route, il ne pouvait pas rester plus longtemps avec un looser, un mort-vivant. Je l'avais découvert comme jeune cavalier au Puy du Fou. Et là, le cavalier a des fourmis dans les jambes – dans les étriers. Il change de cheval, tel le jockey qui troque un canasson contre un pur-sang. Le canasson, c'était moi, et le pur-sang, c'était Fillon.

J'ai abandonné la politique, je suis parti. J'ai été grand-remplacé. Ce fut un immense trou d'air. Récemment, le 10 novembre 2024, sur les pontons du Vendée Globe, nous nous sommes retrouvés, Bruno et moi. Nous avons brièvement évoqué et salué nos souvenirs communs, si riches, si émouvants. Deux jours après, sur CNews, Eliot Deval évoque les retrouvailles soulignées par la presse. Je lui réponds en citant la phrase de Roland Dorgelès, dans *Les Croix de bois* :

---

1. Philippe de Villiers, *Les Mosquées de Roissy*, Paris, Albin Michel, 2006.

« Tout pareil aux étangs transparents dont l'eau limpide dort sur un lit de bourbe, le cœur de l'homme filtre les souvenirs. Il ne garde que ceux des beaux jours. Tout le reste est trop lourd, tout le reste tombe au fond… »

Le premier souvenir est sur une photo que j'ai gardée dans mon bureau. On y voit un jeune homme qui galope sur l'avant-scène de la Cinéscénie naissante. C'était en 1977. Ce jeune homme me demande conseil, il est brillant, intelligent, son humilité bride son ambition. Après Sciences Po, il va devenir directeur d'antenne d'Alouette, la radio que j'ai créée, en 1981, puis directeur de Sciences Com, l'école que j'ai fondée à Nantes avec Olivier Guichard. Ensuite, je l'impose comme président du *Train à vapeur* du Puy du Fou. Je veux le faire connaître. J'apprécie sa loyauté. Il se déclare très fier d'être le descendant direct d'un *capitaine de paroisse* qui s'est dressé, en 1793, contre les hordes républicaines. J'aime beaucoup son père et toute sa famille. Son beau-frère, Laurent Albert – un garçon exceptionnel –, deviendra bientôt le directeur général du Puy du Fou.

Je me souviens de notre première affiche. Elle s'intitule « La Compétence et la Jeunesse ». Il est tout jeune. – « trop jeune », se plaignent les notables jaloux. Je le choisis comme suppléant. Les mauvaises langues le surnomment parfois « le supplément ».

Pendant trente ans, il a été mon bras droit, au département, au Puy du Fou et en politique nationale. Il était sur les mêmes tréteaux que moi à Maastricht, il fut mon porte-parole en 1995, à l'élection présidentielle. Nous avons combattu ensemble, pendant des années, le RPR, le parti européiste, devenu LR. Ainsi va la vie. Il ne faut avoir ni rancœur ni regret. On ne fait rien de grand sans la magnanimité. D'ailleurs, aujourd'hui, chacun a retrouvé le vent du large. Chacun a élargi sa circonscription : Bruno, sa circonscription *électorale*. Et moi, ma circonscription *lectorale*. Cet été 2025, on a appris que le Groupe LR avait voté la confiance à Madame von der Leyen et que Bruno Retailleau appelait ses députés à soutenir les gouvernements Macron. Il n'y aura donc pas de rupture fondatrice. On voit là la différence entre les mécaniciens et les visionnaires, entre les tacticiens et les stratèges. Dommage…

Je parle de mes trois vies. Mais je ne peux oublier celle que Vincent Bolloré a dessinée pour moi, la quatrième. C'est une vie où j'ai retrouvé la parole. Je parle. On m'écoute. Je revis. Les témoignages que je reçois sont bouleversants. L'audience est phénoménale, le succès grandissant. Nous avons inventé une manière de parler aux Français, ce qu'Eliot a appelé un OMNI – *un objet médiatique non identifié*. Souvent, on me demande : « Pourquoi ce succès ? » Je crois qu'il tient à trois raisons : la première, c'est la *cohérence* du discours dans le temps. Les gens qui me suivent se posent une question simple : « Ce qu'il dit *aujourd'hui*, le disait-il *hier* ? » La réponse est oui ; grâce aux images d'archives, on voit bien que je n'ai pas varié. La seule différence, c'est que ce sont aujourd'hui les *hourras* qui remplacent les quolibets. La deuxième raison, c'est la cohérence entre le *Verbe* et l'*Action*. Il ne suffit pas de parler juste. Il faut avoir, derrière soi, des preuves de réussite, des réalisations. « Dis-moi ce que tu as fait, en dehors de la politique, et je te dirai qui tu es. » Le fait de savoir lire un bilan, un compte d'exploitation, un EBITDA, permet ensuite de parler des finances publiques avec une vision lestée par l'expérience du terrain. Aujourd'hui, les hommes politiques de LFI et de la Macronie ne sont plus que des professionnels de la profession.

Enfin, il y a la manière de parler de la France. Il y a ceux qui en parlent comme d'une grandeur statistique et la regardent comme un espace d'ayants droit, un hexagone, un petit bout de planète vieillissant, un protectorat européen. Et puis, il y a ceux qui ont le feu au cœur et qui reprennent le mot des *Mémoires d'Espoir* : « La France vient du fond des âges. Elle vit. Les siècles l'appellent. Mais elle demeure elle-même au fond des temps. » La France est un long poème. Il faut en parler avec des mots de tendresse.

Cette émission, comme une « parole au coin du feu », n'a qu'un seul but : favoriser les retrouvailles avec notre cher pays éreinté mais vivant, le faire redécouvrir comme un acte d'amour, mettre fin à la rupture avec le pacte vingt fois séculaire entre la grandeur de la France et la liberté du monde.

De semaine en semaine, d'émission en émission, je sonne le tocsin. Et j'ai écrit ce livre, dans l'angle mort des torpeurs estivales, avec une plume fiévreuse, la peur au ventre, au bord du gouffre. Je l'ai écrit comme un manuel de réveil des consciences pour donner du courage à ceux qui veulent encore tenir debout. Pour leur dire : « De grâce, ne lâchez pas la rampe. Levez-vous, n'acceptez plus qu'on salisse notre pays, qu'on le défigure, qu'on le déshonore. Et soyez bien conscients qu'il y a, face à face, les gens du Système et les nouveaux manants. Il y a *"eux"* et il y a *"nous"*. »

Eux, ils nous surveillent et ils perfectionnent *l'attirail*. Ils pêchent au vif les récalcitrants, aussi lestement qu'on attrape les grenouilles, d'un coup sec, dans une mare à nénuphars avec une lampe-tempête. On éblouit les imbéciles pour les écorcher.

Nous, nous ne sommes pour eux que la petite crapaudaille apeurée, enfouie sous la pierre.

Eux, ils éliminent du forum toute voix discordante.

Nous, nous n'osons pas broncher. Nous sommes passés sous la moquette du docteur Knock. Nous sommes malades d'être malades.

Eux, ils ont décidé de liquider la France. Ils ne l'aiment plus, ils la détestent, ils la méprisent.

Et nous ?

« L'Europe s'inspire de la Chine communiste pour museler ses citoyens »

« Les rouages de notre histoire sont en train de se mettre à nu. Nous vivons une époque étonnante. Tout se dénude à l'extrême. Souviens-toi de mes paroles, dans les années qui viennent, nous allons être dépouillés de tous nos haillons de luxe et observés tout nus. »

La prédiction d'Alexandre Zinoviev pour l'URSS vaut pour nous aujourd'hui en Occident. Les masques sont en train de tomber ; tout ce qui était maquillé d'une belle rhétorique – progrès, démocratie, droits de l'homme, État de droit, fraternité, etc. – sonne faux. Le mouvement s'est accéléré depuis la crise du Covid et les milliers de décisions illégales, arbitraires et parfois criminelles que les dirigeants politiques ont enchaînées à ce moment-là dans tous nos pays. Nous sommes dans l'ultime moment du *dévoilement*. Les « haillons de luxe » dont parlait Zinoviev – ces beaux discours sur la démocratie – se sont désintégrés. On commence à voir le Pouvoir nu, tel qu'il est vraiment : *une suprasociété de connivence*. Elle a cessé de faire semblant et révèle qu'elle n'a pas de limites. Nous découvrons – pour les plus naïfs – une collusion organique et spontanée d'intérêts au sein des classes dirigeantes, court-circuitant et paralysant les pouvoirs institutionnels.

Depuis le printemps 2020, il y a dans l'air quelque chose qui sent la fin. Pas la fin brutale des apocalypses de cinéma, mais cette fin lente, poisseuse, qui s'infiltre dans les recoins de l'existence comme les huiles vicieuses d'une marée noire. Nous sommes en train de devenir autre chose que ce que nous étions. Quelque chose de moins humain, de plus robotique, de plus administré, de plus prévisible. Le peuple est écrasé, déplacé, submergé, soupçonné. La caste élitaire développe une *populophobie* agressive. La société a perdu ses ancrages. La dystopie est en route.

Dans beaucoup de rues, les derniers commerces indépendants ferment les uns après les autres, remplacés par des franchises aux logos globalisés, aux sourires standardisés, aux âmes mortes. Les enfants qui passent tiennent tous le même smartphone, ils ont les mêmes petits écrans noirs à la place des yeux, ils moulinent les mêmes certitudes préfabriquées. Ils portent leur laisse numérique comme des jocrisses qui croient avoir réinventé la liberté.

Nous avions cru bâtir une civilisation. Nous avons construit un abattoir. Un abattoir climatisé, arc-en-ciel, avec musique d'ambiance, consignes de sécurité en plusieurs langues et écrans LED. Un abattoir où l'on vous fait mourir à petit feu, avec votre consentement, en instillant l'idée que c'est vous qui l'avez choisi. Du gouvernement des hommes à la gestion des flux, voici l'humanité prête à se transformer en une *« humanilière »* gérée par algorithmes. Ce néologisme, cousin germain de la fourmilière, se suffit à lui-même pour décrire la barbarie qu'il traduit : nous sommes devenus le bétail de la Machine. Nous nous sommes mis nous-mêmes en batterie et, à la pensée même d'être en rangs serrés, nous y trouvons le réconfort.

Nous avons dessiné les murs de notre propre prison panoptique planétaire. L'omnisurveillance numérique ne s'embarrasse pas de sa propre « empreinte carbone », et voici que l'Intelligence Artificielle déjà démultiplie sa voracité en énergie.

Depuis le fabuleux test de soumission de masse réussi que fut le « pass sanitaire », l'architecture du *crédit social* européen – sur le modèle chinois – est en cours de déploiement. Elle repose sur des fondations d'ores et déjà opérationnelles, qui sont le fruit d'une convergence entre les intérêts des titans technologiques, financiers et industriels. Ce *dominium mundi* numérique s'est constitué à la faveur du recul des États-nations, créant ainsi un réseau d'allégeances où quelques magnats puissants organisent un totalitarisme bienveillant et doux. Les outils de traçage, d'identification et de contrôle sont en cours de mise en place, avec l'*identité numérique européenne*, le *portefeuille numérique* obligatoire dans tous les États membres d'ici 2030 et la traçabilité de toutes les transactions et interactions sociales. C'est la clef de voûte du pilotage généralisé des corps et des comportements.

Voici venir le post-monde, celui des données biométriques centralisées, des fichiers nationaux généralisés, couplés aux systèmes de vidéosurveillance automatisée et à la reconnaissance faciale. Nous aurons aussi les systèmes de paiement tracés, avec la disparition progressive de l'argent liquide, l'obligation de paiement électronique au-delà de mille euros. La géolocalisation permanente, ubiquitaire et passive, relayée et recoupée sans cesse. Le système de contrôle et de censure des plateformes numériques et réseaux sociaux s'organise, avec ce qu'on appelle la surveillance des « discours de haine ». Le *Digital Services Act* préside au contrôle des plateformes, avec la censure algorithmique.

Nous voici – nous, les dévots de Davos – convertis malgré nous au *capitalisme de surveillance*, installés dans une société panoptique où tout est transparent à tous, sauf la figure tutélaire du gardien invisible qui tient entre ses mains virtuelles un monde dont on ne s'échappe pas. Les rentiers du numérique ont compris que « le produit, c'est vous » : les données personnelles constituent leur rente infinie, la manne numérique des Big Tech qui détruisent sans créer et ne produisent rien.

L'écosystème de notation est déjà opérationnel. Déjà nous vivons à l'ombre du *« Grand Autre »*, cette sorte d'égrégore, c'est-à-dire un spectre reflétant la masse de nos données, qui voit tout, partout, sans être vu, jamais, qui converse avec des milliards d'entre nous *via* l'Intelligence artificielle et prend des décisions de manière de plus en plus autonome. Ce sont ces milliards de milliards de données précieuses que nous concédons ainsi à chaque seconde aux algorithmes mondiaux et qui nous les restituent sous forme de prédictions, tendant au pilotage de nos choix, de nos comportements, de nos opinions et finalement de nos vies.

Les mécanismes de conditionnement à la soumission sont à la fois subtils et grossiers. L'« acceptabilité » sociale se fait par la projection incessante de *narratifs* répétés en boucle sur toutes les ondes : le narratif *sécuritaire*, le narratif *sanitaire*, le narratif *écologique* s'imposent à notre libre arbitre comme des passages obligés pour nous rassurer.

Ainsi se met en place peu à peu un *« crédit social »* à la sauce européenne. Il est copié sur celui de l'empire du Milieu. Chaque transaction, chaque déplacement, chaque interaction numérique génèrent des données ; ces données sont agrégées et traitées par des algorithmes d'intelligence artificielle qui corrèlent les informations issues de sources multiples ; le *« scoring »* – la notation – permet l'attribution automatique d'un score comportemental mis à jour en temps réel ; puis des sanctions/récompenses viennent ajuster automatiquement des droits d'accès – au transport, au crédit, à l'école, à tel service ou magasin – selon le score.

Les critères de notation répondent à une liste officielle de la puissance publique. Il y a d'abord le *comportement financier* : remboursement ponctuel ou non des dettes, régularité des paiements. Il y a ensuite le *respect des règles* : paiement régulier des amendes, calcul de fréquence des infractions, respect des couvre-feux. On n'oublie pas l'*engagement civique* : vote, participation aux élections, bénévolat humanitaire pro-migrant, dons aux associations progressistes. Et bien sûr le *comportement écologique* : consommation énergétique, modes de transport, tri des déchets. Et enfin la *santé publique* : vaccination, respect des consignes sanitaires, consommation de viande...

Dire que nous sommes fichés est une plaisanterie. Nous sommes inspectés de l'intérieur. Tout, en nous – la moindre vibration, le moindre battement de cœur et, bientôt, le moindre éclair de la conscience –, tout remonte, tout appartient à la puissance tutélaire.

Le projet d'euro numérique programmable s'intégrera dans cet écosystème de contrôle total, auquel rien n'échappe, depuis l'identité numérique européenne, le passeport sanitaire, jusqu'aux *smart cities* : l'environnement sera ainsi totalement contrôlé.

Chaque élément renforce les autres. Chaque outil justifie le suivant. Chaque innovation réduit l'espace de liberté.

Nous construisons notre propre prison, brique par brique, avec l'enthousiasme de l'ingénieur et l'aveuglement du consommateur.

Vous, *citoyen-consommateur-européen*, vous aurez une *valeur* – vous aurez une *note* – qui viendra sanctionner votre comportement d'achat. Vous devez savoir que votre liberté se limitera à vos choix de consommation autorisés et automatisés. Votre citoyenneté s'exprimera par votre docilité économique qui, naturellement, reflétera le tropisme idéologique, objet de surveillance. Votre humanité se résumera à votre profil algorithmique. Vous n'êtes déjà plus un individu. Vous êtes un flux de données. Vous n'avez plus de vie privée. Vous avez un score de crédit social. Vous n'avez plus de libre arbitre. Vous avez des choix pré-validés. Vous êtes comme les *haleurs* de la Volga, vous tirez sur votre corde, sans réfléchir ou même songer à vous plaindre. Fourbus mais sustentés au glucose artificiel pour le temps du halage.

Avec l'euro numérique programmable, nous allons franchir un cap décisif dans l'asservissement des populations. On nous suivra à la trace, à la seconde. C'est comme si l'ARCOM était dans la cuisine pour surveiller le bain-marie. Nous entrons dans l'âge où chaque transaction devient un acte politique répertorié, chaque achat un vote de confiance, chaque échange une déclaration de loyauté. C'est le *grand remplacement monétaire.* Nos grand-mères gardaient leurs billets dans des bas de laine, nos grands-pères payaient comptant chez l'épicier du coin. Il y avait, dans ces gestes une dignité simple, une liberté élémentaire dont nous mesurons aujourd'hui le prix à sa disparition imminente.

Le calendrier a déjà été fixé en chacune de ses étapes, l'infrastructure de notre asservissement définitif se met en place avec la minutie, le scrupule – et l'assurance bon enfant – d'un horloger suisse.

Le discours officiel nous parle de « Modernisation, d'Inclusion, d'Efficacité, de Sécurité », les quatre cavaliers de l'apocalypse post-démocratique. Chaque fois qu'on nous promet l'*efficacité*, on nous retire des libertés. Chaque fois qu'on nous garantit la *sécurité*, on nous vole notre intimité. Chaque fois qu'on nous vante l'*inclusion*, on nous impose l'exclusion de ceux qui ne sont pas identifiables à l'*Autre*. Dans tous les cas, le peuple en ressort plus pauvre et moins libre.

L'euro numérique nous sort de l'ancien monde. Il n'y aura plus d'argent, au sens monétaire des pièces et des billets. Nous passons à un système d'algorithme conditionnant toute notre vie mais déguisé en monnaie. Chaque euro sera traçable, révocable, conditionnel. Votre Argent sera un agent, un agent de renseignement, il connaîtra votre score de *crédit social*. Il pourra évoluer si vous êtes un « bon citoyen » de la « bonne société » ou un « déviant ». Il décidera pour vous ce que vous pouvez acheter, où, quand, à qui. Votre Argent refusera de payer dans certains lieux, selon votre profil. Impossible d'acheter de la viande ou du carburant si votre score écologique est trop bas. Vos horaires de dépenses seront programmés selon votre « vertu civique ». Interdiction de transférer de l'argent à des personnes mal notées. S'il vous prend l'envie d'aider votre voisin que l'algorithme a classé « récalcitrant », votre euro numérique refusera le transfert. Si vous tentez d'acheter un livre jugé « problématique » ou « controversé »..., votre portefeuille digital vous opposera une fin de non-recevoir. N'essayez pas de payer comptant... Il n'y a plus de comptant.

Ni d'ailleurs de mécontents… Nous n'aurons plus le choix de nos vies. Juste des choix de survie sous surveillance.

La source d'inspiration est en Chine. C'est le yuan numérique, un véritable laboratoire de l'humanité depuis les premiers confinements de masse qui ont fasciné les élites occidentales et les ont aspirées vers ce *« modèle d'ouverture »*. Pour parler comme Mao, qui la méprise, la nouvelle *bourgeoisie compradore* de l'économie financiarisée ne cache pas son admiration pour le yuan numérique chinois. Déployé depuis 2020, testé sur 200 millions de cobayes, intégré au système de crédit social, il est le modèle avoué de l'euro numérique. Les voyages d'études de la BCE en Chine se multiplient. Les échanges d'expertise avec la Banque populaire de Chine s'intensifient. Les « bonnes pratiques » chinoises s'adaptent au « contexte européen ».

Le modèle des commissaires chinois fascine les autres commissaires, les nôtres. Leur vie en sera simplifiée, leur contrôle des populations grandement facilité. Avec la géolocalisation obligatoire, il sera impossible de payer sans révéler sa *position*. Avec le *scoring* intégré, votre argent connaîtra votre *score*. Avec les sanctions automatiques sera déclenché le *gel instantané* pour les « mauvais citoyens ». Avec les récompenses comportementales, ce sera le *bonus* pour les « bons » comportements.

La voilà, l'Europe, gardienne des *droits de l'homme* et de l'*État de droit*. Elle s'inspire de la Chine communiste pour museler ses citoyens. L'ironie serait de mise si la situation n'était pas aussi tragique. On pense évidemment à la métaphore de la grenouille cuisant à feu doux, qui prend ses quartiers dans l'eau tiède et qui coasse d'aise : « Ah, l'Europe… l'Europe… »

Chacun sait bien qu'on ne peut pas survivre sans argent. Mais, quand l'argent devient programmable, révocable, conditionnel, un tantinet mouchard, c'est la maîtrise de notre liberté elle-même qui nous échappe.

« Nous sommes en guerre » : personne n'oubliera cette déclaration du Président de la République, à 20h, devant les caméras, en 2020. Le 13 juillet 2025, à la veille de la Fête nationale, il va plus loin et déclare avec le plus grand sérieux : « La liberté n'a jamais été plus menacée depuis 1945. » « Nous sommes en guerre », mais contre qui ? Et si c'était contre ce peuple qui résiste encore ? Qui résiste face à une oligarchie dont la pratique est le *« soupçon d'État »*, qui a largué la nation comme une fusée largue ses étages inférieurs, pour être connectée au système global de gouvernance. La puissance publique est devenue l'impuissance publique, elle pratique la violence feutrée, administrée, légale, elle brise les résistances et mate les révoltes. C'est la violence de la République répressive à la tête du client : faible avec les forts, forte avec les faibles. Choisissant de traquer non pas les vrais criminels, les dealers et autres trafiquants, mais plutôt les « déviants », c'est-à-dire les protestataires, les « populistes », les esprits libres des réseaux, les rescapés, les réchappés, les survivants du *« no kids »*, les derniers Hurons de la vieille France de nos coins de pays où voisinent carcasses, friches et toits moussus aux tuiles disjointes.

Depuis une dizaine d'années, nous vivons sous l'empire d'un état d'exception permanent. État d'urgence terroriste, état d'urgence sanitaire, état d'urgence climatique à venir. État d'urgence pour aider l'Ukraine. Chaque crise justifie une boulimie de nouveaux pouvoirs sans cesse accrus, jamais rendus. L'exception devient la règle, la menace devient la normalité.

En France, comme en Allemagne ou au Royaume-Uni, les arrestations abusives ne sont plus si rares, elles s'inscrivent dans des stratégies d'intimidation bien rodées, elles visent certaines catégories d'opposants – avocats, journalistes, responsables de sites alternatifs sur Internet, etc.

On connaît les nombreux cas de censure et d'atteinte à la liberté d'expression tels que la fermeture de C8 sur injonction gouvernementale. Chacun sait comment l'ARCOM puis le Conseil d'État ont tenté de me bâillonner, alors que je n'ai plus ni mandat électif ni carte de parti. Monsieur Macron a raison, la « liberté est aujourd'hui très menacée sur notre continent », mais la menace est avant tout et sans doute exclusivement intérieure.

« J'ai très envie d'emmerder les non-vaccinés » : cette déclaration toute présidentielle, passée à la postérité, révèle la psychologie du Système. On désigne les ostracisés, on les poursuit, on les désocialise, on les insulte pour les contraindre, on les exclut pour les briser menu. Pendant que prospèrent la délinquance de rue et le narcotrafic qui fournit la cocaïne et les drogues de synthèse aux hautes sphères de la société.

Le régime politique actuel de la France n'est plus une démocratie et encore moins un État de droit. La France, comme la plupart des États européens, glisse vers la *République policière*, où les moyens de l'État ne servent plus à défendre la Justice des innocents, mais à protéger le pouvoir lui-même contre sa propre population.

Voilà où nous en sommes. Endettés jusqu'à la moelle, surveillés jusqu'au fond de l'âme, formatés jusqu'à l'intime. Nous construisons notre propre cachot. Cette *humanilière*, gérée à coup d'agenda 2030, de directives européennes et d'algorithmes, ne ressemble pas au goulag soviétique ni aux camps nazis. Elle est plus subtile. On y entre par la porte de la peur, socialement programmée, on y reste pour la becquée, la gamelle tendue, on y meurt par épuisement.

Ses gardiens sont des jeunes gens proprets et avenants, portant des costumes cintrés Armani, débitant de beaux syllogismes bien creux appris à Sciences Po, à Davos et au club Bilderberg. Les barreaux sont constitués de normes et de narratifs, d'impôts et de dettes, de reconnaissance faciale et de contrôles « pour votre sécurité ». Sa violence est économique, sociale, culturelle, psychologique, morale.

Il ne s'agit plus de politique. Il s'agit d'anthropologie. Il ne s'agit plus de gouvernance. Il s'agit de survie. Il ne s'agit plus de corriger le système. Il s'agit de sauver ce peuple. Sauver l'Homme. Contre un populicide. Contre un hominicide.

L'Europe est sortie de l'Histoire mais elle ne le sait pas encore

Pour comprendre ce qu'est devenue l'Europe, il suffisait d'observer la rangée d'oignons, dans le Bureau ovale, face au maître du monde. Tous ces petits tyrannicules aux sourires exagérés, qui n'ont plus que la guerre comme horizon, tentaient de quémander un regard, un mot, une gentillesse de Donald. C'était le 20 août 2025, à la Maison Blanche. Cette image m'a fait repenser à un mot de Kissinger – pour caractériser l'inexistence de l'Union. « L'Europe ? Quel numéro de téléphone ? » Aujourd'hui, l'Union des portables sonne dans le vide.

On est loin des promesses. On est loin de cette Europe qui devait dominer le monde. Elle ne pèse plus, elle n'existe plus…

Je me souviens d'un moment de grande tension lors d'un duel télévisé, au cours d'un face-à-face mémorable avec Valéry Giscard d'Estaing, un an avant le référendum. Il préside alors la *« Convention »* qui a pour mission de préparer le projet de *constitution européenne*. Il a accepté ce débat parce qu'il garde le souvenir du jeune sous-préfet de Vendôme dont il fut l'administré du temps où il rejoignait son domaine d'Authon, en Loir-et-Cher, dans un hélicoptère blanc qui survolait la sous-préfecture, chaque vendredi. Je veillais, tous les samedis matin d'hiver, à faire saler les routes pour que le président-chasseur ne dérape pas en allant à Chambord à la rencontre du brame.

Assis dans un grand fauteuil rouge sang, Valéry Giscard d'Estaing est là, en face de moi, impatient d'en finir avec ce freluquet eurodubitatif. Sa grande taille lui donne fière allure. Il me dévisage. Longuement. En fait, il me toise comme un vertébré supérieur toise un spécimen de vertébré inférieur. Il me regarde avec son œil de colin froid et, pour ajouter à mon embarras de menu fretin, il mâchonne et savoure sa parole édifiante comme un grand barbon chuintant du bec :

– Nous écrirons solennellement, dans notre constitution, que *« tous les citoyens de l'Europe sont égaux... »*.

– Vous avez dit, Monsieur le Président, *« les citoyens »* ? Donc, il n'y a plus d'États... Il n'y a plus de nations... Ce sera l'*« Europe des citoyens »* et des commissaires face à face, sans intermédiaire ? Cette novation eût mérité un vrai débat, vous ne pensez pas ?

– Mais, Monsieur de Villiers, ce débat, il a eu lieu... aux États-Unis, au moment où les Américains ont dit : pour les affaires de l'Union, nous sommes des *citoyens de l'Union* ; et, pour les affaires des États, nous sommes des *citoyens des États.*

– Laissez-moi vous dire, Monsieur le Président, que cette référence aux États-Unis, que vous faites depuis le début de l'émission, m'inquiète beaucoup. Elle souligne que le modèle de votre *Convention,* c'est la *Convention de Philadelphie.* Vous voulez être le Jefferson de l'Europe. Cela me trouble, parce que la France, l'Europe, ça n'a rien à voir avec les États-Unis. Et puis ce mot de « Constitution » me déplaît. Avec l'article 9 qui édicte que « le droit européen sera supérieur à tous les droits nationaux ».

– C'est pour simplifier... pour clarifier...

– ...Et faire de notre propre Constitution nationale un chiffon de papier ?

– Ne dites pas cela... Vous trompez les gens...

– C'est vous qui êtes gêné par ma question, et c'est vous qui trompez les gens.

– Mais non... absolument pas... Regardez-moi...

– Permettez que je vous pose la question suivante : est-ce que vous seriez d'accord pour mettre à l'article 1 – si vous me dites oui, tout est réglé – *« L'Union européenne est une association libre de nations souveraines »* ? Si vous êtes d'accord pour dire ça, alors vous pouvez appeler votre texte « Constitution », ça n'a plus aucune importance, tout est sauf...

– Je réponds à votre question, Monsieur de Villiers. Notre article 1 dit ceci : « Inspiré par la volonté des peuples et des États de bâtir leur avenir commun, cette constitution établit une union au sein de laquelle les politiques des États membres sont coordonnées et qui gère sur le *mode fédéral* certaines compétences communes. L'Union respecte l'*identité nationale* de ses États membres. »

– *« L'identité »* ? Vous avez bien dit « *l'identité* » et pas la « *souveraineté* » ? Nous y voilà... Les Kurdes ont une identité ? Mais pas de souveraineté ! C'est bien leur drame... Vous avez oublié la souveraineté !

– L'identité, c'est important...

– Les Kurdes ont une identité ? L'identité, ce n'est pas la souveraineté.

Je viens d'éventer le piège. La machine s'est refermée sur la filouterie des « constituants » bruxellisés. Les paroles de Giscard égrènent un chapelet d'aveux. Ce qui affleure, dans ce débat, c'est le mimétisme européen, la fascination du petit frère bruxellois pour le grand frère yankee. En 2005, on veut encore et toujours ressembler à l'Amérique. On veut la copier, la recopier jusque dans les institutions, pour devenir son juste complément, son supplément sur le continent européen. En d'autres termes, l'Europe cherche à écrire son avenir sur le continent américain. Son fantasme, c'est de devenir une excroissance européenne du marché américain.

Depuis sa création, l'Europe vit sous curatelle. Elle reste dans les langes des Américains. Ses « Pères fondateurs » – comme on les appelle à la faveur d'une confusion sémantique éloquente – sont les fils spirituels des « Pères fondateurs » de l'Amérique.

Pour avoir beaucoup travaillé sur la genèse de l'institution, je peux affirmer, documents à l'appui, que l'origine de l'idée européenne n'est pas européenne[1]. Elle est américaine. Elle est née outre-Atlantique. Dans le Bureau ovale. Pendant la Deuxième Guerre mondiale. Jean Monnet, banquier pour la finance internationale, conseiller de Roosevelt, a raconté le moment où le concept a germé dans la tête du Président des États-Unis. Toute l'armature intellectuelle et sémantique était américaine, jusqu'à la dénomination des « Pères Fondateurs » : « le Pool Charbon-Acier », la « Commission », la « Haute Autorité » sont des expressions et des institutions transposées de l'Amérique.

Jean Monnet, inspirateur de l'Europe et agent stipendié de la puissance américaine, imaginait une « communauté

1. Philippe de Villiers, *J'ai tiré sur le fil du mensonge et tout est venu*, *op. cit.*

transatlantique », à partir d'une architecture postpolitique, sans aucun projet de puissance propre. La *fédéralisation* des nations européennes répondrait – avec les États-Unis d'Europe – à la *fédération* américaine avec, à terme, un seul marché.

Le 9 mai 1950, Robert Schuman ânonnait sa charte fondatrice, concoctée la veille au soir avec le Secrétaire d'État américain, Dean Acheson, venu spécialement à Paris pour vérifier jusqu'aux virgules du texte.

Le premier président de la Commission, Walter Hallstein, ancien officier instructeur nazi, fut choisi par le Haut-Commissaire américain, John McCloy, qui l'avait « rééduqué » en Amérique, dans le cadre d'un programme appelé « Tournesol », réservé aux anciens cadres du nazisme, repêchés et recyclés par l'Amérique. Il fut *choisi* parce que *soumis*.

Le *partenariat transatlantique* fut conçu sous clé géostratégique de Washington. L'Union européenne a vu le jour comme un projet postnational et s'est muée en une entité post-tragique, post-historique. Une Europe sans les États mais dotée d'un fédérateur extérieur, l'Amérique.

Et voici que tout a basculé avec la victoire de Donald Trump. L'Oncle Sam ne prend plus de gants. Cet été, il a fait une clé de bras à la Commissionnaire en chef sur un gazon, au pays du *Brexit*.

Pour la nouvelle Amérique, les Européens ne sont même plus des *protégés*, ce sont des *consommables*. La défense de l'Europe par les États-Unis est désormais un enjeu secondaire.

La herse douanière ne nous épargne pas. *America first !* En réalité, Trump méprise l'Europe décadente. L'Europe se rend compte qu'elle ne va plus vivre *avec* ou même *à côté* de l'Amérique mais *en face* d'elle. Le brouet idéologique dont se nourrissent les élites européennes, la nouvelle Amérique n'en veut plus : le mondialisme, le migrationnisme, le libre-échangisme, le transgenrisme, l'État profond…

L'Europe orpheline, quant à elle, ne sait plus dans quelle direction regarder. À l'ouest, le voisin océanique s'éloigne. À l'est, le voisin continental s'ébroue. Et on lui envoie nos missiles. L'Europe « de l'Atlantique à l'Oural » est morte avec la guerre en Ukraine. L'euratlantisme n'est plus de saison, et l'Eurasie se détourne de Bruxelles. L'Europe a mené la bataille de l'Ukraine pour obéir à l'OTAN. Mais c'est à nous qu'il revient d'assumer la charge morale de la défaite et de solder un conflit entre deux peuples slaves, hors de notre périmètre.

Isolée à l'ouest, isolée à l'est, notre Union a renié ses racines et perdu son allant. Elle est aujourd'hui devenue une colonie énergétique et numérique américaine, une colonie technologique chinoise, une colonie démographique africaine, une colonie spirituelle de la nation islamique.

Elle n'a jamais osé écrire son avenir sur le continent européen. Ayant perdu ses interlocuteurs à l'extérieur – l'Amérique et les BRICS –, elle se désagrège de l'intérieur, sous la pression des peuples historiques qui la composent et la soupçonnent de vouloir les remplacer.

Le rêve se brise. Le Mur de Berlin est tombé. Le Mur de Maastricht va tomber.

En 1943, Roosevelt avait donc confié à Jean Monnet – son obligé – la mission de créer, en Europe, le pendant des États-Unis d'Amérique. Il s'agissait alors de favoriser une union par le bas – par la production commune de charbon et d'acier – afin de générer un ensemble économique, une sorte de *Zollverein* qui aurait vocation à devenir un marché complémentaire du marché américain.

Dans l'esprit des « Pères fondateurs » de cette communauté à venir, le partenaire européen ainsi constitué comme une entité postpolitique et postnationale renoncerait à la puissance et trouverait en l'Amérique un fédérateur de substitution qui veillerait à sa sécurité.

Ainsi la Communauté européenne est-elle née dans le giron du Pacte atlantique. Les États européens ont accepté la *diminutio capitis*, en contrepartie de l'assurance d'une protection militaire qui leur garantirait la paix par le doux commerce.

Déjà, nous avions vocation à nous effacer. Je me souviens d'un mot prophétique de Raymond Aron, en 1981 : « Les Européens veulent sortir de l'Histoire, de la grande Histoire, celle qui s'écrit en lettres de sang. » Le traité de Maastricht puis le traité de Lisbonne ont parachevé le travail entrepris afin que l'euratlantisme soit, pour les composantes nationales appelées à s'éclipser derrière l'entité bruxelloise, l'horizon indépassable de « l'Espace sans frontières ».

C'est ainsi que les Européens sont devenus, selon l'expression du conseiller stratégique Brzezinski, les *« proxys »* de l'Amérique, c'est-à-dire les supplétifs, les clients fidèles de l'appareil militaro-industriel américain. Les *proxys* se sont comportés en *proxys*. Ils ont accompagné l'*hubris* occidental d'une extension indéfinie de « l'OTAN global ». Ils n'ont pas écouté Kissinger qui, insistant sur les liens particuliers de l'Ukraine avec la Russie, exhortait : « L'Ukraine doit devenir un *pont* entre l'Europe et la Russie. Il faut concevoir pour elle un statut de *neutralité.* »

Et voici que tout bascule. L'Oncle Sam toise ses neveux, il les brime, il les met « plus bas que l'herbe » – comme aurait dit Mazarin – sur une pelouse où c'est le golfeur qui, jouant à domicile, choisit les trous et les règles entre le *green* et le *fairway*. L'OTAN n'est plus une priorité géostratégique. Mais il faut « *acheter américain* ». L'Europe perd ses accès privilégiés, elle n'est plus une zone qui compte pour l'Amérique. L'Europe est seule. Qu'elle regarde à l'ouest, à l'est ou vers le Sud global, elle a perdu toute forme d'hégémonie ou d'influence. Elle est sortie de l'Histoire.

« La souveraineté européenne est morte sur un parcours de golf »

Obnubilé par son fantasme de « souveraineté européenne », Macron aura tenté d'utiliser les circonstances pour pratiquer le *spill over effect* – l'effet d'engrenage. C'est la doctrine Monnet : ouvrir une crise, puis s'y engouffrer dans le seul but de *fédéraliser* l'Union au nom de la nécessité vitale. On l'a fait pour les vaccins, on tente de le faire pour la défense. Le rapport Draghi a recommandé de lancer un emprunt européen de 800 milliards d'euros, avec l'idée à peine dissimulée qu'une dette commune conduirait à un *État européen.* On cherche à provoquer ce qu'on appelle, à Bruxelles, un *« moment hamiltonien »*. Cette expression renvoie à l'année 1790, aux États-Unis, quand le secrétaire au Trésor, Alexander Hamilton, préside à la reprise, par le gouvernement fédéral, des dettes contractées par les États américains. Tentation inutile puisqu'il faudra acheter « américain ».

Depuis quarante ans, la classe politique française a cédé à deux tropismes idéologiques. Le premier, c'est la décision de confier à l'institution européenne la souveraineté douanière. Le pouvoir de négocier, de démanteler tout notre système de préférence – qu'on appelait le Marché commun – est passé entre les mains de hauts fonctionnaires apatrides. Tout vient donc de l'extérieur : le miel, le poulet chloré, le poisson, la sardine, la lotte polyphosphatée. Le second, c'est l'abandon du pouvoir de hérisser des douanes protectrices. Il y avait ce qu'on appelait le *« tarif extérieur commun »*. Il est mort à Maastricht. C'est la Commission de Bruxelles qui négocie, on l'a vu avec le Mercosur. Nous sommes impuissants : l'hyperclasse mondialisée entend déléguer son alimentation au marché mondial. L'agriculture nationale n'est plus une *urgence vitale.*

Or nos intérêts économiques ne sont pas les mêmes que ceux de l'Allemagne de Madame von der Leyen. Nos voisins d'outre-Rhin ont l'industrie automobile, la pharmacie, la machine-outil. Nous, nous avons le champagne, le luxe, l'agriculture, le nucléaire, l'aérospatial. Malgré tout, nous avons abdiqué le pouvoir de *négocier les accords douaniers* et le pouvoir de *nous protéger.*

Et voici que l'Europe – c'est-à-dire le cran au-dessus – vient de perdre cet été, à son tour, son pouvoir de négocier : c'est l'Amérique qui dicte sa loi sur le parcours de golf. Elle nous oblige à acheter son énergie, trois fois plus polluante que l'énergie russe. Elle nous force à investir des milliards pour la prospérité de l'Amérique. C'est la fin d'un cycle historique pluriséculaire. Le renoncement et l'abaissement d'une hyper-structure dépersonnalisée, déresponsabilisée.

C'est la fin d'une longue – une très longue – histoire, une histoire brillante et féconde. L'Europe a dominé le monde. Son expansion, son hégémonie, se sont développées en trois étapes. Au XVIe siècle, avec les *grandes découvertes.* Au XIXe siècle, avec la *colonisation.* À la fin du XXe siècle, avec l'*effondrement de l'empire soviétique* et la *planétarisation du capitalisme.*

Mais la planétarisation s'est retournée contre elle-même – avec la « désoccidentalisation du monde » – et elle a préparé le coup de grâce qui pulvérise les deux promesses mirifiques du cercle de la raison.

Ces deux promesses – deux articles de foi ? –, je les ai entendu seriner pendant quarante ans.

La première, c'était celle de *« l'Europe-puissance »*. Nous avons sous les yeux la débâcle et l'impuissance. Alors même que le *Green Deal* est en train d'asphyxier les Européens avec une politique climatique idéologique. Même si l'Europe émet moins de 8 % du carbone mondial contre 60 % pour l'Asie et le Proche-Orient, elle s'est infligée à elle-même un modèle punitif sans réciprocité. Le déséquilibre avec l'empire du Milieu est abyssal. Les Chinois ont accès à 98 % des marchés publics européens. Les Européens ont accès à moins de 2 % des marchés publics chinois. C'est un modèle qui casse la croissance européenne et ruine nos économies. Avec un carcan de normes mortifères. Et c'est un modèle punitif qui se concrétise par un *« Buy China Act »*. C'est-à-dire que, pour respecter le *Green Deal*, on se fournit en Chine. Alors que la Chine est le premier pollueur mondial – 30 % des gaz à effet de serre de la planète –, elle produit 75 % des panneaux photovoltaïques, 58 % des éoliennes, 38 % des pompes à chaleur, 38 % de l'assemblage des semi-conducteurs tandis que l'Europe n'en produit que 10 %.

L'Europe est devenue le maillon faible de l'Occident. Elle n'a jamais été programmée, conçue, voulue, constituée comme une *puissance*. Mais bien plutôt comme un marché unifié, un marché annexe de l'Amérique. On nous a menti.

La deuxième promesse, que j'ai entendue pendant toutes les campagnes européennes où les souverainistes étaient accusés d'être belligènes, c'est : *« L'Europe, c'est la paix. »*

C'était historiquement faux. L'Europe n'est pas la mère de la paix, elle en est la fille. Aujourd'hui, l'Europe, c'est la guerre, la guerre en Europe, voulue par l'Europe. Et l'Europe, c'est la défaite. L'Europe, c'est l'Europe seule, vassalisée, abandonnée par le Protecteur américain qui nous impose le *Buy American Act*. On nous oblige à nous couper du gaz russe et à acheter le gaz liquéfié américain, qui est trois fois plus cher. L'Europe, c'est l'Europe seule face à un post-monde : le Sud global, les BRICS. L'Europe s'abîme démographiquement. Elle est submergée. Et c'est elle qui sollicite et organise cette submersion. C'est la démographie compensatoire par l'invasion.

Washington entend couper l'économie européenne de celle du reste de l'Eurasie pour la rendre captive de ses desiderata.

L'Europe est sortie de l'Histoire parce qu'elle ne sait plus d'où elle vient. Elle ne croit plus en elle.

La date du 27 juillet 2025 restera comme un point de bascule. Récapitulons ce qui s'est passé depuis le tournant maastrichien : on nous a demandé, à nous Français, d'abandonner notre souveraineté douanière. Nous ne pouvons plus moduler nos protections. Nous avons obtempéré et nous avons donc transféré notre souveraineté nationale à l'échelon européen. Contre une promesse d'être plus forts, plus craints, mieux entendus, plus prospères...

Emmanuel Macron a vanté les mérites de la nouvelle souveraineté, la *souveraineté européenne*, qui allait nous rendre, à plusieurs, la puissance perdue à quelques-uns. Le troc paraissait avantageux. Et voici que cette souveraineté-là, à son tour, est déchue. J'ai appris, quand j'étais petit, que la souveraineté était *inaliénable*. Nous l'avons *aliénée*. Et nous découvrons aujourd'hui – terrible humiliation pour le peuple français – la perte de la *souveraineté à deux étages.*

La reféodalisation du monde nous est fatale. La France a été vassalisée par l'Allemagne, elle-même a été vassalisée par l'Amérique. Et aujourd'hui, nous voyons la déchéance de la *souveraineté européenne* devant les exigences du grand feudataire américain.

L'Europe n'est plus souveraine, la France n'est plus souveraine, la France est la vassale de l'Union européenne, elle-même la vassale des États-Unis d'Amérique. Nous sommes pris dans les terribles vertiges d'une boucle implosive. Le rêve européiste tourne au cauchemar. Oui, le Mur de Maastricht tremble. Il se descelle. Il va tomber. Ah, je rêve d'avoir cent ans pour voir cela. Et je cherche le violoncelle de ce moment sublime qui jouera « l'adagio pour la symphonie des nations retrouvées. »

« Nous sommes en train de devenir une espèce administrée »

Comme la pandémie, la théorie du genre ou les alarmes climatiques, la migration de masse est devenue une arme de destruction massive qui ne dit pas son nom. La transhumance des peuples du sud est entrée dans l'arsenal des armes par destination. À l'heure de ce que Brzezinski avait appelé, dès 1970, « l'ère technétronique », la politique s'entend comme l'art de gérer les mouvements de population. Elle compose une panoplie de techniques de programmation et d'ingénierie sociale.

Ce à quoi nous assistons, ce n'est pas à une « simple » opération de *substitution* d'un peuple à un autre, d'une culture à une autre, d'une civilisation à une autre : c'est une étape vers une fusion-acquisition transnationale des nations. La colonisation démographique, comme la colonisation idéologique LGBTQI+, n'est rien de moins que des occurrences supplémentaires de dissolution massive des communautés humaines. Elles sont l'une et l'autre des instruments de confrontation culturelle, des armes de guerre, au service d'une stratégie beaucoup plus vaste, menée sur tant de fronts à la fois qu'elle en est indétectable : c'est la guerre contre les peuples en tant que peuples et contre l'Homme situé. On évide en grand avant de remplir à ras bord. On transvase. Ce que vise l'ordre technocratique mondial, ce n'est pas tant le « remplacement » d'un peuple par un autre, d'une culture autochtone par un « paradis diversitaire », c'est leur destruction mutuelle. Il s'agit de jeter des populations les unes contre les autres, pour briser leur cohésion et enrayer toute capacité de résistance à ce qui vient. À ce qui est déjà là.

Le Système a découvert dans le déplacement des populations un levier puissant de transformation sociale. Loin d'être un phénomène spontané, l'immigration contemporaine obéit à une logique systémique chirurgicale. Les flux migratoires sont modélisés, calculés, orientés par des algorithmes. « L'Organisation internationale pour les migrations », qui est une agence de l'ONU, ne se contente pas de gérer les déplacements – elle entend soutenir les besoins du système économique mondial.

Cette gestion algorithmique des populations sert un double objectif. D'une part, la migration de masse fournit au système économique la main-d'œuvre dont il a besoin, aux conditions dictées par le capitalisme global. D'autre part, elle change en profondeur les sociétés d'accueil, les contraignant à déchirer leurs tissus conjonctifs et à se restructurer selon les principes du multiculturalisme managérial. Ce multiculturalisme, affiché comme « un signe de respect de la diversité », fonctionne en réalité comme un solvant des cultures authentiques, celle des communautés migrantes et celle des sociétés d'accueil. En forçant à la coexistence des fragments culturels arrachés à leurs voisinages, le brassage produit une culture de marché où même les traditions les plus rétives à la monétarisation deviennent des marchandises, où les identités deviennent des choix consuméristes.

La migration n'est plus seulement un fait social, mais une donnée marchande, un levier de pouvoir, piloté depuis le sommet. Sa gestion s'éloigne chaque jour davantage de l'humeur des peuples européens, pris au piège d'un système qui ne s'autorise aucune remise en cause des intérêts de la caste élitaire.

Mon analyse, étayée par de nombreux témoignages de gens sérieux, ne relève pas d'une hypothèse intellectuelle. Nous sommes devant un écosystème intégré, où chaque acteur trouve avantage à la perpétuation des flux et à la complexification du flot migratoire. J'ai repéré depuis longtemps les clubs élitistes et « orienteurs stratégiques transnationaux » qui sont à la manœuvre : le Forum économique mondial, les méga fondations comme celle de Soros, les institutions internationales comme le FMI, l'OCDE, les banques centrales, les multinationales systémiques, les GAFAM, etc. Leur fonction, c'est la définition des agendas globaux, la coordination idéologique, la production du *« métarécit de l'ouverture généralisée »*. Je viens de découvrir que le groupe Bilderberg avait choisi comme thème de sa réunion secrète de 2025 *« Depopulation and Migration »*. Ce n'est pas un hasard. C'est un signal. La machine accélère. Elle cherche à atteindre le point irréversible.

Il ne faut pas oublier non plus tous les réseaux d'influence qui commandent l'opinion : les Fondations transnationales, l'*Open Society Foundation*, les Fondations Ford et Rockefeller ; les *think tanks* européens ; les douze mille ONG européennes financées sur fonds publics ; les entreprises technologiques.

Enfin, il y a les exécutants : la bureaucratie spécialisée – Frontex, OFPRA, OFII, etc. –, les entreprises de services, les réseaux de pantouflage : avec tous les anciens hauts fonctionnaires recyclés dans les ONG et cabinets privés ; les institutions financières, avec notamment les banques qui conditionnent les prêts à l'application de critères garantissant « les politiques inclusives ».

Ajoutons que les décideurs de ce complexe *migratoire-industriel* – ministres, hauts fonctionnaires, dirigeants d'ONG – habitent dans des quartiers protégés qui bénéficient financièrement de la pression migratoire sans en subir les conséquences sociales. À Paris, leurs zones de résidence – 7e, 16e, Neuilly – ont vu leurs prix exploser, tandis qu'ils disposent d'une main-d'œuvre domestique immigrée bon marché. Dans l'ensemble du monde développé, le mécanisme : immigration → pression démographique → hausse des prix immobiliers → enrichissement des propriétaires élitaires qui ne vivent pas dans les zones d'arrivée, fonctionne à plein. Cette plus-value patrimoniale constitue une incitation matérielle et personnelle directe, pour les élites, à perpétuer le système.

Les institutions européennes, démunies d'ancrage populaire, sont ainsi structurellement poreuses à l'influence des puissances privées mondialisées. Loin de tout contrôle, elles constituent un formidable terrain de dissimulation du pouvoir oligarchique grimé en démocratie.

Bruxelles est un empire de la norme, et cette norme est l'une des armes d'un empire plus vaste, de dimension mondiale, et dont le cœur est situé dans le triangle New-York – la City de Londres – Davos.

Depuis 2015, la Commission européenne planifie l'immigration économique massive. Le rapport « *Migration and*

Integration », publié en 2020, annonce que l'Union européenne devra faire appel à 1,5 à 2 millions de migrants nets annuels jusqu'en 2050. Le « *Demographic Outlook* » justifie cette immigration par le *vieillissement du peuple européen.* Le Commissaire Nicolas Schmit déclare, en 2023, qu'il faut créer des voies légales pour attirer davantage de talents du monde entier, et Ursula von der Leyen, en bon commis du Grand Courant d'Air, explique que l'Europe a besoin de main-d'œuvre dans tous les secteurs. C'est un agenda assumé et écrit, qui répond sans scrupule à la demande expresse des cercles transnationaux. Il s'agit de transformer l'Europe en un vaste marché du travail ouvert aux « talents » du monde entier.

En fait, la logique du marché a tout emporté. Le marché obéit au marché. La marchandisation ne connaît pas d'autre contrainte que l'EBITDA. Un pays, c'est une mystique, pas un business. La mystique commande, le business obéit. « L'intendance suit » disait De Gaulle.

Pour légitimer cette transformation, les bureaucraties européennes ont inventé un concept révolutionnaire : « *l'accommodement mutuel* ». En 2004, le Conseil « Justice et Affaires intérieures » définit l'intégration comme « un processus dynamique d'accommodement mutuel *à double sens* par tous les immigrants et résidents des États membres ».

Cette définition renverse deux millénaires de pensée politique. En effet, depuis l'Antiquité, l'intégration impliquait l'assimilation des nouveaux arrivants aux coutumes et lois du pays d'accueil. Désormais, c'est la société d'accueil qui doit s'adapter aux migrants. Ce concept, né dans les universités anglo-saxonnes, s'impose progressivement à l'Europe.

L'*accommodement mutuel* ne relève pas de la théorie. Il correspond à des mesures concrètes, par exemple la formation à la « médiation culturelle », les fêtes religieuses non-chrétiennes inclusives, les langues d'origine enseignées en parallèle des langues nationales, la prise en main des enseignants formés à l'approche « inclusive », y compris « à la gestion des conflits interculturels ». Pardon pour le charabia, le sabir des Commissaires, que j'ai appris à Bruxelles à lire et à parler *fluently*.

Il faut être affranchi sur les motifs réels pour comprendre ce qui est en train de se passer sous nos yeux, avec la complicité sans retenue de la classe politique, qui a perdu l'instinct qu'on appelait jadis la *conscience nationale*. Le propos de l'Union européenne est de « soutenir la migration légale vers les États membres en fonction de leurs besoins économiques et sociaux, comme les besoins du marché du travail, de promouvoir l'intégration effective des ressortissants de pays tiers », mais aussi « d'accroître la solidarité et le partage des responsabilités entre les États membres, en particulier à l'égard des pays les plus touchés par les flux de migrants et de demandeurs d'asile ». Il faut donc partager le fardeau, répartir les migrants, les déplacer et les fixer « là où il y a encore des *espaces libres* ». Les campagnes françaises sont toutes trouvées. Elles vont servir d'entonnoir. C'est déjà commencé.

Dans un récent rapport, la Cour des comptes européenne dénonce l'absence de transparence dans l'allocation des fonds aux ONG. Avec 64 milliards d'euros qui leur ont été accordés au cours de la dernière décennie, la répartition de ces fonds pose question. L'Union européenne a subventionné, avec notre argent, sans qu'on le sache, environ 12 000 ONG. J'ai tenté d'accéder à la liste secrète des principales bénéficiaires. En vain.

Entre une immigration invasive et un wokisme rampant, les sociétés européennes se fragmentent, se balkanisent, se libanisent : menus halal dans les cantines, créneaux « femmes seules » dans les piscines, refus « religieux » de soins dans les hôpitaux, quartiers impénétrables, déconstruction du genre, de la race et de la sexualité, polissement du langage, ou plutôt du volapük. Les concessions des sociétés d'accueil, présentées comme des actes de tolérance et d'ouverture, visent, dans la plus grande discrétion, un double objectif secret : d'abord faire émerger une société multiculturelle bigarrée, inclusive ; ensuite mettre en place une plateforme de multidéracinés, avec des territoires à partition où domine la globoculture de la marchandise, des écrans et de la similitude ahurie.

Désormais, seuls les attributs individuels ont droit de cité. Il n'y a plus d'attributs collectifs légitimes : plus d'origine, d'histoire, d'héritage, d'éducation, de culture, d'ethnie, de langue, plus de sexe non plus. La société liquéfiée est en marche.

La « mondialisation heureuse » aura fabriqué un homme hors de lui, un *homme global*, en Europe comme ailleurs, et fait grandir des plantes d'hébétude qui promènent leur étourdissement dans l'air du temps. D'un bout à l'autre de la planète, la plupart des jeunes portent les mêmes vêtements, regardent les mêmes films et séries, téléchargent les mêmes applications, parlent le même langage numérique. Alors même que leur smartphone les rapproche plus de leurs semblables à l'autre bout du monde que de leur voisin de palier, pendant qu'Amazon livre partout les mêmes produits et Instagram les mêmes images, que signifie pour eux « être français, allemand, italien ou japonais » ? La machine engendre son propre peuple composite de monades numériques, elle efface les frontières, appauvrit la biodiversité humaine, uniformise les modes de vie, dévitalise les âmes.

Les directives de l'hyperclasse mondialisée sont simples : il faut qu'il n'y ait plus que des êtres simplifiés, fluides, interchangeables et donc gérables. Des citoyens sans cité au sein d'une humanité sans humus. *Cosmopolis* est bien l'idéal caché de ce qu'Attali appelle « l'hyperempire » rendu paisible par la technique, le marché et la seule gestion. C'est l'idée même de *peuple* qui doit être effacée. Le prophète annonce la couleur : « Devenu la loi unique du monde, le marché formera ce que je nommerai l'hyperempire, insaisissable et planétaire, créateur de richesses marchandes et d'aliénations nouvelles, de fortunes et de misères extrêmes ; la nature y sera mise en coupe réglée ; tout sera privé, y compris l'armée, la police et la justice. L'être humain sera alors harnaché de prothèses, avant de devenir lui-même un artefact, vendu en série à des consommateurs devenant eux-mêmes artefacts. Puis *l'homme, désormais inutile à ses propres créations, disparaîtra.* »

Les migrants du Sud, aspirés vers le nord, déposant le sac de voyage là où s'opère la rencontre insolite avec les défilés de dégenrés des technoparades, hauts en couleurs décadentes, ne sont pas responsables de cette décomposition. Nous n'assistons pas vraiment au remplacement d'une culture nationale par une autre mais au remplacement de la culture locale et nationale par la culture mondiale de l'absence de culture : l'*anticulture globale.* Ce n'est pas l'invasion qui nous déracine, c'est le déracinement qui appelle à l'invasion. Avalés que nous sommes par les milliards de petits écrans lumineux, nous sommes harponnés par la Machine, qui nous reprogramme, tente de fusionner l'humanité pour la rendre administrable. Elle nous refait à son image. Il n'y a plus de *peuple* mais une *société-machine* peuplée d'hommes-machine. Nous sommes en train de devenir une *espèce administrée.*

« Un homme de sable, sans attaches, devenu un algorithme »

L'Union européenne enrôle, si l'on peut dire, la culture pour soutenir la vision idéologique commune à l'oligarchie globale-progressiste transnationale, qui sévit des deux côtés de l'Atlantique.

Le concept de *« mutual accommodation »* précède de quinze ans l'essor des politiques dites de « Diversité, Équité, Inclusion » à l'échelle institutionnelle, qui en sont la déclinaison. Ces politiques visent à créer un environnement de travail où chaque individu, indépendamment de son origine ou de ses compétences, se sent valorisé par un environnement dit « inclusif », visant à reconnaître les identités ethniques, de genre, d'orientation sexuelle, de religion, de handicap.

Comme tous les cercles de pouvoir informel mondialiste, le *Forum économique mondial* pousse ces concepts partout. Klaus Schwab, son président-fondateur, promeut ainsi le « capitalisme des parties prenantes » – *stakeholder capitalism* –, c'est-à-dire l'implication de toutes les grandes entreprises dans la gestion de tous les aspects de la vie. Il s'agit bien de changer de société.

C'est dans cette optique que la reconnaissance des personnes « non-binaires » a été subrepticement introduite en 2023 dans le droit, aux côtés des hommes et des femmes, en application d'une directive européenne, portant sur la transparence et l'égalité salariale hommes-femmes.

BlackRock Inc., qui contrôle *de facto* une bonne partie des entreprises mondiales, dispose d'une immense influence dans la politique internationale et celle des entreprises. Chaque année, le PDG de BlackRock, Larry Fink, publie une fameuse lettre aux investisseurs, qui prend les allures d'une véritable feuille de route très politique à laquelle chacun a intérêt de se conformer s'il tient à sa réputation sur les marchés.

Les programmes « Diversité-Inclusion-Équité » sont omniprésents dans l'anglosphère et se sont infiltrés dans l'Union européenne malgré les alertes sur les dommages sociaux qu'ils peuvent causer. Ils ont pris d'assaut toutes les bureaucraties gouvernementales et supranationales ainsi que les entreprises du capitalisme global. La « Diversité-Inclusion-Équité » offre une immunité contre les complexes d'*incompétence* et permet aux activistes de prendre le contrôle des ressources, le contrôle de l'embauche, le contrôle du discours. Tout responsable de la « Diversité » devient un potentiel inquisiteur agréé.

Les programmes culturels européens promeuvent eux-mêmes un agenda politique, tout en méprisant largement les valeurs culturelles réelles, comme la recherche de la beauté et de l'excellence ou la préservation de traditions et du patrimoine ancestral. En conséquence, la culture est en train de devenir encore un nouveau mot-valise, détourné et vidé de son sens par l'idéologie radicale.

Dans un rapport d'avril 2025[1], on découvre qu'« entre 2018 et 2022, le programme *Creative Europe* de l'UE a canalisé l'argent public vers des dizaines de projets culturels triés sur le volet, tous choisis pour leur alignement sur l'agenda idéologique de l'Union.

Cette parade culturelle financée par les contribuables s'est étendue au théâtre, à la musique, à la danse, à l'architecture et au patrimoine – le tout recalibré pour servir les narratifs à la mode. Qu'il s'agisse d'un gala de danse réorienté sur le thème de la *"conscience climatique"* ou d'une exposition de musée rethématisée pour l'*intersectionnalité*, le message est clair : la culture doit être organisée, pour devenir conforme. »

Selon le rapport précité, la culture est utilisée comme un outil stratégique pour renforcer un projet de société postnationale porté par l'Union européenne. Les programmes financés par Bruxelles visent la *« dé-élitisation »* de la culture, l'inclusion des personnes aux « marges », la promotion de la diversité, la lutte contre le populisme et la traque du nationalisme. On y retrouve, jusqu'à l'écœurement, l'infantilisation du langage et la « novlangue » typique des dérives totalitaires. Les mots d'« inclusion », de « dialogue interculturel », de « citoyenneté active », de « valeurs communes », sont des *buzzwords* omniprésents. De même, les néologismes de *cultural ecosystem, sustainability, resilience, co-creation, co-responsability* : on change l'Européen pour changer d'Europe.

Afin d'être rendu contrôlable et malléable, l'individu a été déculturé, dégenré, dénationalisé. Un homme sans passé

---

1. Publié par le MCC Brussels – think tank européen proche de Victor Orban : « Le jargon de la diversité : comment l'Union européenne se saisit de la culture pour financer son agenda ».

et sans avenir, sans attaches et sans héritage. Un homme liquide, adaptable, consommable. Un *homme-ressource* au service du système. Un homme qui n'est plus un homme mais un flux de données, un profil algorithmique…

Cette « *cancel culture* » qui détruit ceux qui résistent, cette autocensure qui gangrène les consciences, cette peur de parler qui tient cois les plus remuants – tout cela participe du même projet : faire de nous des muets dociles, des sourds aveugles, des zombies digitaux.

Et puis, bien sûr, il y a les Juges. Avec la fameuse Cour européenne des droits de l'homme. De la filiation homoparentale aux mères porteuses et à l'euthanasie, du regroupement familial à l'accueil des étrangers en situation irrégulière, cette magistrature de secours met en œuvre un agenda global-progressiste qui bat en brèche la souveraineté des États. Ses arrêts condamnent les pays signataires de la Convention européenne des droits de l'homme à se soumettre à une conception des libertés individuelles qui prime sur l'intérêt général. Les juges européens créent ainsi *ex nihilo* du droit et des droits, un droit « vivant », « évolutif » et « dynamique ».

Il faut souligner qu'une partie des juges européens ne sont pas des magistrats, mais des anciens salariés d'ONG progressistes. Douze juges sont directement liés au réseau de l'*Open Society Foundation* de George Soros, le milliardaire américain hostile aux frontières, qui infiltre tout, partout.

La CEDH a condamné la France à transcrire la filiation des enfants nés par GPA à l'étranger, pourtant interdite dans notre pays – véritable cas d'école en matière de bouleversement des mœurs ; elle avait été saisie par des couples d'hommes qui avaient eu recours à des mères porteuses américaines : les juges ont obligé la France à reconnaître la filiation de leurs enfants avec les pères biologiques.

La CEDH estime que la disposition indiquant que l'« homme et la femme ont le droit de se marier et de fonder une famille » ne doit plus se limiter au couple homme-femme. La CEDH a condamné la France à libéraliser le « changement » de sexe.

Cette logique d'extension des droits subjectifs au nom de « l'autonomie individuelle » constitue le fil rouge d'une jurisprudence qui pousse les États à rompre les digues : sur l'avortement en Pologne et en Irlande, le diagnostic préimplantatoire en Italie, le « droit d'opérer des choix concernant son propre corps » et tous les droits LGBTQI+, notamment à l'homoparentalité, qui découlent du principe de la « non-discrimination ». On alimente ainsi le « fantasme de l'homme auto-construit » – autodéconstruit ? – qui caractérise la postmodernité.

J'étais aux premières loges, pendant des années, pour observer et dénoncer les dérives du modèle européen, pour repérer les volutes du vertige au-dessus du vide. L'Union n'est plus la bonne vieille organisation un peu bonhomme qui « se contentait de pondre des directives sur la courbure de la banane et le stress des asticots » mais qui, dans le même temps, laissait les États faire de la politique. Elle est devenue elle-même un organe d'assujettissement, volontiers autoritaire et agressif, inaugurant une politique de sanctions – pour la Hongrie, pour la Pologne –, en pratiquant la conditionnalité des aides, le chantage, la dictature par le droit et les juges.

J'ai été sidéré d'apprendre que le Parlement européen avait adopté le 17 janvier 2024 une résolution étonnante sur la promotion d'une *« conscience historique supranationale »*.

Qu'est-ce-que la conscience historique de l'Europe ? On pourrait penser à Platon et Aristote, à Charlemagne, à saint Benoît, à saint Thomas d'Aquin, aux croisades, aux traités de Westphalie, à la chute du mur de Berlin… Mais non. Il ne s'agit pas d'une résolution célébrant la civilisation européenne et cherchant à la promouvoir. Bien au contraire. Il s'agit de la dépasser en même temps que de reléguer les histoires nationales qui la composent, par – écoutez bien – une *« compréhension supranationale de l'histoire »*.

Cette résolution qui vise à dépasser, à déclasser les histoires nationales, est dangereuse. Car, derrière l'enflure, il y a le projet fou de façonner un *« Européen global »*. Voici qu'on invite les États membres à « *actualiser* leurs programmes d'études et d'enseignement existants afin de *faire passer l'histoire européenne et mondiale avant l'histoire nationale* ». Elle engage la Commission et les États membres à travailler au développement d'une *« conscience historique européenne »*.

Au fil de la résolution, on finit par comprendre où ses auteurs veulent en venir. Ainsi regrette-t-elle que « le *chauvinisme, les stéréotypes sexistes, les asymétries de pouvoir et les inégalités structurelles* soient profondément ancrés dans l'histoire européenne ». Et le texte voté au Parlement en vient à déplorer *l'absence d'une approche suffisamment multiculturelle et sensible au genre* dans l'enseignement de l'histoire.

Mais l'affaire ne s'arrête pas là. Le morceau de bravoure qui lève le voile sur les arrière-pensées vient à la fin : la résolution souligne la nécessité d'un *enseignement interdisciplinaire et intersectionnel de l'histoire*, et propose une narration, « qui utilise des *manuels d'histoire transfrontaliers et transnationaux* ».

Refaire l'histoire de l'Europe, voilà le motif secret. Pour préparer, éduquer des générations d'« Européens neufs ». Le déracinement est d'abord la perte du passé, et, écrit Simone Weil, « la perte du passé équivaut à la perte du surnaturel ». L'Europe des douze étoiles mariales de l'Apocalypse est morte.

L'Europe sociétale précipite notre décadence. L'Europe de la technocratie de marché tourne le dos au monde qui vient. Les européistes sont victimes de l'effet d'*hystérésis*. L'*hystérésis*, c'est le temps qui s'écoule entre la goutte d'eau sur la terre et la germination. C'est Bourdieu qui a repris le concept pour l'adapter au milieu politique. On peut l'appliquer au retard mental des oligarques bruxellois : car l'*hystérésis* signale le décalage entre le monde *tel qu'il est devenu* et la perception qu'en conservent ceux qui continuent de *le voir tel qu'ils l'ont connu dans le passé* alors même que tout a changé.

Nous ne sommes plus dans le bon *tempo* par rapport à la marche du monde. Le modèle européen a été conçu à partir du principe de la déconstruction des nations et de l'avènement du marché comme seul régulateur des pulsions humaines et tensions du monde.

Or l'époque a complètement changé. En quelques mois, un basculement s'est opéré : nous sommes entrés dans un post-monde qui succède au nouveau monde devenu l'ancien monde. Qu'est-ce qui caractérise ce post-monde émergeant sous nos yeux ? C'est un carré magique, avec quatre grands retours : d'abord le *retour de la frontière* : de la frontière *économique*, avec le protectionnisme qui fait suite à la fin des douanes, de la frontière *physique*, pour stopper une immigration invasive. Or, l'Europe a été conçue comme « un espace sans frontières ». Elle est en porte-à-faux, comme si elle était frappée d'ataxie. *Premier décalage.*

Et puis, c'est le *retour de la Nation.* Or la « souveraineté européenne » n'est rien d'autre que le faux nez d'une gouvernance sans peuple. La formule masque son exact contraire, c'est-à-dire qu'elle porte l'idée d'une suzeraineté transnationale – la reféodalisation du monde – au service d'intérêts privés et d'une cascade d'allégeances. L'Europe célèbre le nationalisme ukrainien, cependant qu'elle s'en prend au nationalisme de ses propres peuples. *Deuxième décalage* : la nation revient, et la classe politique ne s'en aperçoit pas vraiment, sauf quand elle se propose d'aider la nation ukrainienne avec l'argent des nationaux français.

Troisième novation : c'est le *retour du politique.* La pointe diamantée du politique, c'est le diplomatique, le militaire, la puissance publique. L'Union européenne n'a rien de tout cela. Elle n'a jamais été conçue comme un ensemble régalien, mais comme une zone marchande unifiée. C'est pourquoi elle est dirigée par des fonctionnaires *non élus.* La démocratie a été remplacée par un aréopage coopté. Les peuples ne l'accepteront plus très longtemps. La révolte gronde. Le Frexit gonfle ses voiles.

Enfin – quatrième coin du carré –, c'est le *retour de la puissance.* La puissance, c'est l'Unité culturelle, l'Identité civilisationnelle, la Fierté affective. Ce qu'est l'Union européenne, c'est le contraire : un espace diversitaire de l'individu global.

L'échec – ou plutôt le désastre – est dissimulé aux peuples. On continue à répéter les mêmes slogans sur « l'Europe qui serait un levier d'Archimède pour la France ». Cette Europe nous détruit à petit feu. Le discours des politiciens ne correspond plus au réel. Les gesticulations de la sémantique tentent d'abriter, pour quelques temps encore, la mystification. En fait, le Pouvoir, c'est quand on l'a. Or, quand le Pouvoir n'a plus le pouvoir, il fait mine de l'avoir encore. L'origine de toutes nos lois – sans exception – est européenne. Qui le sait ? Qui le dit ? Qui le déplore ? Quelques Iroquois valeureux. Un jour, le peuple, dégrisé, fera payer la facture du mensonge.

La classe politique ment. Les parlementaires sont dans le simulacre : ils parlent de la France, mais il n'y a plus guère de France. Elle se dilue. Elle ne compte plus. Et les politiciens ont perdu l'*instinct français*. Ils parlent de l'Europe, mais il n'y a plus guère d'Europe. Elle est une remorque vide du bolide américain qui nous abandonne. Elle est un achalandage, elle n'est plus une civilisation. Ils parlent de « l'Europe-puissance », mais on la sait, on la voit totalement impuissante. Ils parlent des « valeurs de la République » comme d'un rempart, mais il n'y a plus de république, de *res publica*. La république, ils l'ont larguée. Ils l'ont transférée au Super-État profond de l'aréopage bruxellois. Ils parlent de la « laïcité » comme d'un autre rempart, mais celle-ci a volé en éclats avec la montée statistique de l'islam. Ils parlent des « droits de l'homme et du citoyen » mais il n'y a plus de *« citoyens »*. Les cours suprêmes ont basculé dans la préférence étrangère et interdisent toute distinction entre les *citoyens* et les *étrangers*. Quant aux « droits de l'homme » eux-mêmes, la question se pose : où est l'*homme* ? Qu'est-il devenu ? Y a-t-il encore un homme conforme à la nature, sexuellement et anthropologiquement défini ? Je ne vois plus que l'homme de sable de la société liquide.

« Voici qu'ils pratiquent la stratégie de l'étouffoir »

Au petit matin, le 20 juin 2025, le journal me tombe des mains[1] : sur une page où il se confie, d'une plume exaspérée, Dominique Reynié, le directeur général de Fondapol – un homme très sérieux et plutôt placide –, restitue ce à quoi il vient d'assister. Le récit est glaçant.

Tout commence par une publication sur « l'immigration afghane de la France ». Son auteur n'est autre que le directeur de « l'Office français de l'Immigration et de l'Intégration ». Il a donc pignon sur rue. Ce n'est pas un fantaisiste. Voici ce qu'il révèle : « En 2007, l'INSEE recensait 1 600 Afghans sur le territoire national. En 2025, le nombre dépasse sans aucun doute les 100 000. » L'étude précise que « ces Afghans sont pour la plupart des hommes ». Dans sa note, le patron de l'Office de l'immigration souligne « la profondeur des différences culturelles qui séparent les immigrés afghans des valeurs d'une société comme la nôtre ».

Dominique Reynié fait alors état d'un débat qui se déroule, sur la foi de cette note, entre le spécialiste des

1. Dominique Reynié, « Comment le débat sur l'immigration est asphyxié par la stratégie de l'étouffoir », *Le Figaro*, 19 juin 2025.

flux migratoires, Didier Leschi, et la fameuse Najat Vallaud-Belkacem, présidente de la puissante association « France terre d'asile ». Au lieu de discuter du fond de l'étude, celle-ci insulte son auteur et le traîne dans la boue : il ne fallait pas publier ce genre d'informations. C'est une incitation à la haine. Qui alimente les fantasmes... Bref, la vérité sur la question migratoire doit être soupesée avant d'être livrée au public, surtout quand elle est chargée de soufre.

Le directeur général de Fondapol souligne que nous avons ainsi franchi tous les crans de la censure. « La discussion de fond a été abandonnée depuis longtemps. Il s'agit maintenant de dissuader les auteurs de se risquer à l'analyse d'un tel sujet, de dissuader les journalistes de s'y intéresser. » Et il conclut ainsi : « C'est la *stratégie de l'étouffoir.* » Le mot est fort, inhabituel dans la bouche d'une autorité instituée. Mais il est juste.

L'immigration demeure, aujourd'hui comme hier, un sujet intouchable par le vulgaire. Ainsi la classe dirigeante justifie-t-elle qu'il soit fait appel, pour protéger le secret, aux bonnes vieilles méthodes d'ostracisation et de disqualification. Aujourd'hui, en France, au sommet de la doxa, s'affiche encore une vérité révélée qui surplombe toutes les autres et qui a pour vertu de balayer hantise et désarroi : *« La France a toujours été un pays d'immigration. »* Voilà, c'est dit une fois pour toutes ! « Il faut que le populo se mette ça dans la tête. » Cette affirmation, je l'ai passée moi-même par le tamis critique du plus grand spécialiste français de la démographie, hélas aujourd'hui disparu. Il s'appelait Jacques Dupâquier, c'était un scientifique reconnu, entré à l'Académie, qui dirigea la fameuse publication de *L'Histoire de la population européenne.* Il ne supportait pas cette imposture : « Le vrai scandale, me confia-t-il, tient au fait que toute l'histoire du peuplement de la France est présentée par de pseudo-scientifiques d'une manière abominablement tendancieuse. »

Il dénonçait cette allégation selon laquelle notre territoire aurait été peuplé depuis deux millions d'années par des vagues successives qui auraient entièrement métissé la population. Nous serions donc tous des étrangers ou des descendants d'étrangers. Ce *« mythe des origines »* ne tient pas devant les conclusions de la paléodémographie : « Le total des guerriers qui, en cinq siècles, sont entrés dans la Gaule, n'a pas dépassé 300 000 hommes. » C'est une petite minorité par rapport aux millions d'indigènes déjà présents. Plus tard, les colons romains eux-mêmes ne seront jamais qu'une poignée. En fait, la grande acculturation de notre pays par les Romains n'a pas de base réellement démographique, c'est toujours le vieux fonds ethnique issu du Néolithique qui domine.

L'invasion des Francs, des Burgondes, des Goths, des Vandales, des Alains ne modifiera guère la démographie de la Gaule. Car ces envahisseurs étaient peu nombreux[1].

Le *« mythe du brassage »* ne tient pas plus que le *« mythe des origines »* et des déferlantes migratoires successives : les Français d'aujourd'hui seraient tous issus d'une multitude de peuples qui se seraient mêlés aussi souvent qu'entre-égorgés. Or, selon les conclusions de Jacques Dupâquier, les apports extérieurs, depuis 650 et jusqu'à 1880, ont été faibles : l'apport des Arabes ? Néant ; l'apport des Normands ? Infime. Pendant très longtemps, la France fut un monde plein, et même plutôt en état de surpression démographique.

1. Philippe de Villiers, *Les Cloches sonneront-elles encore demain ?*, Paris, Albin Michel, 2016.

La vérité historique est absolument contraire aux allégations des propagandistes, producteurs du discours officiel : notre pays est resté une terre d'*émigration* jusqu'à la crise de la dénatalité au début du XIXe siècle. Les seuls *immigrés* furent alors les épouses royales et leur entourage – Marie de Médicis, Marie-Thérèse d'Espagne, etc. – ou encore les grands serviteurs de l'État – Mazarin, Necker, etc. Sans oublier les artistes que les rois attirèrent à la Cour, comme Léonard de Vinci ou Lully.

D'ailleurs, ce mouvement s'inverse au XVIIIe siècle. C'est l'Europe qui se met alors à l'heure de la France. Et ce sont les Français qui fournissent à l'étranger des peintres, des intellectuels, des artistes.

Pendant tout ce temps – tous ces siècles –, « le peuple français reste très sédentaire, attaché à sa terre, un peu comme le sont les Chinois, un peuple de petits propriétaires, animé d'une mobilité à court rayon : on se marie dans le voisinage ».

C'est au XIXe siècle que la dénatalité favorise un appel d'air : en 1851, on ne compte que 380 000 étrangers en France. Les démographes sérieux font litière du « mythe de la banalité migratoire ».

Ce n'est qu'à partir du début des années 1880, avec ce que Suzanne Berger a appelé la « première mondialisation », que les choses changent. En 1881, la barre du million d'étrangers est franchie. Et le mouvement migratoire s'emballe. Entre la chute du Second Empire et 1886, la population étrangère a doublé de volume. Cet apport de population tient en partie à une faible natalité française qui conduit le patronat à attirer la main-d'œuvre belge, italienne, polonaise, arménienne, etc.

Mais il convient de souligner que cette immigration étrangère, jusqu'en 1950, ne fut pas une immigration d'établissement mais de travail : on s'installait alors en France pour se constituer un pécule et, le plus souvent, on retournait vivre dans son pays d'origine. Selon l'historien Pierre Milza, les deux tiers des Italiens remigrent ; ils ne parviennent pas à s'acculturer[1].

Au total, l'apport des étrangers à la population française est passé de deux millions en 1914 à quatre millions en 1950. Il y a, entre cette immigration et celle d'aujourd'hui, une différence essentielle : au début du XXe siècle, toute la population étrangère de France était d'origine européenne. Au recensement de 1891, on n'avait trouvé que 813 Africains sur le territoire.

Lors de la séance mémorable sur la nouvelle loi d'acquisition de la nationalité, le 16 mars 1889, le député Maxime Lecomte monte à la tribune : « Le véritable danger national, nous le connaissons : il consiste à garder chez nous des hommes qui ne sont attachés à aucune patrie, qui n'aiment pas la France, que nous n'avons pas su conquérir... Il faut coûte que coûte éviter de laisser se constituer, si vous me permettez l'expression, *différentes nations dans la nation française.* » Quelle actualité !

C'est récemment, avec le *regroupement familial* dans les années 1970, que l'idée du creuset français s'évanouit. Le flux tourne au flot. La vague est trop forte, les chiffres explosent. Les arrivants viennent de partout, du Maghreb, d'Afrique, d'Orient, d'Asie. Et on passe d'une migration de *travail* à une migration de *peuplement.* Cela veut dire que les migrants ont résolu de se transporter en tant que peuples.

---

1. Pierre Milza, *Voyage en Ritalie*, Paris, Payot, 2004.

La digue est bientôt rompue. C'est la submersion. On invite la France à devenir « une société inclusive ». Si les mots ont un sens, leur dérive aussi : on *assimile* des personnes. On *intègre* des groupes. On *insère* des communautés. On *inclut* des peuples. C'est-à-dire qu'on les prend tels qu'ils sont. Ils emportent avec eux leur civilisation. *« Venez comme vous êtes... »* Assimiler, c'est faire de l'Autre un nouveau Soi. Inclure, c'est au contraire tout accepter, tout transplanter, ne rien retrancher, ne rien exiger. On vous *inclut* avec les siècles qui sont en vous, les rêves que vous portez, les mœurs que vous allez imposer et qui sont éloignés du fonds français. Et, si vous êtes un peuple, on vous reçoit comme peuple. Avec vos souvenirs et votre vision du monde.

Le grand mensonge du métissage perpétuel a produit des fruits d'amertume : on a convaincu les Français que leur pays, en raison de son histoire, compose un puzzle, un assemblage de rencontre et de circonstance, fécondé par un perpétuel brassage. Résultat : il se disloque, se laisse gagner par le dégoût et le repentir. On veut nous faire croire que le peuple français n'a cessé de se remplacer lui-même au fil de toutes les migrations, qui lui auraient fourni ainsi son « identité heureuse », une *somme de ferveurs empruntées.* On veut nous faire croire que le récit national relève d'une histoire fantasmée. Il ne serait qu'un rêve revisité, déroulant la tapisserie en trompe-l'œil d'un passé largement travesti, toiletté pour être présentable, un film « colorisé ».

L'historiographie des mystificateurs se déploie comme une succession de mensonges-gigognes : *« Ce sont les immigrés qui ont fait et refait la France. »* L'humoriste Jamel Debbouze a chantourné la formule qui fait mouche : « Nos arrière-grands-parents ont *libéré* la France, nos grands-parents l'ont *reconstruite*, nos parents l'ont *nettoyée*, nous, on va la *raconter.* »

La vérité historique ne concorde pas avec toutes ces fables : la reconstruction de la France fut accomplie sans aucune volonté de faire appel à la main-d'œuvre nord-africaine. Il y eut un courant migratoire algérien, mais ce fut une migration spontanée, non planifiée, masculine et de courte durée.

« D'après le recensement de 1946, 20 000 musulmans d'Algérie résident alors sur le territoire métropolitain. » Par comparaison, les Italiens sont 450 000, les Polonais 423 000, et les Espagnols 300 000.

Un spécialiste de l'Algérie coloniale, Charles-Robert Ageron, souligne avec force : « La conclusion de ma recherche est aussi nette qu'inattendue : attirer en France de la main-d'œuvre maghrébine n'entre jamais, après 1919 et jusqu'en 1959, dans les calculs du patronat ou dans les politiques gouvernementales[1]. » La démographie est une science qui s'impose à nous : quand les digues se rompent, la reconstruction est achevée ; et c'est après la décolonisation que la vague migratoire du sud se forme.

Dès lors, la question qu'on est en droit de se poser est simple : pourquoi donc cette fantasmagorie d'une « France migrante » ? Tout simplement pour désigner les Français comme des héritiers ingrats, des fils de colons sans humanité, alors que leurs ascendants auraient fait *suer le burnous* et envoyé au feu les colonisés sans défense. Tout cela afin de faciliter le parallèle avec la société américaine où les Noirs ont souvent été utilisés pour faire le sale boulot. L'esprit

1. Charles-Robert Ageron, « L'immigration maghrébine en France », *Revue d'Histoire,* juillet-septembre 1985, p. 59-70.

de revanche se nourrit de cette rancœur. On est en plein fantasme post-colonial.

On instille dans les crédulités publiques l'idée que, si la France n'est historiquement qu'un jeu de coïncidences de populations en transhumance, si elle est historiquement « la plus vieille terre d'immigration au monde », alors le migrant s'y trouve chez lui dès le premier pas. Il n'y a plus de prééminence à l'ancienneté des titres de séjour. Le « J'étais là avant vous » se retourne ainsi comme le signe d'une légitimité renversée : on trouve toujours plus migrant que soi, plus ancien nomade.

La nouvelle histoire de France porte un sous-entendu éloquent : *« Nous sommes tous de passage. »* Notre seule tâche est de reconnaître dans cette errance désaffiliée le cousinage des immigrés d'hier et de ceux d'aujourd'hui. L'histoire ne compte pas plus que la culture, ou la langue. L'immigré de fraîche date peut proclamer : « Je suis aussi français que vous. »

Si l'histoire se résume à un va-et-vient migratoire multiséculaire, nous nous reconnaissons tous comme des nomades-sédentaires. Dans ce mouvement brownien du temps long, aucune hiérarchie distinctive ne peut connoter les cultures, les langues, les civilisations.

Ainsi entre-t-on dans les exaltations d'un *présent tout neuf.* Ainsi pratique-t-on le *« présentisme »*, débarrassé des pérennités et de toute forme d'antériorité et de stabilité. Cette nouvelle historiographie vise à brouiller les lignes entre l'accueilli et l'accueillant.

La nation n'est plus la cité commune des vivants et des morts mais des migrants d'hier et des migrants d'aujourd'hui. Le *melting pot* à l'américaine devient notre horizon indépassable. Il s'agit d'éliminer, dans les psychologies les plus élémentaires, l'idée du « chez-soi ». On est tout à la fois chez l'Autre et chez soi. Je suis du monde, j'en viens et j'y retourne. L'instant est ma patrie. L'invasion peut commencer en toute sérénité. Les âmes ont démissionné. Mais cet « *en-commun* » est toujours à sens unique. Car il ne s'impose qu'au « souchien ». Pas à l'impétrant.

L'histoire jugera sévèrement les générations politiques qui ont, depuis cinquante ans, pratiqué le laxisme migratoire. Les héritiers des forces politiques coupables de ce crime sont encore là. Quelle indécence ! Ils devraient rentrer sous terre, quitter la scène, demander pardon aux Français.

« Ils ont du sang sur les mains »

Je n'oublierai jamais ce moment d'une rare intensité, au cœur de l'été, cette rencontre poignante, bouleversante, en Vendée, avec toute la magnifique famille de Philippine, cette jeune fille, fauchée dans la fleur de l'âge, assassinée dans le bois de Boulogne à la sortie de ses cours, par un Marocain sous le coup d'une *« obligation de quitter le territoire français »*. Cet homme avait déjà été condamné pour viol, à l'âge de 17 ans, alors qu'il venait d'arriver en France, en franchissant la frontière sans encombre.

J'ai vu une famille d'une grande dignité, qui essuie d'une main discrète des larmes intarissables. Une famille debout, dévastée, inconsolable, qui porte dans les regards de détresse de chacun des membres tous les appels au secours du monde. Une famille seule face à la béance. La maman s'est penchée vers moi : « Vous avez vu les Juges ? Ce qu'ils ont fait, hein ? Ils viennent de pulvériser la loi sur l'allongement du temps de prison des OQTF ! Pour nous, Monsieur de Villiers, sachez-le, c'est insupportable ! »

La mère de Philippine était ulcérée, mortifiée devant le manque d'empathie, d'humanité de notre Cour suprême, qui a choisi le crime plutôt que la victime du crime.

J'étais là, en face d'eux, bouche bée, gorge serrée. Que dire devant un ciel déchiré, des cœurs mutilés, des yeux exorbités qui murmurent : « Vous ne pourrez jamais comprendre ce que nous ressentons… » ? Comment revivre ? Comment vivre ? Avec la plaie brûlante touillée par la Justice qui a choisi son camp ? Par devers moi, je pensais : « Qui sont les véritables criminels ? Ceux qui commettent le crime ? Ou ceux qui ont ouvert toutes grandes les frontières aux assassins, au nom de l'ouverture au monde et en entonnant les hymnes à la fraternité universelle ? » Si « l'*obligation* de quitter le territoire » avait été exécutée, Philippine ne serait pas morte.

Le hasard a fait que j'ai aussi rencontré, à quelques jours d'intervalle, Harmonie Comyn. C'est la femme du gendarme qui a été assassiné dans des conditions abominables à Mougins, dans le sud de la France, par un Cap-Verdien au palmarès impressionnant : dix condamnations dont l'agression des forces de police. C'est elle qui a déclaré : « L'État français a tué mon mari. » Elle aussi porte le deuil avec une élégance admirable, jugulaire au menton, comme on dit chez les gendarmes, mais ravinée de l'intérieur par le chagrin et le courroux. Et, surtout, elle se sent seule. Seule avec son malheur. Dans une société qui a perdu la notion même de voisinage, on ne s'approche plus de la détresse. On laisse les gens pleurer tout seuls. La consommation a consumé la compassion. Il n'y a plus personne pour essuyer les larmes. Les politiciens sont gênés aux entournures. Ils ont voulu ce monde d'ouverture. Ils y ont cru, et aucun n'ose même le remettre en cause. Schengen est le nom du plus grand tabou de notre époque.

Le laxisme migratoire n'est pas une faute, une négligence, une lâcheté, c'est un crime. Pour lequel la déploration des politiciens ne peut être une circonstance atténuante.

En réalité, l'immigration afghane, évoquée récemment comme la vague la plus récente, est une allégorie de « Schengen », c'est-à-dire d'un *no man's land* sans frontières. Les Afghans sont entrés en Europe pour aller en Allemagne avec des « visas Schengen ». Avant de venir en France, justement, par l'Allemagne. L'erreur historique, d'une portée incalculable, c'est d'avoir « fait Schengen » au moment de la coïncidence de l'*implosion* démographique du Nord et de l'*explosion* démographique du Sud.

Le 12 mars 1995, dans une solitude hostile, je fais une conférence de presse qui me vaut d'être mis au ban d'infamie. Je déclare, sur un ton grave, et en détachant chaque syllabe : « Ceux qui abattent les frontières aujourd'hui auront demain du sang sur les mains. » Je dénonce le *no border, no limit,* l'abolition des frontières. Je me souviens de la formule que je lance dans le public : « Quand on fait des trous dans une casserole, cela s'appelle une passoire. » Il ne faut pas, il est dangereux que l'Europe immole son enveloppe charnelle. On me traite comme un agent contaminant, sanitairement dangereux. Lors de la signature des Accords de Schengen, Pierre Joxe est le seul homme politique qui se lève, il grommelle : « Avec Schengen, on met la frontière de la France au Pirée. » Bien vu !

Le désastre de Schengen est le prix à payer pour trois erreurs. La première erreur, c'est le *dessein d'une Europe post-identitaire.* Le projet, c'était d'abolir les nations sans chercher à en construire une nouvelle. Au Conseil de Laeken, les chefs d'État proclament à l'unisson : « La seule frontière de l'Europe, c'est la démocratie et les droits de l'homme. » C'est une vision idéologique, hors du Réel. L'émergence de l'individu global, défini par les seuls droits de l'homme.

La deuxième erreur, c'est le *dessein d'une Europe post-historique.* Tout à coup, on croit au bien-être cosmique et à l'illimitation marchande. « C'est la fin des conflits, des guerres, des idées, des religions. » On écoute, on recopie, on célèbre l'étoile du moment, l'historien Fukuyama, qui annonce la parousie par le commerce. Les citoyens vont se muer en consommateurs pacifiques. C'est le culte du *divin marché* : nous allons vers un marché planétaire de masse, un monde unifié, la fraternité universelle...

Védrine, avec une ironie mordante, laisse parler son talent : « C'est une erreur de croire que la démocratie de marché a vocation à unifier le monde et à dissoudre les identités récalcitrantes comme de vulgaires calculs rénaux. »

La troisième erreur, c'est le *dessein d'une Europe post-territoriale.* L'échange va emporter les barrières. L'Europe ne sera plus un *corps physique* mais un *corpus juridique.*

Le bilan de Schengen est calamiteux : nous dépendons des frontières extérieures de « l'Espace sans frontières ». Elles ne sont pas contrôlées : notre frontière n'est plus chez nous, elle est aux îles Canaries, à Lampedusa.

L'invasion d'Afghans en prépare bien d'autres. Nous allons disparaître. La frontière n'est plus à sa place, elle est partout. Abattez les frontières, et vous verrez surgir mille petites forteresses : le digicode, les portiques, bientôt la reconnaissance faciale. On abolit les frontières et, dans le même temps, on nous invente des frontières de substitution : c'est la fin de la liberté. La frontière n'a pas disparu, elle s'est déplacée.

Et puis Schengen a produit le narco-État. L'espace Schengen est devenu le premier marché mondial du narcotrafic. La drogue est débarquée sur les ports d'Anvers, de Rotterdam, dans des pays qui autorisent le cannabis. Une économie parallèle est en train de nous gangréner, de nous mexicaniser.

Et voici qu'on nous parle maintenant des quartiers souverains. C'est la souveraineté en miettes. Darmanin, au Sénat, a déclaré, le 10 avril 2024 : « À Marseille, les Nigérians se sont spécialisés dans la cocaïne. Les Albanais, dans l'Est, sont dans l'héroïne. Les Sénégalais, à Paris, dans le crack. » À chacun son bout de France, à chacun sa poudre.

Dans son dernier rapport annuel, l'Office français antidrogue pointe le *« pouvoir social »* des tenants de l'économie parallèle, qui se posent quasiment en concurrents de la puissance publique.

Selon un haut-responsable de la Direction nationale de la police judiciaire, « il faut y voir une marche de plus vers l'objectif d'appropriation d'un territoire[1] ». Les habitants de certains quartiers ont reçu cet été, dans leur boîte à lettres, un courrier émanant des trafiquants, leur proposant « divers services – fournitures scolaires – courses – bricolage en contrepartie des désagréments occasionnés ».

Les politiciens qui ont fait Schengen ont du sang sur les mains parce qu'ils savaient. Ils savaient que Schengen ne pouvait pas fonctionner. Le renseignement multilatéral n'existe pas. Seul le renseignement bilatéral est humainement praticable et efficace.

1. Jean-Marc Leclerc, « Château gonflable pour les enfants, barbecue, atelier peinture… Quand les narcotrafiquants achètent la paix dans les cités », *Le Figaro*, 21 août 2025.

On continue à accorder chaque année 500 000 titres de séjour. C'est une ville de Toulouse qui rentre chaque année en France. Nos politiciens agissent à la marge, avec des mesurettes, gonflées à l'hélium. Selon une note de l'Observatoire de l'immigration et de la démographie, « la réalité actuelle de l'immigration, *hic et nunc*, n'est pas l'origine des difficultés structurelles que connaît notre économie, mais *elle les aggrave toutes*[1]. »

Pour qu'il y ait une politique migratoire digne de ce nom, il faut faire sauter quatre verrous : le premier verrou, c'est donc le verrou du fameux *« espace sans frontières »*. Personne n'ose s'attaquer à cette question. On est sur un sujet interdit, *« l'absence de frontière »* est un territoire sacré du progressisme ambiant. Un pays qui a perdu ses conteurs et ses contours n'existe plus. N'oublions pas les fortifications de Vauban. On entre en France comme dans un moulin, sauf qu'on ne vient pas y *déposer* la farine mais la *prélever* dans le dos du meunier, forcé de s'ouvrir à tous les vents et à tous ceux dont on sait qu'ils nous roulent dans la farine.

Le deuxième verrou, c'est le *rétablissement de la supériorité du droit européen sur le droit national.* Aujourd'hui, la loi française est juridiquement inférieure à n'importe quel règlement des commissaires européens. Toute la politique migratoire est conçue, définie, appliquée depuis Bruxelles.

Troisième verrou : il faut retrouver la capacité de *faire la loi en France.* Il n'y a rien de consistant, depuis de nombreux mois, dans l'agenda parlementaire. Rien sur le rétablissement du délit de séjour irrégulier, rien sur la restriction du regroupement familial, rien sur le conditionnement de

1. Jean-Eudes Lamoine et Paul Sugy, « Comment l'immigration coûte 3,4 % de PIB par an à la France », *Le Figaro,* 23 juin 2025.

l'accès des étrangers aux aides sociales à une période minimale de résidence régulière. Le flux, le flot continuent.

Enfin, le quatrième verrou à faire sauter, c'est celui des *pompes aspirantes* qu'il faut couper d'urgence. Les gouvernements Macron n'ont rien fait : le budget de l'AME a été maintenu intact, les subventions aux associations pro-migrants se montent au même chiffre, d'année en année : un milliard d'euros. Là encore, on est sur le territoire de l'intouchable.

Le pire de tout, c'est la loi « asile-immigration » votée en 2024, qui prévoit que, pour « les métiers en tension », on peut régulariser des clandestins. Cette liste vient de s'étendre aux ingénieurs informatiques, aux aides à domicile, aux maçons, etc. Les esquisses statistiques à venir sont angoissantes : selon le président de l'Union des métiers et des industries de l'hôtellerie, 200 000 emplois sont à pourvoir dans ce secteur. Peu à peu, notre système économique s'organise autour de l'importation continue de main-d'œuvre étrangère sous-payée.

L'*ubérisation migrationniste* se développe à partir d'une conjonction étonnante mais efficace : avec la *gauche urbaine*, qui sollicite les scooters, les sushis livrés à l'étage, qui veut mondialiser le marché du travail et détruire les États-nations. Et puis, avec le *capitalisme sans entrailles* qui organise la pression sur les salaires pour faire baisser le coût du travail. Or l'Observatoire de l'Immigration et de la Démographie est formel : « Encourager l'immigration pour éviter la pénurie dans certains *secteurs en tension* revient à sacrifier la croissance de nos secteurs stratégiques au profit de quelques intérêts corporatistes seulement. »

En réalité, on sait très bien que notre économie n'a pas besoin de plus d'immigration. Il y a des réservoirs de main-d'œuvre : il faut remettre les chômeurs au travail. Il faut reconvertir les compétences libérées par l'Intelligence artificielle : il y aura, d'ici 2030, neuf millions de personnes disponibles à reconvertir vers les métiers en tension. Enfin, il faut moderniser l'État hypertrophié, en réallouant une partie des agents publics vers le secteur privé.

Notre pays est en danger. En danger de disparition. Avec un changement de peuplement qui s'accélère. C'est Bruxelles qui commande, c'est Paris qui applique, et c'est la classe politique qui laisse faire. Nous sommes devant un crime. Qui s'appelle justement le populicide. Un crime d'inadvertance. Vous me direz : « Votre expression est un oxymore. L'inadvertance est une étourderie, pas un crime. » Eh bien je vous réponds ceci : il arrive que l'inadvertance soit criminelle quand la faute est commise par celui à qui on a remis les clés de l'immeuble. C'est la réflexion fameuse de Richelieu : « Ceux qui se *sauveraient* comme personnes privées, qui se *damnent* parfois comme personnes publiques. » L'ouverture est une vertu privée mais un vice public. Abattre les frontières, quand on est en charge de la sécurité d'un pays, c'est un crime d'imprévoyance, qui porte tous les drames.

Le crime impardonnable, c'est le moment choisi, la synchronisation explosive : on a ouvert les vannes au moment où se déversait le torrent. En d'autres termes, on a ouvert toutes grandes les portes, alors qu'on voyait venir un nouveau phénomène : la surpression démographique de l'Afrique. C'est plus qu'une faute de gouvernement, un crime de non-assistance à peuple en danger.

Tous les politiciens qui ont fait Schengen, qui l'ont appliqué, auraient dû ou devraient quitter la scène. D'où vient donc cette absolution systématique des fautes contre le peuple, contre la nation, contre le bon sens, contre la vie ? Car c'est le peuple français – le petit peuple – qui ne peut plus vivre en paix, qui appelle au secours et qui n'est pas entendu. On le manipule, on lui ment. On l'expose chaque jour davantage à son propre *sacrifice.*

Si je suis redescendu dans l'arène, c'est parce que je sens venir le califat

La force d'expansion de l'islam ne repose pas seulement sur la contrainte, mais aussi sur une extraordinaire puissance de séduction : là où les identités sont percluses de doutes, l'islam offre la promesse d'une appartenance collective forte et protectrice. Comme l'écrit Nietzsche dans l'*Antéchrist*, « si l'Islam méprise le christianisme, il a mille fois raison : l'Islam suppose des hommes pleinement virils ». Mahomet incarne la figure d'un père viril, d'un chef incontesté de la grande famille de l'*oumma*, qui propose à chacun non seulement la sécurité et l'honneur, mais aussi le récit épique d'une vengeance contre l'humiliation et d'une revanche sur l'histoire. Cette capacité à fédérer, à offrir un sens de la destinée et une mémoire commune, explique pourquoi tant de peuples, confrontés à la crise ou à l'effondrement de leurs repères, ont choisi de s'agréger à l'islam, parfois avec ferveur, souvent au prix de l'oubli de leurs propres racines.

L'islamisation de la France s'étend au rythme inexorable de la marée qui monte au Mont-Saint-Michel. Chaque semaine, l'avancée du djihadisme d'atmosphère profite du recul de la caste élitaire. Je repense souvent à cette phrase de Nicolás Gómez Dávila : « L'habileté de l'homme d'État post-moderne consiste à *s'approcher le plus lentement possible de la catastrophe.* »

Dans leurs échanges privés, déjà, beaucoup d'hommes politiques parlent à voix basse de l'idée d'un nouvel *« édit de Nantes »* : on laissera des *« places fortes »* – des quartiers souverains – où, au nom du rétablissement de la paix civile, on pourra légalement pratiquer la charia. Et puis, plus tard, à la faveur du nombre qui produit le plus grand nombre, les places fortes feront leur jonction.

Et la France deviendra un califat.

Si je suis redescendu dans l'arène – en abandonnant mon rêve d'installer des ruches d'abeilles et de faire enfin mon propre miel –, c'est à cause de cela. Je sens venir le califat. Et d'ailleurs pour toute l'Europe, complètement affaissée. La Belgique a déjà basculé. L'Italie est démographiquement condamnée. C'est la France qui a la plus forte proportion de musulmans sur son sol. Et c'est la France des élites qui accélère l'islamisation du pays, par haine des chrétientés originelles et de la tradition française.

La classe dirigeante semble pétrifiée, paralysée. Par la peur et la lâcheté. La peur, on la retrouve partout. C'est d'abord la peur physique : regardez comme les hommes politiques chantournent leurs discours d'accommodement préventif. Ensuite, c'est la peur des tribunaux : les Cours suprêmes ont développé un arsenal juridictionnel qui interdit toute critique de l'islam. Et puis, il y a la lâcheté ambiante, la lâcheté des décideurs, la lâcheté des meneurs d'opinion. On n'ose pas nommer la menace islamiste. On n'ose toujours pas parler de *« l'islamisation de la France »*. Dans le même temps – quel contraste ! –, on ne craint pas de parodier, lors de la cérémonie d'ouverture des Jeux olympiques, *la Cène*, le tableau fondateur de la religion catholique qui a fait naître la France au baptistère de Reims. L'islamophobie est un délit, la christianophobie est un exercice ludique.

Nous perdons, au fil du temps, toutes les batailles symboliques. Si on prend une *semaine-type*, on peut décompter un grignotage emblématique par jour, une reculade par demi-journée pour nos élites, fascinées par l'exotisme de leur propre disparition. Prenons l'exemple du voile islamique. Il coiffe les niais du forum. Nos ministres se contredisent avec gourmandise sur le point de savoir si le voile est un marqueur de la soumission féminine ainsi qu'un étendard de la conquête ou seulement un atour, relevant de la coutume des sables chauds. Le débat s'enlise. Au même moment, se déroule l'offensive spectaculaire de la marque *Merrachi* avec, en vitrine, des robes musulmanes amples, adaptées aux injonctions de la pudeur islamique, et une vidéo publicitaire découvrant l'allégorie de la tour Eiffel voilée et rhabillée. Cet exhibitionnisme renversé célèbre la retenue islamique qui toise la vulgarité occidentale.

Face à ces opérations-test, nous battons en retraite. Le gouvernement cède, il cède le terrain. On n'interdira le voile que dans les compétitions, mais pas à l'entraînement. On nous a vanté, en son temps, les *« mérites du Sport »* comme vecteur d'intégration au service du Vivre Ensemble. Et on feint d'ignorer aujourd'hui qu'il est devenu un vecteur de communautarisme et de séparatisme.

Pendant ce temps, la justice travaille à la désintégration. Le tribunal administratif de Lyon a annulé la célébration à Privas, pour les gendarmes, de la Sainte-Geneviève. Il s'agit là d'une fête patronale, populaire, ancestrale. Bientôt la jurisprudence s'en prendra à la Sainte-Barbe pour les pompiers, puis la Saint-Georges pour la cavalerie. Et tout cela au nom du sacro-saint principe de *laïcité*.

Pendant que les gendarmes sont privés de messe, les *« dhimmis à portefeuille »* ont accouru dans les mosquées pour participer à la cérémonie religieuse de la *rupture du jeûne* : le Premier ministre est allé chez les Mahorais, à Pau, et le ministre des Affaires étrangères a choisi la Grande Mosquée de Paris pour la soirée algérienne de l'Iftar. La laïcité n'est plus invoquée que dans les derniers isolats où se blottit le catholicisme résiduel.

Et c'est une digue de sable face à la marée montante. En effet, on a fait entrer, en France, une religion, avec des millions de croyants. Et ensuite, on a dit à ces croyants : « Il va falloir amputer votre religion de ce qui ne convient pas au laïcisme d'État, à l'athéisme d'État, qui a déjà servi à éradiquer le christianisme. » Or la religion est une manière d'habiter le monde qui forme une totalité organique et propose des règles de vie ancestrales. La société islamique, irréductible à nos catégories mentales, est établie sur trois principes fondamentaux, qui ne sont pas solubles dans les fameuses « valeurs de la République ».

D'abord, il y a le *djihad*, qui invite le croyant à faire du bout de France où il vit une terre d'islam. « Le paradis est à l'ombre des épées » a recommandé le Prophète. Ensuite, il y a la *charia*. Un droit *révélé*, immuable. La loi islamique est supérieure à la loi républicaine. Face à Allah, la République ne fait pas le poids ! Enfin, il y a l'*oumma*, qui représente la communauté universelle des croyants. C'est l'allégeance des allégeances. Il n'y a pas de loi supérieure à cette appartenance irrévocable. Je me souviens d'un mot du roi Hassan II, à Rabat, qui m'avait mis en garde, en juin 1992, en son palais : « Je vous décourage, en ce qui concerne les miens, de procéder à un détournement de nationalité, car ils ne seront jamais à 100 % français. »

La ligne de conquête est devant nous. Quand on médite la grande histoire des vagues de la poussée islamique en Espagne ou dans l'Europe orientale et qu'on lit attentivement le Coran et la Sunna, la question est de savoir combien de temps nous allons tenir. Mon ami Boualem Sansal m'a un jour repris : « Il n'y aura pas de choc de civilisations car la vôtre va se coucher. »

Pour le monde islamique, la bipartition du monde est temporaire : « Nous avons vocation à passer du domaine où nous sommes aujourd'hui, le *dar-al-harb*, le domaine de la guerre, au domaine où nous serons demain, le *dar-al-islam*, la demeure de l'islam. » L'islam radical entend effacer toute trace des deux monothéismes qui l'ont précédé.

Le fruit est mûr, prêt à tomber. Nous sommes devant un triple chassé-croisé : haute pression *économique* au Nord, basse pression au Sud, haute pression *démographique* au Sud, basse pression au Nord. Haute pression *spirituelle* au Sud, basse pression au Nord.

Il y a, face à face, des regards brûlants et des yeux vides. Notre classe dirigeante est consentante, incapable d'appeler les choses par leur nom, de désigner la « conquête ».

Il faudrait, d'urgence, retrouver les deux qualités constitutives des peuples libres, et qui nous manquent : la poigne et la fierté. La poigne pour stopper l'invasion, la fierté pour sortir de la honte. La question est simple, elle est double : voulons-nous encore nous défendre ? Avons-nous encore quelque chose à défendre ?

En cinquante ans, que s'est-il passé ? La classe politique a voulu changer la société : on a fait une *société multiculturelle*, sur le modèle libanais. Ce fut la première étape. On va bientôt passer au cran d'après, la *société charia-compatible*, avec les Frères musulmans au pouvoir. Ce sera la deuxième étape.

Enfin viendra la troisième étape : on aura la *société des milices*, à l'initiative des Insoumis qui ont appelé récemment à la *« formation de brigades d'autodéfense populaire »*. Ce sont là des polices parallèles, des organisations paramilitaires. C'est la préfiguration de ce que furent les *Corps francs* de la République de Weimar, qui ont permis aux nationaux-socialistes d'intimider la société allemande et de conquérir le pouvoir.

Nos élites ont le repentir jubilatoire. Nous sommes en train de devenir une nation en damier. Quand vous mettez côte à côte des gens qui n'entretiennent pas la même mémoire, qui ne pratiquent pas le même art de vivre, qui n'ont pas été élevés dans la même langue, vous établissez les conditions d'une société de la méfiance et vous organisez le passage du *côte à côte* au *face-à-face*. Parce que vous avez alors, sur le même territoire, deux manières *d'habiter le monde*. On nous parle à tout bout de champ de la laïcité, qui serait une protection. C'est une digue de papier.

Quelle laïcité prôner ? Pas celle de la table rase, qui méprise nos affections et nos héritages. Mais une laïcité amoureuse, qui se nourrit de la mémoire vivante d'un vieux peuple. Chateaubriand avait tout dit : « Celui qui renie le Dieu de son pays est presque toujours un homme sans respect pour la mémoire de ses pères ; les tombeaux sont sans intérêt pour lui ; les institutions de ses aïeux ne lui semblent que des coutumes barbares ; il n'a aucun plaisir à se rappeler la sagesse et les goûts de sa mère. »

L'épiphanie de Mélenchon

C'est le grand dévoilement. La révélation sur la fin des temps, selon l'épître de Jean-Luc. Le *« Grand Remplacement »* ne relève plus d'« une théorie conspirationniste de l'extrême droite ». Il est passé à l'extrême gauche, chez Mélenchon qui s'est égosillé à Toulouse, il y a quelques mois : « Oui, monsieur Zemmour ! Il y a un *Grand Remplacement,* oui, monsieur Bayrou ! » Tel le voleur chinois, il s'en est emparé et entend l'assurer de ses assiduités. Il le définit comme le changement de composition d'une population. Autrement dit le remplacement d'une communauté humaine par une autre, d'une civilisation par une autre, quand le peuple historique devient minoritaire.

Récemment, il a poussé le cochonnet un peu plus loin : « Nous sommes un pays de petits vieux. [...] Remettre les clés de la maison à la jeunesse, partout où on peut [...], c'est bon c'est positif. » Autrement dit, « remettre les clés de la France » à d'autres, pour avoir une France africaine, pour expulser un peuple bimillénaire. C'est cette transfusion de sang neuf que Mélenchon appelle la *« créolisation »*. Son *« Grand Remplacement »* à lui, c'est la France créolisée par le mélangisme invasif. C'est une France qui veut changer *de* France : on garde l'Hexagone, la toponymie, le territoire, mais on le créolise, pour y faire surgir un peuple neuf qui débarque et installe ses pénates, avec sa manière nouvelle d'habiter le monde ainsi transplanté. Et même avec sa langue à lui : « Le français n'appartient plus aux Français. Il faut rebaptiser la langue française en langue créole. »

On tente ainsi de faire vivre ensemble, dans une parenté oxymorique, l'islamisme ancestral et le wokisme radical, la femme grillagée et l'homme enceint.

Cette France qui vient, c'est la France de Robespierre en keffieh, une France purifiée, régénérée. Mélenchon plagie Carrier. Mélenchon entend ainsi refaire un peuple, un « peuple-monde », selon sa propre expression. Ce n'est plus un *mémoricide* que préconise le nouveau Gracchus Babeuf, c'est le cran d'après, un *populicide*. Il entend également reconquérir les campagnes, refaire ainsi l'union de la France des quartiers et de celle des clochers – pardon Jean-Luc, je veux dire « des minarets ».

Son ami François Ruffin a dénoncé, dans un livre récent, « le racialisme de la France insoumise[1] ». Il a rappelé dans un entretien au *Nouvel Obs* les confidences de Jean-Luc Mélenchon sur les électeurs d'Hénin-Beaumont : « Ils transpirent l'alcool dès le matin », « ils sentent mauvais », « ils sont presque tous obèses ». Voilà comment Mélenchon parle du peuple, du petit peuple de la France, celle qui n'est à pas ses yeux suffisamment métissée.

La France Insoumise a le temps pour elle. Elle a deux armes à sa disposition : d'abord le chassé-croisé

1. François Ruffin, *Itinéraire. Ma France en entier, pas à moitié*, éditions Les Liens qui libèrent, 2024.

démographique. Mélenchon sait que c'est la démographie qui commande tout. « L'enfantement, c'est le djihad des femmes », dit-on en Algérie. Le différentiel de fécondité prépare la bascule. L'Insoumis dit cela à sa manière : « Lorsque je suis né, un Français sur dix avait un grand-parent étranger. Aujourd'hui, c'est un Français sur quatre : voilà la nouvelle France que nous devons avoir en tête. »

La deuxième arme, moins connue, c'est la création d'un statut de *« déplacé climatique »*, qui viendrait élargir l'acception du « réfugié » telle qu'elle figure dans la Convention de Genève. Il y a 300 millions de candidats au « déplacement climatique ». On imagine les conséquences de la nouvelle Convention ainsi mélenchonisée. En réalité, pour la France Insoumise, l'immigration n'est rien d'autre qu'une arme par destination, pour dissoudre les peuples, les cultures, les héritages. Le gouvernement de Mélenchon ferait de la France quelque chose comme la Corée du Nord + l'Iran, le socialisme prédateur + la Charia. La *totale.*

Pour le gouvernement « Macron », l'*« islamo-gauchisme »* n'existe pas. C'est ce qu'a déclaré le ministre de l'Enseignement supérieur et de la Recherche, Philippe Baptiste, le 7 juillet 2025 : « L'islamo-gauchisme » est une notion qui « n'existe pas ». « Ce terme n'existe pas en tant que terme universitaire. »

C'est Pierre-André Taguieff qui a, le premier, décrit « un ensemble d'alliances stratégiques et idéologiques entre des groupes d'extrême gauche et diverses mouvances islamistes ». Cette convergence intellectuelle et politique entre l'extrême-gauche et le large spectre de l'islam politique s'est épanouie sous l'autorité morale de Michel Foucault qui, à l'aube de la révolution iranienne, a recommandé cette convergence des luttes, avec ce fameux appel : « La première condition pour traiter de la question de l'islam en politique [...] est de ne pas commencer par y mettre de la haine. » De l'absence de haine au flirt douteux, il n'y a qu'un pas.

L'islamo-gauchisme a infiltré l'Université en trois étapes[1] : d'abord en s'arrimant au mouvement altermondialiste. C'est en 1994 que le trotskiste anglais Chris Hermann publie *Le Prophète et le Prolétariat.* La jonction est faite. En 2002, les Étudiants musulmans de France réalisent une percée électorale au CROUS. Après la jonction, la brèche... Puis, c'est le délit d'*islamophobie* qui s'impose comme un concept incapacitant, interdisant toute analyse critique de l'islam politique.

La dernière étape, c'est l'émergence d'un nouvel axe : l'*islamo-wokisme.* L'islamisme militant fusionne alors avec le wokisme universitaire, en brassant les concepts de féminisme intersectionnel, mouvements queers, écologie décoloniale et post-colonialisme.

Toute cette agitation intellectuelle culmine avec le 7 octobre. La politologue Fatima Ouassak tweete, après le pogrom : « L'écologie ne peut être que palestinienne. » Nier l'existence de l'islamo-wokisme, c'est refuser de reconnaître le climat d'intimidation qui menace la liberté académique et fait le jeu de l'entrisme des Frères musulmans.

Jusqu'où ira la dérive intellectuelle de nos élites ? Elles sont restées silencieuses devant l'affiche de la *Marche des Fiertés de Paris 2025*, imaginée par « l'interassociation lesbienne, gay, bi et trans – inter – LGBTQI+ ». Cette illustration

1. Olivier Vial, directeur du CERU, « Non seulement l'islamo-gauchisme existe, mais ses penseurs s'en revendiquent explicitement », *Le Figaro,* 10 juillet 2025.

met en scène un groupe de manifestants colorés, dont une femme porte le voile islamique. On y voit un homme, blanc, assommé, dont la cravate a servi de nœud coulant. L'affiche porte un slogan en forme d'appel : « Contre l'internationale réactionnaire, queers de tous les pays, unissons-nous. »

Heureusement, il y a encore, en France, des universitaires brillants et courageux, qui relèvent le gant. Parmi eux, se distingue un professeur de la Sorbonne, Emmanuelle Hénin, qui vient de publier, avec vingt-six universitaires de haut niveau, un ouvrage clé sur le wokisme[1]. Ce livre est un régal, une gourmandise de l'esprit. Il analyse de manière spectrale ce « mouvement idéologique qui se pare de sa légitimité universitaire et se réclame d'une démarche scientifique alors même qu'il constitue une formidable régression de la rationalité et de l'universalisme ».

J'ai connu, dans ma vie, depuis l'enfance, ce que Jacques Julliard a appelé les *« trois grandes glaciations intellectuelles et politiques »*, qui ont façonné l'esprit public – toutes trois venues de la gauche. Trois crispations totalitaires fécondées par le Progressisme.

La première, c'est le *stalinisme.* Elle revêt une double dimension : une dimension géographique, qui porte sur la lutte à mort entre le monde occidental et le monde soviétique. Et une dimension eschatologique : l'avènement d'un « homme générique », l'« homme nouveau » de la révolution paulinienne inversée. Mon père m'a raconté cette scène extravagante :

– Rends-toi compte, mon petit : lorsque Staline est mort, le 5 mars 1953, toute l'Assemblée nationale s'est levée pour

1. Emmanuelle Hénin, Xavier-Laurent Salvador, Pierre Vermeren, *Face à l'obscurantisme woke,* Paris, PUF, 2025.

une minute de silence. Tout le Paris qui fait l'opinion était stalinien. Il fallait pleurer le « petit père des peuples ».

La deuxième glaciation, c'est le *maoïsme.* Il y a toujours deux Camps : le Camp du Bien et le Camp du Mal. Mais la géographie s'est déplacée. C'est la Chine qui est investie de tous les rêves. Avec une connotation religieuse : la Longue Marche a un but, la Terre de promission.

La troisième glaciation, eh bien, c'est le *wokisme.* Il y a plusieurs différences avec les deux autres glaciations : d'abord l'absence de dimension géographique, l'absence de terre promise. Et il n'y a pas de Grand Soir, pas de parousie. Le monde se divise en deux : les oppresseurs et les opprimés. Le critère distinctif est la race, la couleur de peau, le sexe, l'orientation sexuelle, la religion. L'ennemi, c'est l'Occident. « Il s'est constitué sur un crime : l'esclavagisme, le colonialisme. Il a hérité d'un racisme systémique, le privilège blanc. »

Le wokisme est un obscurantisme. Emmanuelle Hénin dénonce cette régression intellectuelle : « C'est une attitude qui s'oppose à la diffusion du savoir et des connaissances scientifiques. C'est un obscurantisme élitiste, totalitaire, systémique. Avec la sacro-sainte trinité : "Diversité, Égalité, Inclusion". »

Et même si cela peut paraître paradoxal et cocasse, c'est devenu en quelques années la *troisième religion française.* Après le catholicisme et l'islam, voici la piété wokiste. Selon le professeur André Perrin, le wokisme entretient avec la religion un rapport à la fois *généalogique* et *analogique. Généalogique* ? Il vient de la religion protestante. Il est concomitant de l'effondrement des Églises protestantes américaines. Les post-protestants croient toujours au péché originel mais transmué en « racisme systémique ». Comme le dit Olivier Moos : « La rédemption des péchés du monde ne se réalise plus à travers le sacrifice christique, mais par celui du bouc émissaire, à savoir la figure de l'homme blanc hétérosexuel, symbole qui réunit les trois fautes à la racine des injustices sexuelles, raciales et de genre : la *masculinité*, la *blanchité*, l'*hétéronormativité.* »

Un rapport *analogique* ? Le mouvement woke a en commun avec les religions de fournir une explication globale du monde.

C'est une nouvelle religion qui cultive un irrationalisme et une hostilité à la science, propres à séduire l'ignorance crasse du crétin global, sorti tout neuf de l'école post-historique, postnationale.

Pour les *woke*, la logique est fasciste, les mathématiques sont racistes, la biologie est viriliste et patriarcale. La science occidentale est colonialiste, d'où il résulte, ajoute André Perrin, que la science doit être décolonisée.

On trouve une illustration de ces nouvelles croyances dans l'emblématique déclaration de Sandrine Rousseau : « Le monde crève de trop de rationalité, de décisions prises par des ingénieurs. Je préfère des femmes qui jettent des sorts plutôt que des hommes qui construisent des EPR[1]. » Cette dame préfère la magie noire de l'Afrique à la science occidentale.

Il y a même, chez les *woke*, certains gestes rituels qui sont empruntés à la religion : on *s'agenouille* devant les racisés, comme Christophe Castaner, le 3 juin 2020. On se livre à des *confessions* publiques. Le 6 juin 2020, en Caroline du Nord, trois Blancs ont lavé les pieds de deux pasteurs noirs, au cours d'une cérémonie d'expiation. Enfin la *cancel culture*

1. *Charlie Hebdo*, le 25 août 2021.

rappelle l'enquête inquisitoriale. Quand on lit certains journaux, dits catholiques, on est pris de vertige. Je me souviens, en juillet 2016, quelques jours après l'assassinat du père Hamel, égorgé par un terroriste pendant qu'il célébrait la messe, d'une déclaration de feu le pape François : « Je n'aime pas parler de violence islamique parce qu'à chaque fois que j'ouvre les journaux, je vois la violence en Italie : l'un tue sa petite amie, l'autre tue sa belle-mère. Tous ont été baptisés dans la foi catholique. Si je parle de violence islamique, alors je dois parler de *violence catholique.* »

Où s'arrêtera la contagion du wokisme ? Aujourd'hui, nous sommes pris en tenaille entre le wokistan qui nous désocialise et l'islamistan qui nous resocialise. La déculturation ouvre la voie à la nouvelle acculturation. Changement de *peuple*, changement de *culture*, changement de *monde*. Et, pourquoi pas changement d'*homme ?*

« Un nouveau président habité par une conception sacrificielle de sa fonction ? »

En quelques semaines, le catéchumène élyséen est passé de Notre-Dame à la Grande Loge de France, troquant la Trinité contre le Triangle et la Tunique d'Argenteuil contre le Tablier laïque.

Il a confié aux *Frères* sa communion de pensée avec la franc-maçonnerie. Rejetant l'idée d'inscrire dans la Constitution toute référence chrétienne, il a osé une formule cocasse : *« La France est la fille naturelle de la République »*. On imagine une GPA républicaine pour donner naissance, hors mariage, à une bâtarde, de semence inconnue, sans filiation : *« la France, Fille Aînée de l'Instant »*. La feuille blanche… encore la feuille banche.

L'orateur a ensuite dénoncé « l'obscurantisme ». En feignant de ne pas savoir que l'obscurantisme véritable se love – se loge – dans le clair-obscur, là où fermentent les plans secrets visant à saper les fondations de la société. C'est dans ces temples assermentés du Murmure et du Complot que tout se concocte : depuis l'avortement constitutionnel jusqu'à la loi sur l'euthanasie qui est une insurrection contre la fraternité la plus élémentaire. L'Histoire retiendra l'hommage présidentiel rendu à ceux qui ont imaginé une rupture anthropologique inouïe, en faisant même semblant d'ignorer que la vie humaine en société s'est construite sur l'interdit absolu de tuer l'autre.

Pour quelle raison, depuis deux siècles au moins, ces législateurs de l'ombre se cachent-ils ? Pourquoi cette contre-Église occulte ? Je pense souvent au mot de saint Matthieu : « On n'allume pas une lampe pour la mettre sous le boisseau… On la met sur le lampadaire. Et elle brille pour tous ceux qui sont dans la maison. » C'est sur la foi de leur *conspirationnisme* que les francs-maçons voient partout des *complotistes.*

Emmanuel Macron a prétendu que la loi de 1905 était une loi de concorde. La vérité historique oblige à citer les hommes-clés de la séparation de l'Église et de l'État. Jaurès en a appelé à « l'émancipation intellectuelle de la République » pour briser l'ancienne harmonie. Avec une éloquence fiévreuse, il a salué le forfait : « Vous avez interrompu la vieille chanson qui berçait la misère humaine… et la misère humaine s'est réveillée avec des cris. » La vieille chanson, c'est la chrétienté chantante. Les cris, ce sont les râles des orphelins de la Transcendance. Le 8 novembre 1906, Viviani s'enflamme à son tour devant ses camarades congressistes : « Nous nous sommes attachés à une œuvre […] d'irréligion. Nous avons arraché les consciences à la croyance. Lorsqu'un misérable, fatigué du poids du jour, ployait les genoux, nous lui avons dit que, derrière les nuages, il n'y avait que des chimères. Ensemble […] nous avons éteint dans le ciel des étoiles qu'on ne rallumera plus. »

Emmanuel Macron touche à tout. Et il détruit tout ce qu'il touche. Il aura abîmé l'État, abîmé la Nation, abîmé la Société.

Le président n'est pas dans sa fonction. Il est dans sa bulle, sa bulle *sémantique*. Lors du sommet mondial de Nice sur les océans, laissant échapper une phrase révélatrice, enrichie d'un anglicisme édifiant, il s'en est pris à ceux qui « préfèrent *brainwasher* sur l'invasion et les faits divers ».

« *Brainwasher* », en français, cela signifie laver le cerveau. Le mot n'est pas anodin. Le président « parle *global* ». Il truffe ses expressions de quelques références à la sphère *globish*, attestant ainsi qu'il vient lui-même du milieu des *Quadra business analysts*. Il est dans sa bulle, c'est-à-dire dans son monde. Il n'est pas du même monde. Il est d'un autre monde. Il est du nouveau monde. Il a fait ses classes à Davos, auprès des *global shapers* – les façonneurs mondiaux –, qui lui ont appris les bienfaits du progressisme et du mondialisme. Distingué très tôt par le temple du capitalisme sans entrailles, il demeure un *« young global leader »* à passeport français. Pour lui, la *start-up France* est une expérience océanique de *happy management*. Il préfère Manhattan à Rocamadour et Bruxelles à Brive-la-Gaillarde. Il aspire à la parousie des *« océans sans plastique »*. C'est son grand dessein.

Cette bulle *sémantique* est aussi une bulle *sociologique*, celle de sa communauté d'appartenance, qui jette son bilinguisme méprisant à la face des Bodin's, occupés à jardiner leur carré de poireaux. Il parle, il pense comme l'hyperclasse mondialisée, dont la préoccupation n'est pas la fin du mois mais la fin du monde. Elle est climatophile et vomit les frontières.

Un des amis d'Emmanuel me confiait récemment : « Que voulez-vous ? Il est *disruptif* ! » Il est le président qui veut *disrupter* la France. Il porte le souci des hauts-fonds plutôt que des bas-fonds, où croupissent les petits Blancs – les *gwers.* Il juge plus urgent de protéger la « ressource halieutique » que les pêcheurs cloués au port ou les Français de souche. À Nice, l'inquiétude ne portait pas sur les Français. Elle s'est exprimée ainsi : « Le monde va-t-il manquer de maquereaux et de requins ? »

Sa bulle sémantique et sociologique est aussi une bulle *idéologique* : en pointant du doigt ceux qui préfèrent *« brainwasher »* sur l'invasion du pays et les faits divers, il a renversé la hiérarchie des urgences, oubliant qu'il n'a pas été élu pour sauver les poissons et nettoyer les océans, mais pour sauver la France et nettoyer les quartiers.

Cette hiérarchie inversée correspond très exactement au discours de l'extrême-gauche. La *post-France* pense comme l'*anti-France.* L'ubérisation et la créolisation de la France sont les deux faces de la même médaille. Elles ont remplacé « les deux mamelles de la France » de Sully. Les deux mouvances sont d'avis que la question du climat impose la décroissance, avec le fameux « Pacte vert ». Les deux allèguent que les questions migratoire et sécuritaire sont fantasmatiques. Emmanuel Macron fait la morale aux Français. Il leur explique qu'ils pensent de travers, que leurs priorités ne sont pas les bonnes. Déconnecté du quotidien, il ne voit pas la nappe de sang qui avance, les hordes qui se déplacent. Il n'entend pas le cri de détresse qui monte. Il ne devine pas le long cortège des ombres suppliantes. « Nous sommes comme des exilés, chez nous ! » Pas de réponse. Le Président est ailleurs. Et il se laisse aller à prononcer des paroles blessantes pour les familles en deuil, la mère d'Élias, le père de Benoît et les autres. Il ne trouve plus les mots, il ne panse plus les plaies, il n'est plus capable d'essuyer les pleurs. Il fait préparer les lits d'hôpitaux pour la guerre à venir, qu'il appelle de ses vœux. Il n'est plus à sa place. Il a perdu l'obéissance d'assentiment. Il souffre de l'*odium plebis*, la haine du peuple.

Après la souveraineté *nationale*, qu'il a méprisée, après la souveraineté *européenne*, qu'il a fantasmée, le voici qui s'est épris d'une troisième sorte de souveraineté, la souveraineté *océane*. Sa fascination secrète pour le pays fictif de George Orwell a trouvé là un nouveau pays, *Oceania*. Ainsi aura-t-il voulu donner à ses rêves du Grand Large un espace d'expression à la mesure de son intelligence du monde entier.

L'idée des fortunes de mer ne l'effleure pas. Il ne voit pas que, même sur les eaux calmes d'*Oceania*, le bâtiment s'abîme. Comment ne pas avoir des sueurs froides en pensant à ce moment où on ne pourra plus rien faire ? On regardera, impuissants, la coque pantelante, au bruit rauque, qui se défait, qui vomit par les écoutilles ses entrailles arrachées, sa bave d'agonie. Le naufrage n'est plus très loin.

La mer est grosse. Elle est verte. Elle écume. Le pays sombre, la carène ne tient plus que par l'inertie. Il faudrait virer de bord, on n'en a plus la force.

Le « Mozart de la finance » joue du pipeau sur le pont du vaisseau. Il joue des airs ukrainiens. Les politiciens du bord s'adonnent à leur partie de cartes, attablés sur le gaillard arrière : la gauche, à bâbord, joue à la belote. La droite, à tribord, joue au bridge. L'insouciance est à la barre.

D'une mer à l'autre, d'une lune à l'autre, on change de capitaine. À chaque fois, on le dit frotté de sel, assez sage pour tenir dans les roulis de l'automne. Entouré d'un nouvel équipage, réputé assez habile pour aveugler les voies d'eau avec de l'étoupe et de la toile goudronnée. On devra se faufiler entre les récifs et les crocs qui affleurent. Il va falloir tenir le cap. Le problème, c'est qu'il n'y a pas de cap. Chaque hunier a le sien. La voie est étroite. On entend les vigies qui murmurent le dicton breton des naufragés :

« Qui voit Molène voit sa peine.
Qui voit Ouessant voit son sang. »

Ce n'est pas très rassurant. On est mal embarqués. On nous promet le sauvetage, on pense tous au naufrage. Avec chaque nouvel équipage, c'est toujours le retour de la marine à l'ancienne. Chaque gouvernement a été composé pour la godille, sous l'égide des boutiques partisanes et non pas sous le signe des urgences vitales.

Cette alchimie interpartisane rappelle ce que fut la IVe République avec l'UDSR et ce qu'on nommait la « tyrannie des partis charnières ». Cette petite formation qui faisait et défaisait les ministères suscita les quolibets du général de Gaulle : « Regardez leur petite cuisine. Chacun va faire chauffer sa petite soupe, sur son petit feu, dans sa petite marmite. »

La France traverse une épreuve majeure qui met en jeu son existence même. Nous cumulons toutes les crises : une crise *parlementaire* : nous sommes entre les mains d'une partitocratie. Une crise *institutionnelle* : le système dyarchique est bloqué. Une crise *financière* : nous sommes lestés de plomb et d'impôts. Une crise *nationale* : nous n'avons plus la même définition de la nation entre les trois France – la post-France mondialisée de Macron, le peuple-monde de Mélenchon et la France des ferveurs résiduelles. Enfin, nous vivons une crise *sociétale* : il n'y a plus d'accord sur les repères essentiels de la vie commune. Nous n'avons plus la même définition des murs porteurs. Le sociétal défait le social.

Cette épreuve de gros temps, elle porte un nom : c'est une « crise de régime ».

Un souvenir de l'année de mon bac me revient souvent en mémoire. J'ai vu, de mes yeux vu, la tectonique des plaques se déplacer dans la seule journée du 29 mai 1968 : les radios venaient d'annoncer que l'Élysée était vide. De Gaulle avait disparu. Il avait atterri à Baden-Baden. Le pouvoir était à la rue. Ce fut un spasme, mais un spasme dont on ne s'est jamais relevé. Je revois mon professeur de français s'effondrer en larmes : « Philippe, écoute-moi bien… La faille qui s'ouvre sous nos pas, c'est la fin de l'*Autorité.* »

Il avait vu juste. On ne s'en est jamais remis. Les dépaveurs sont devenus les boomers. Le maoïsme était la maladie de jeunesse de leur socialisme militant. Le wokisme est devenu la maladie sénile de leur embourgeoisement terminal. La Ve République ressemble de plus en plus au « Bateau ivre » de la IVe finissante. On y retrouve tous les signes cliniques de l'agonie : la faiblesse des gouvernements, l'instabilité, les équilibres éphémères, l'appel à la proportionnelle, le poujadisme latent, l'impuissance verbeuse… Macron, c'est René Coty sans les chrysanthèmes. La IVe a été incapable d'affronter le problème de l'Algérie. La Ve s'avère incapable de faire face à la submersion migratoire.

Le prochain chef de l'État sera un marin de gros temps. Il devra choisir entre le *cabotage* et la *haute mer.* Le *cabotage* consiste à prolonger les problèmes pour n'avoir pas à les résoudre. La haute mer – les quarantièmes rugissants et cinquantièmes hurlants – cela veut dire : mettre le cap sur le relèvement du bâtiment, dont les œuvres vives sont passées sous la ligne de flottaison.

Il faudra au nouveau chef de l'État deux qualités rares. D'abord, la lucidité, car les manettes ne répondent plus. L'État a perdu le contrôle de ses frontières, de ses lois, de ses finances : on nous annonce même une « crise de liquidités », nous sommes dans la main de prêteurs étrangers.

Mais il faudra aussi un courage à toute épreuve pour escalader les murs d'eau. Pour affronter les trois féodalités – les trois états confédérés qui ont dérobé la *Potestas* et l'*Auctoritas*.

La première féodalité, c'est le super-État profond européen, l'Empire de la Norme, que l'ancien commissaire Barroso avait appelé « l'Empire non impérial ». Il faudra reprendre la *Potestas*, abroger le Pacte Asile-Immigration, renverser l'ordre juridique en instaurant la supériorité du droit national sur le droit européen. Il faudra partir. Le président qui osera ainsi défier la nomenklatura bruxelloise sera mis au piquet par la Commission européenne. Premier ban d'infâmie.

Il conviendra ensuite de retirer l'*Auctoritas* aux *cinq Cours suprêmes* et de renverser la jurisprudence, aujourd'hui établie sur une double préférence : la préférence de l'étranger sur le national et la préférence pour le coupable sur la victime. Deuxième ban d'infâmie.

Enfin, il faudra contredire les *élites mondialisées*, qui rêvent du paradis diversitaire, pratiquent le nouvel esclavage des « métiers sous tension » et diffusent, chez les nouvelles générations, l'éclipse de la conscience nationale. Troisième ban d'infâmie.

Ainsi se dessinent les contours du portrait-robot d'un président habité par une conception *sacrificielle* de sa fonction, loin de l'hédonisme consumériste des histrions. Car, au-dessus des obligations réparatrices, le grand défi sera de *refaire des Français*. En effet, le peuple résident de « l'Hexagone » est devenu un grouillement informe de deux sortes de voisins de hasard : il y a ceux qui sont là et qui ne savent plus d'où ils viennent. Et ceux qui viennent d'ailleurs et qui ne savent pas où ils arrivent.

À ce peuple neuf – un composé d'ignorance et de transhumance – au point de jonction d'un peuple *dessouché* et d'un peuple *transplanté*, il est urgent d'offrir une France des rêves, de l'art de vivre et de la langue. Il faudra, au sommet de l'État, quelqu'un qui se dévoue pour cette tâche au-dessus du commun, un chef qui accepte de vivre dans la tourmente, un président d'oblation, qui remettra la France au milieu du village global.

« Le pouvoir de certains hommes de faire des autres ce qu'ils veulent »

Mélanie a été poignardée, le 10 juin 2025, par un élève de l'école qui porte un nom symbolique : « Françoise Dolto ».

Qui était Françoise Dolto ? Une psychanalyste des enfants, célèbre et célébrée par toute la société de connivence pour ses fulgurances sur la figure de l'enfant-roi.

Elle a inventé une formule : « le complexe du homard ». À l'adolescence, l'enfant doit se défaire de sa carapace, soudain étroite, pour en acquérir une autre. Entre les deux, il est agressif. Si les parents sont trop rigides sur les repères, l'adolescent restera dans sa carapace. Voilà le théorème de Françoise Dolto. Elle est bien de son époque. C'est la déconstruction de la pédagogie du maître, du père et de l'autorité. Aujourd'hui, on paie toutes les factures.

La réponse du gouvernement au meurtre de Mélanie est une mise en scène de l'impuissance. Après chaque drame, depuis vingt ans, on connaît la série des figures imposées : la marche blanche, les bouquets, les bougies, la procession d'une société sans boussole ni consolation transcendante, les cours d'empathie de Gabriel Attal – une bouffonnerie –, les portiques, pour faire sonner les couteaux de céramique, etc.

Quel est le point commun de toutes ces prothèses de la logorrhée ministérielle ? On traite les effets, et non les causes. Traiter les causes, c'est comprendre qu'il s'agit d'un problème de décivilisation. La civilisation, c'est l'état social dans lequel l'enfant s'aperçoit très tôt que ce qu'il peut apporter au monde est infiniment moins précieux que ce qu'il y trouve. Hannah Arendt avait souligné qu'il fallait « civiliser l'enfant », soulignant que chaque génération était comme une nouvelle invasion barbare. La civilisation passe par les cercles de la transmission et de la sanction.

L'institution familiale, aujourd'hui, est complètement déstructurée. Nous sommes dans une société sans Père, sans Mère, sans Filiation et bientôt sans Enfants. Le chef de la Macronie, Gabriel Attal, a proposé la légalisation de la *location d'utérus*, c'est-à-dire la *réification* marchande du petit homme. Il y a urgence à refonder la famille traditionnelle, avec un père et une mère, et à réaffirmer dans notre droit l'autorité paternelle.

L'institution scolaire est en faillite. L'école d'aujourd'hui est une école décoloniale, une école de la honte, de la peur. Il faut retrouver le principe fondateur de la transmission : on instruit par l'imitation, par l'identification. On fait briller des modèles dans les miroirs de l'enfance. « Les pays qui n'ont plus de légende/ Seront condamnés à mourir de froid », avait prévenu La Tour du Pin.

Enfin, la puissance publique est elle-même défaillante et coupable. Il faut revenir à la sanction immédiate : s'il n'y avait pas eu le décret Belloubet sur la césure, Élias serait encore en vie.

Il y a plus grave que tout cela : c'est la question de la préférence de la société pour la vie ou pour la mort. L'État doit faire respecter ce qui est de l'ordre du sacré. Une société qui abandonne le serment d'Hippocrate est une société barbare, déshumanisée, dévitalisée. Quand, dans une maternité, on se voit accorder le droit, au nom de notre Loi fondamentale, de retirer la vie à naître, la vie devient relative, contingente. Quand, dans un Ehpad, un hôpital, on pourra, demain, retirer la vie précaire ou finissante, la vie deviendra relative, contingente.

La question est simple : comment faire respecter la vie aux jeunes gens, dans la rue, à l'école, si on a le droit d'éliminer les indésirables, si on ne fait pas de la vie, un principe intouchable, comme la loi immémoriale d'Antigone ?

La société est en train de partir par le fond. Il y a, dans les brumes matinales françaises, entre les villages où ne sonne plus l'angélus, quelque chose qui ressemble à un verdict. Pas celui, brutal, du conquérant qui plante son drapeau sur les ruines fumantes. Non, quelque chose de plus subtil, de plus irréversible : l'effacement silencieux d'un monde. Où ne parviennent plus que le ronronnement sourd des semi-remorques roumains et le « bip » des caisses automatiques. Là où l'instituteur enseignait Corneille, l'écran tactile dispense des « compétences transversales ». Là où naissaient les enfants du pays, s'installent de nouvelles populations qui arrivent dans une sorte de *Nullepartland*.

Ce n'est pas l'histoire d'un échec, mais celle d'un *accomplissement*. Tout cela a été voulu, pensé, prévu, ordonné. Ce n'est pas l'histoire d'un complot mais d'un écosystème. Nous sommes pris dans les rouages de la Machine – cette collusion de la finance, de la technique, de l'idéologie et du pouvoir. La Machine dont nous entretenons les rouages, dont nous sommes les rouages et qui, méthodiquement, broie tout ce qui n'est pas quantifiable : les liens, les lieux, la dignité silencieuse du travail bien fait, la joie simple de transmettre à ses enfants un monde habitable qu'on espère plus beau encore que celui qu'on a reçu.

Il y a un signe qui ne trompe pas, c'est la dépopulation. La France se dépeuple et se repeuple. Elle se dépeuple des siens et se repeuple de l'Autre. Le peuple français s'en va, il s'efface de lui-même. Les courbes viennent de se croiser. Sur les douze derniers mois, la France vient d'enregistrer pour la première fois depuis la guerre, plus de décès – 651 200 – que de naissances – 640 400. L'étranglement économique des couples produit sa conséquence la plus dramatique : l'effondrement de la natalité française. L'indice de fécondité a chuté de 2,01 enfants par femme en 2000 à 1,68 en 2023. Nous sommes passés sous la ligne de flottaison, sous le seuil de renouvellement des générations. Les naissances s'écroulent : 685 000 en 2023 contre 807 000 en 2010, soit -15 % en treize ans.

Aujourd'hui, en France, les espaces *« no kids »* se multiplient. On assiste à un phénomène sociologique inouï : le rejet de la progéniture. Après le « sans alcool », le « sans sucre », le « sans gluten », le « sans contact », on assiste aux prémices du « sans enfants ». Les Français ne veulent plus se reproduire. Sur les réseaux sociaux, les *dinks* – le *double income, no kids,* deux revenus, pas d'enfants – rivalisent avec les *ginks* – les *green inclination, no kids,* engagés dans l'écologie, pas de procréation pour sauver la planète.

Cet abandon des familles s'accompagne d'un abandon du *pays physique.* La France de 2025 ressemble à un archipel. D'un côté, il y a le trop-plein, avec les métropoles mondialisées où se concentrent les emplois qualifiés. De l'autre, il y a le désert, la France périphérique, cette immense couronne qui se vide de sa substance.

Cette fracture territoriale n'est pas accidentelle. Elle résulte de choix politiques, avec la concentration des investissements publics dans les métropoles, l'abandon des services publics ruraux, la fiscalité qui favorise les centres-villes, les quartiers coupe-gorge.

Paris perd 12 000 habitants par an, qui sont remplacés par des cadres supérieurs et des investisseurs étrangers. Le prix du mètre carré chasse les classes moyennes vers les banlieues lointaines. Cette gentrification transforme Paris en ville-musée réservée aux touristes et aux riches.

À l'opposé, la France rurale se meurt. Des dizaines de milliers de communes perdent leurs habitants. Les écoles ferment. Cette désertification résulte de l'abandon méthodique des services publics.

L'hôpital public agonise : des centaines de milliers de lits ont été supprimés depuis 2000, près d'un tiers des départements sont privés de maternité, des dizaines de services d'urgence ferment chaque nuit. Cette destruction du service public hospitalier condamne les territoires ruraux à l'exode sanitaire.

Le commerce de proximité s'effondre : librairies, petits cafés ruraux, boulangeries de village sont partis. Cette déchirure du tissu local brise les liens et les affections de voisinage. On fabrique une espèce hybride de « solidaires-solitaires ». On fait du social avec du mental. Aujourd'hui, ces lieux ont été délocalisés vers les réseaux sociaux, aux États-Unis, pour les quarante-cinquante ans – avec Facebook –, en Chine, pour les plus jeunes – avec TikTok.

On a perdu pied. On a perdu le bon sens. On a perdu la tête. Nos enfants sont devenus des cobayes. Les maires de France qui veulent être à la page et appellent de leurs vœux un « saut écologique qualitatif brusque » regardent avec envie les édiles de Strasbourg : la municipalité alsacienne a résolu de « dégenrer » les cours d'école pour les rendre *« inclusives »*. Tout est parti d'une constatation d'une portée anthropologique inaugurale : 80 % de l'espace d'une cour de récréation est occupé par seulement 20 % des enfants, tous de sexe masculin. Par leurs jeux, ils occuperaient trop l'espace. Alors a été imaginée une expérimentation originale : les élèves portent désormais un gilet connecté, équipé d'un traceur GPS, afin de géolocaliser les déplacements sur la cour et surtout de mesurer l'*emprise* des garçons dans l'occupation de l'espace.

Cette novation semble appelée, par sa force prescriptive, « à faire école ». Le pédagogisme démiurgique entend combattre ainsi dès l'enfance la fameuse « masculinité toxique ». Chaque pousse de petit mâle est censée abriter un patriarcat en devenir. Le Conseil supérieur de l'éducation a validé le nouveau « programme d'éducation à la sexualité ». En pensant à leurs petits-enfants, nos ministres doivent savoir ce qui a été imaginé pour sexualiser leur maturation. Dès l'âge de trois ans, un enseignement obligatoire va biberonner leur progéniture à la culture *queer*, à la culture *woke*. Il n'y a plus d'enfants, il n'y a plus que des adultes en miniature. On force la porte de leurs rêveries. C'est la victoire de l'idéologie sur la science, qui cherche à formater un « éco-sexo-citoyen-inclusif et non genré ». On veut arracher l'enfant à sa famille, c'est-à-dire au processus d'identification à son père, à sa mère. Dans les premières pages de ce nouveau programme d'éducation, on parle « d'identité de genre et d'orientation sexuelle ».

La France plonge dans cette folie mortifère au moment même où l'Amérique est en train d'en sortir. Donald Trump a gagné l'Amérique profonde en annonçant sa ferme intention d'interdire la transition de genre aux mineurs ainsi que les bloqueurs de puberté. Le nouveau président a tourné la page de l'activisme transgenre au moment où la France vient encombrer ses écoles de cette doxa hautement toxique, porteuse de l'insinuation troublante : *« Je suis peut-être né dans le mauvais corps. »*

C'est un écoterrorisme qui se répand au nom d'une gnose nouvelle sur l'évaporation du corps et la fluidité de genre. Selon le théorème transgenre, la dichotomie femelle-mâle est une invention de l'esprit occidental. Le sexe serait un construit social. Le personnage conceptuel du « trans » est érigé en nouveau héros de notre temps, pour avoir osé franchir l'ultime barrière qu'est le corps humain.

Ainsi, depuis la révolution du premier *« homme nouveau »* des Évangiles, la pensée occidentale aura finalement imaginé successivement trois nouveaux *« hommes nouveaux »* : celui du *rousseauisme* – c'est l'homme nouveau *débarrassé de ses héritages.* Puis celui du boboïsme – c'est l'homme nouveau *débarrassé du lien social aliénant.* Enfin celui du *wokisme* – c'est l'homme nouveau, *débarrassé de la nature et de son propre corps.*

L'homme ainsi régénéré va tenter de vivre sans famille, sans nation, sans humus et sans lumière. Voici qu'apparaît l'homme post-moderne, post-moral. Il tente de devenir son propre créateur et de retourner au jardin d'Éden. *« Sicut dei eritis »*, « vous serez comme des dieux », lui promet le serpent.

Le XXe siècle fut le siècle de Prométhée, porté par la promesse de *dérober le feu,* le feu nucléaire. Le XXIe siècle sera le siècle de Faust, porté par la promesse de *dérober la vie* et d'en finir avec l'assignation sexuelle à la naissance. Voilà où nous aura conduit la logique des fameux « droits de l'homme ». Après l'homme *désaffilié* de la Révolution, l'homme *délié* de ses serments par Mai 68, voici l'homme *désincarné*. Sous les pas de l'homme d'Aristote s'ouvre un gouffre.

Dans un fameux livre au titre éloquent, *L'Abolition de l'homme*, le célèbre écrivain britannique C. S. Lewis nous donne le point d'aboutissement. Lisez... c'est terrifiant : *« La phase finale sera atteinte lorsque l'homme, grâce à l'eugénisme, au conditionnement prénatal ainsi qu'à une éducation et une propagande fondées sur une psychologie appliquée sans failles, aura obtenu le contrôle total sur lui-même. La nature humaine sera la dernière composante de la nature à se soumettre à l'homme. [...] Nous serons dès lors libres de faire de notre espèce ce que nous voulons. La bataille sera alors bel et bien gagnée. Mais par qui, précisément ? Car le pouvoir de l'homme de faire ce qu'il veut de lui-même signifie, comme nous l'avons vu, le pouvoir de certains hommes de faire des autres ce qu'ils veulent. »*

Le populicide anthropologique produit des humains démembrés

Le *populicide* est un *homicide*, le fruit d'une puissance décuplée qui prétend refonder, ou plutôt reformater, l'être humain lui-même. Car le système technocratique mondial exige un type d'homme particulier, qui soit flexible, mobile, déraciné, parfaitement adapté aux impératifs de l'optimisation globale.

Cette anthropologie nouvelle s'élabore dans les laboratoires des sciences sociales, financés par les grandes fondations. La famille traditionnelle, avec ses liens de sang et ses loyautés héritées, devient, comme la nation, la tradition, la mémoire, un obstacle à la *mobilité optimale* du capital humain. Il faut la remplacer par des structures plus fluides, plus adaptables aux besoins du système.

La déséducation de masse est le premier vecteur de ce populicide anthropologique. Mais il y en a d'autres. Jusqu'au démembrement du corps humain.

La « PMA pour toutes », adoptée en 2021, a ouvert la voie à une procréation sans père, où l'enfant devient le produit d'un choix consumériste. 3 000 PMA par an pour les couples de femmes ou célibataires, avec des gamètes importés d'Espagne ou du Danemark pour 4 000 euros le lot. La GPA, interdite mais contournée par le tourisme reproductif, fait du ventre de la femme une marchandise : 500 « locations de ventre » par an en France *via* l'étranger, des mères porteuses ukrainiennes ou géorgiennes, payées 20 000 euros pour porter l'enfant d'autrui.

L'avortement présenté comme un « droit » masque la réalité d'une mort administrée : 230 000 avortements par an en France, soit une grossesse sur quatre. Comment un peuple qui élimine un quart de ses enfants pourrait-il se perpétuer ?

L'eugénisme renaît ainsi sous forme « douce » : tri des embryons pour éviter les handicaps, sélection génétique pour « optimiser » les traits, suicide assisté pour les improductifs et piqûre létale pour les désespérés et les inutiles.

La destruction de la famille et de l'humanité dans l'homme n'est pas accidentelle. Elle résulte d'une idéologie qui voit dans les liens naturels un obstacle à la liberté marchande mais elle tient aussi à l'arraisonnement général de la nature à la technique et à la volonté de puissance.

La grande déconstruction anthropologique passe notamment par la théorie du genre, ce cheval de Troie du progressisme antiscience, qui nie la biologie au nom de l'« identité fluide » et du droit à l'autoréférence. Propagée par tous les canaux d'influence internationaux et européens, publics et privés, cette idéologie galope dans toute l'Europe. Sans aucune protestation des autorités parentales, morales ou politiques. L'Éducation nationale impose donc dès le primaire des programmes sur « l'égalité des genres », où l'on enseigne que le sexe est une *« construction sociale »*, et non plus une réalité biologique. Les théories du genre, élaborées dans les universités américaines, servent ainsi à dissoudre les catégories anthropologiques stables. L'homme et la femme, le père et la mère deviennent des choix d'humeur que l'ingénierie sociale peut remodeler à volonté.

Dans le même temps, l'OMS, cette sentinelle du mondialisme sanitaire, impose aussi son programme d'« éducation à la sexualité ». Les « Standards pour l'éducation à la sexualité en Europe », traduits en dix-neuf langues et adoptés par l'Union Européenne, prescrivent d'enseigner aux enfants de 0 à 4 ans le « plaisir et la satisfaction de toucher son propre corps » et la « masturbation précoce », aux 4-6 ans les « relations entre personnes du même sexe » et les « identités de genre diverses », aux 9-12 ans la « planification familiale » et l'« avortement comme droit ».

Ainsi se déroulent, dans les salles de classe, des sessions d'éducation sexuelle où les élèves sont ainsi revisités dans leur intimité, sans consentement parental. C'est l'intrusion précoce dans l'innocence enfantine, une effraction dans la conscience ; l'hypersexualisation vole aux petits la grâce de l'enfance pour les plonger dans un monde de désirs formatés d'adultes pervers. Le projet caché est bien de dissoudre la pudeur ancestrale, de préparer une génération à regarder le sexe non comme un mystère sacré, mais comme un produit consommable dont les enfants seront les premiers objets de consommation.

Ces dernières années, les demandes de transition de genre ont beaucoup augmenté, avec des mineurs suivis en endocrinologie pour « dysphorie de genre ». On voit tous les jours des bloqueurs de puberté prescrits dès avant 12 ans, des mastectomies à 16 ans, des phalloplasties remboursées par la Sécurité sociale. Cette médicalisation de l'identité mutile les corps et les âmes, au mépris des regrets ultérieurs : beaucoup de transgenres « détransitionnent », selon des études britanniques, mais ils n'en restent pas moins mutilés à vie.

Cette guerre anthropologique s'infiltre partout. Pendant que la directive européenne de 2023 introduit subrepticement les « personnes non-binaires » dans le droit, aux côtés des hommes et des femmes, les toilettes « neutres » se multiplient dans les écoles, les entreprises imposent des quotas « diversité de genre ». Depuis cet été 2025, la SNCF n'a plus le droit de demander à ses clients s'ils sont « Monsieur » ou « Madame », a tranché le Conseil d'État. On bascule dans un autre monde.

Derrière ce charivari se dissimule une rupture anthropologique : l'homme n'est plus une créature finie, limitée par sa biologie, mais un être plastique, malléable à merci par toutes les industries sans foi ni loi. Et le droit lui-même n'est plus au service de l'ordre naturel mais de tous les « fantasmes » manipulés.

Le fruit amer de ces jeux d'apprentis sorciers, c'est une génération plongée dans la confusion, où les tentatives de suicide se multiplient – une génération qui a été abusivement enfermée pendant des mois en 2020, qui a vécu masquée puis injectée, qui a été asservie par les messages du gouvernement sur les dangers, traités par toutes sortes de narratifs : sanitaire, climatique, anti-russe, anti-Trump, etc. Aujourd'hui, un nombre croissant de jeunes de 18-25 ans s'identifieraient comme « queer » ou « non-binaire ». C'est ainsi que *le populicide anthropologique produit des humains démembrés.*

C'est le Forum économique mondial qui mène la danse : « La quatrième révolution industrielle ne modifiera pas seulement ce que nous faisons mais aussi ce que nous sommes. Elle affectera *notre identité* et toutes les questions qui y sont associées : notre sentiment d'intimité, notre notion de la propriété, nos modes de consommation, le temps consacré au travail et aux loisirs, la façon dont nous développons notre carrière et nos compétences, dont nous faisons des rencontres et nous entretenons des relations. Elle modifie déjà notre santé, entraîne une notion du soi quantifié et elle pourrait mener plus vite que nous ne le croyons à un *être humain augmenté*. L'infinie liste des possibles n'est limitée que par notre imagination. »

Le transhumanisme tente d'effacer la limite humaine. Cette idéologie, portée par les géants de la Silicon Valley et le Forum de Davos, investit la technologie d'une ambition folle : *surmonter la condition mortelle*. Des laboratoires travaillent dans les biotechnologies pour « améliorer » les embryons, les interfaces cerveau-ordinateur pour « augmenter » l'intelligence, les nanotechnologies pour prolonger la vie. Elon Musk et Neuralink testent déjà des implants cérébraux sur des patients humains, promettant de « fusionner » l'homme et l'Intelligence artificielle. Google finance des recherches pour repousser la mort à 120 ans. Mais cette quête d'immortalité masque une déshumanisation qui en est la rançon : l'homme devient un *hybride*, un *cyborg* dépendant de la technologie, où le corps naturel est vu comme obsolète.

Cette offensive post-civilisationnelle touche au cœur de la spiritualité. Le règne de la matière est la nouvelle religion de l'irréligion. Des églises s'écroulent ou se vendent comme des lofts, les fêtes chrétiennes deviennent commerciales. Le consumérisme fait office de nouvelle transcendance : on prie dans les temples de la consommation, on cherche l'illimité dans le petit écran, parce qu'on a perdu le goût de l'infini. Ce vide spirituel, qui précède le vide culturel, produit une épidémie de désespoir : 10 000 suicides par an en France – l'un des plus élevés d'Europe –, un taux de dépression multiplié par trois chez les jeunes, y compris désormais les moins de 11 ans…

Ce *populicide anthropologique* laisse un horizon vide : un homme sans corps sacré, sans famille enracinée, sans limite naturelle, sans aspiration spirituelle. Il n'est plus qu'un consommateur, un produit, un rouage interchangeable de la Machine.

Ce que prépare le populicide, c'est la société des « deux-dixièmes » et la « classe des inutiles ». Tout a été imaginé, simulé, lors d'une rencontre internationale, le *State of the World Forum* qui s'est tenu à l'Hôtel Fairmont, en Californie. « L'avenir peut se résumer en une fraction et un concept : "*deux-dixièmes*" et "*tittytainment*". » Ce néologisme a été inventé par Brzezinski pour désigner la consommation et le divertissement de masse. Dans le siècle à venir, *deux dixièmes* de la population active suffiraient à maintenir l'activité de l'économie mondiale. Mais que faire du reste ? Peut-on envisager que 80 % des personnes souhaitant travailler se retrouvent sans emploi ? « Il est sûr, dit l'auteur américain Jeremy Rifkin, qui a écrit le livre *La Fin du travail*, que les 80 % restants vont avoir des problèmes considérables. » « C'est un nouvel ordre social qui se dessine, un univers de pays riches, sans classe moyenne digne de ce nom. » Pour les 80 % qui restent, « un cocktail de divertissement abrutissant et d'alimentation suffisante permettrait, selon Zbigniew Brzezinski, de maintenir de bonne humeur la population frustrée de la planète. On voit émerger la société des deux-dixièmes, celle où l'on devra avoir recours au *tittytainment* pour que les exclus restent tranquilles[1]. »

---

1. Hans Peter Martin et Harald Schumann, *Le Piège de la mondialisation*, Arles, Actes Sud, 1997, p. 13-20.

Cette société des *deux-dixièmes* de l'humanité trouve aujourd'hui écho dans les « prophéties » de Yuval Noah Harari, auteur de best-sellers mondiaux et conseiller du Forum de Davos. Il prévoit à l'horizon 2040 que quelques « nations numériques » domineront une humanité asservie. Les masses jusque-là disponibles pour former des bataillons de soldats et de travailleurs seront rendues inutiles par les robots truffés d'intelligence artificielle, la plupart des emplois seront détruits, et le sous-prolétariat désœuvré formera ce qu'il appelle *« la classe des inutiles »* : « Qui seront-ils ? Eh bien tous ceux qui ne sauront rien faire mieux que les intelligences artificielles, et ils seront nombreux. Alors, l'élite, qui n'aura pas même besoin de les exploiter, devra lutter contre eux et ne perdra rien à les faire disparaître, puisque ces inutiles n'auront plus aucun rôle économique ou militaire. »

C'est là que gît peut-être le vrai ressort du populicide, non pas comme un souhait mais comme une anticipation géniale, une prédiction désespérée, par l'un des personnages les plus brillants, les plus lus de la planète et les plus écoutés aussi dans les cercles d'élite transnationaux. On peut ainsi prolonger et traduire cette anticipation à la lumière de notre exploration du populicide, en formulant cette hypothèse : et si toutes nos « crises » au fond ne relevaient que du *chaos organisé*, pour faciliter la mise en place d'une architecture économique, sociale, numérique, politique, mentale, de *contrôle des populations* ? Non pas pour satisfaire je ne sais quelle soif de puissance nietzschéenne mais dans le seul but de leur faire perdre conscience d'elles-mêmes, afin que ces populations, ainsi sous surveillance ludiquement consentie, se tiennent tranquilles dès lors qu'elles sont les victimes d'une course technologique inexorable entre l'Homme et la Machine ? Le populicide serait alors la somme des actions préventives menées par les *« deux pour-cent »* devant l'insurrection qui vient.

« En leur âme et conscience, ils ont fait le choix de dissoudre le peuple »

La souveraineté, c'est ce que les légistes appelaient jadis « la compétence de la compétence ». C'est un élément constitutif de l'État. Jean Bodin a laissé, derrière lui, une définition qui n'a pas pris une ride : « La souveraineté est le caractère d'une puissance qui ne relève de nulle autre et n'en admet aucune en concours avec elle. » Elle doit être protégée. Pour qu'on ne puisse abuser du pouvoir, nous conseille Montesquieu, il faut que, par la disposition des choses, le pouvoir arrête le pouvoir.

Or, aujourd'hui, le pouvoir est évanescent : il a perdu la *potestas* – le *pouvoir juridique* est parti à Bruxelles – et l'*auctoritas* – le *pouvoir moral* est parti chez les juges. Au nom même d'un corpus idéologique.

Les cinq Cours suprêmes sont devenues le bras armé des minorités, elles ont aboli le principe fondateur des Nations, à la faveur d'un droit-de-l'hommisme diversitaire. Et puis, il y a la « harangue de Baudot », le discours fondateur du Syndicat de la magistrature qui infiltre la corporation et appelle les magistrats à faire pencher la *balance* de Thémis du côté du délinquant plutôt que de la victime. Cette harangue commence ainsi : « Soyez partiaux… Ayez un préjugé favorable [...] pour le voleur contre la police, pour le plaideur contre la justice... »

La condamnation de Marine Le Pen, venant après celle de François Fillon, laisse deviner l'idée d'un coup d'État de la Toge. C'est désormais une autre république que la nôtre qui choisit ou exclut les pré-candidatures de l'élection présidentielle. C'est la *République des Juges.* Le peuple n'est plus souverain. Il choisit parmi les candidatures officielles. Le 31 mars 2024, les magistrats du tribunal correctionnel de Paris ont pris le contrôle de la vie politique. Ils ont décidé de liquider l'opposant numéro un, en lui infligeant une peine avec exécution *immédiate,* de sorte que, contrairement à tous les principes du droit, l'appel n'est plus suspensif.

Camille Desmoulins aura finalement été entendu : « Les tyrans malhabiles usent des baïonnettes. *Les tyrans habiles usent de la loi.* » Ursula von der Leyen avait déjà montré le bout du nez, à l'occasion des élections italiennes : « Si les choses tournent mal, *nous avons les outils.* » Les outils ? Eh bien, le tribunal a sorti toute la boîte, la boîte à outils. Sur le couvercle, il y a écrit : « l'État de droit ».

Voici venir le *messianisme judiciaire.* Il y avait à Rome, à côté de l'*imperium,* la *tribunicia potestas.* Le tribun de la plèbe avait un pouvoir spécifique, muni du droit de veto, l'*intercessio.* Aujourd'hui, le tribunal correctionnel de Paris interprète son rôle comme « celui d'un défenseur du peuple contre les puissants ». Aussi la puissance tribunicienne est-elle passée du politique au prétoire. Nous assistons au double affaissement du pouvoir politique. L'affaissement du législatif, puisque c'est le juge qui définit ce en quoi consiste le travail parlementaire. L'affaissement de l'exécutif, puisque c'est le juge qui choisit le *casting* de la présidentielle. C'est une justice de justiciers. Une justice de justiciers, c'est quand les juges quittent le droit. C'est quand les juges font la morale.

Le pouvoir politique n'est pas en reste. Au début du mois de juillet, nous avons appris que le « ministre déléguée chargée de la Lutte contre les discriminations » s'apprête à financer des associations militantes – LGBTQI+, le Planning familial, SOS Homophobie, SOS Racisme, etc. Ces associations ont déjà fait parler d'elles : l'une enseigne, dans les écoles, qu'« un homme peut être enceint », l'autre considère qu'« un gynécologue qui refuse d'examiner les parties génitales d'un homme biologique, qui se présente comme une *"femme trans"*, fait preuve de transphobie... »

Ces associations, ainsi deux fois subventionnées, auront pour mission de signaler à l'ARCOM les propos jugés haineux, pour faciliter leur retrait des plateformes numériques. Après la censure de la présidentielle, la judiciarisation de la vie publique organise, sous la férule bruxelloise, la censure des réseaux.

Peu à peu, on dissout le peuple, au sens de Bertolt Brecht : « Si le peuple s'encaprice de ne pas obéir au gouvernement, il faudra le *dissoudre.* »

C'est ainsi que nous basculons dans la société de l'autosurveillance. Le vice-président américain, J.D. Vance, a mis en alerte la conscience européenne sur les tentations malsaines qui guettent nos démocraties fatiguées : en Roumanie, en Allemagne, en France, les opposants sont traqués, surveillés, disqualifiés.

Dans ce contexte où rôdent le bâillon et l'arbitraire, habillés d'hermine, un manifeste liberticide annonce la strangulation progressive des esprits libres. Le papier a été commis par Pierre Rosanvallon, un Mage du Système. Il appartient à ce que Péguy appelait le « Parti intellectuel », celui-là même qui définit la métaphysique de la Cité et que Paul Valéry rattachait aux « professions délirantes ». *Le Monde* lui a ouvert ses colonnes pour une tribune au ton péremptoire, publiée après l'exécution judiciaire de Marine Le Pen. Ce penseur de l'intelligentsia française, qui en tient pour les Magistratures – debout, assise, couchée –, prétend « sauver la démocratie ». Le sauvetage tient en deux prescriptions : d'abord le changement de souverain de référence. Rosanvallon nous explique qu'il y a deux sortes de souverainetés : celle du *« peuple-arithmétique »*, le peuple des urnes, un agrégat de hasard qui compose l'humeur du moment. Et celle du *« peuple-communauté »* qui se définit par des valeurs. « L'instrument de cette souveraineté-là est la Justice, qui est la fabrique des Valeurs[1]. »

La conclusion logique implique deux renversements : la légitimité du pouvoir des *Juges* doit être reçue pour supérieure à celle des *Urnes*. Et la vraie souveraineté *populaire* doit être la souveraineté *judiciaire*. Ainsi donc, la judiciarisation de la vie politique installe le messianisme judiciaire. La fonction tribunicienne passe du forum au prétoire. C'est un coup d'État légal.

La deuxième prescription place la liberté d'expression sous l'empire de la Société de Surveillance. À partir d'un constat amer, un aveu incroyable qui génère un mouvement d'affolement : « La démonisation du populisme n'a plus d'effet. » Il faut donc « poursuivre sans relâche les voleurs de mots et les trafiquants d'idées ». Cela nous rappelle le mot d'Hannah Arendt sur les trois manières d'intimider

1. Pierre Rosanvallon, « Les juges incarnent autant que les élus le principe démocratique de la souveraineté du peuple », *Le Monde*, 12 avril 2025.

le dissident. D'abord la démonologie : on fait de vous un *démon.* Ensuite la négation du Réel : on fait de vous un *déviant.* Enfin la stigmatisation judiciaire : on fait de vous un *délinquant.*

Que dissimule donc cette nouvelle doctrine orwellienne ? Une atmosphère de panique : la gauche n'imprime plus. Ariane Mnouchkine en a fait l'aveu dans une autocritique surprenante[1] : « Nous, gens de Gauche, on a lâché le peuple. […] Quand les gens disaient ce qu'ils voyaient, on leur disait qu'ils se trompaient, qu'ils ne voyaient pas ce qu'ils voyaient. Puis, comme ils insistaient, on leur a dit qu'ils étaient des imbéciles, puis, comme ils insistaient de plus belle, on les a traités de *salauds.* »

Derrière la panique, il y a le « sauve-qui-peut ». On devine les gouttelettes de sueur froide devant l'urgence obsessionnelle de sanctuariser le grand récit mondialiste et diversitaire tenu par la caste planétaire, aujourd'hui bousculée. À Davos, en janvier 2024, Ursula von der Leyen avait déjà sonné le tocsin en expliquant que « la Désinformation était le premier péril de notre temps » et que la liberté d'expression ne pouvait être une fin en soi. L'idée, c'est de restreindre son périmètre. Avec un corset juridique qui induit le conditionnement psychologique. L'idéal est de créer, face au « Système, qui s'autoraconte » – comme disait Soljenitsyne –, une Société de l'*autosurveillance* : le journaliste s'autosurveille, le prof s'autosurveille, l'homme politique s'autocensure. On ne dit plus rien. On ne pense plus rien…

Ainsi l'institution judiciaire est-elle appelée à devenir le « ministère de la Vérité », qui impose la *novlangue.* La

1. Ariane Mnouchkine, « À quel moment doit-on cesser de faire du théâtre sous un gouvernement RN ? », *Libération*, 12 juin 2024.

crainte de sortir du périmètre sanitaire est comme le *sas préparatoire* à l'avachissement des consciences et l'éclipse de la liberté. Bernanos l'avait prophétisé : « La pire menace pour la liberté n'est pas qu'on se la laisse prendre – car qui se l'est laissé prendre peut toujours la reconquérir –, c'est qu'on désapprenne de l'aimer, ou qu'on ne la comprenne plus. »

« C'est un nouveau pays qui émerge, qui a répudié les anciens domiciles »

Le peuple français est en train de mourir. Doucement, il s'en va. Sans un râle. Il s'efface… Il a perdu l'appétit de vivre, le souffle vital. Les lois de la démographie sont implacables, elles affichent le collapsus. Le slogan *« No kids »* fait son office. Les agendas transnationaux l'ont emporté ! Pas de bébés, pas de projection dans le futur. L'*Instant* seul capte toutes les attentions, résume toutes les intentions. On ne regarde plus au-dessus de la haie, la main en visière. On n'aspire qu'à se blottir dans l'insignifiance et le fugace, entre les fleurissements de hasard. On ne cherche plus à scruter la ronde des astres ou à comprendre le mystère de l'Unité vivante.

L'instant glouton des solitudes agglomérées abolit la longue durée d'antique patience et les regards sur le lointain. Le Forum de Davos a gagné, il a gagné les cœurs en déshérence, avec son fameux *clip* sur les bonheurs à venir : *« Vous ne possèderez plus rien et vous serez heureux. »* Dans l'absolu désordre et le grouillement informe, les âmes vides ruminent la résolution luthérienne de la fameuse Ida Auken – la ministre danoise de l'Environnement – missionnée par le *World Economic Forum* pour appeler au nouvel arraisonnement des foules captivées : « *Bienvenue en 2030. Je ne possède rien. Je n'ai pas d'intimité, et la vie n'a jamais été meilleure.* » Tout n'est plus que flux, il faut que tout devienne fluide, mobile… Rien ne retient l'œil qui tourne dans les vertiges de l'éphémère et du transitoire.

Le prix à payer est lourd : les volets clos des centres-bourgs, les périphéries bétonnées, les friches industrielles, les zones commerciales et les champs d'éoliennes qui s'étirent de toutes parts… ont dessiné les traits hideux du visage d'un pays qui a vendu ses *outils* pour acheter ses *chaînes.* On peut donner un nom à cette entreprise : c'est un *populicide esthétique*, un *populicide des âmes.* Par le truchement d'une implosion systématique des fondements matériels qui permettaient à un peuple de vivre debout, grâce à ses propres efforts et sacrifices, sur sa propre terre. Nous sommes là devant la plus grande expatriation de tous les temps. Il s'agit d'une guerre menée contre les dépossédés, les défrancisés, non pas à coups de canon, mais à coups de traités, de directives, de normes, de délocalisations subventionnées par l'Union européenne. Une guerre si discrète qu'elle a réussi à faire croire à ses victimes qu'elles seraient les bénéficiaires du progrès. Le néon éblouissant des grandes surfaces promettait l'abondance, l'encens et le miel. La baisse des stores devenait jubilatoire. On allait vivre. Achalander sa vie.

J'ai assisté – le temps de ma jeunesse – à cet effondrement, chez moi, dans la Vendée des petites mains de nos couturières, les petites reines Mathilde des tapisseries et napperons de nos villages, et des artisans du cuir des bords de Sèvre, réputés pour l'acier trempé de leurs poinçons. Ils ont été emportés, engloutis en cinquante ans. On leur a préféré le bout du monde. Au nom du progressisme. On nous a expliqué : « Il faut évoluer. La société post-industrielle va tertiariser les petites mains. Le temps des services arrive. On va vers le mental, une économie de matière grise... C'est le progrès. » On a tué mais on n'a pas remplacé. On a exilé l'emploi, on a laissé sur le carreau le petit peuple des friches.

Les chiffres sont là, implacables. Depuis 1980, la France a perdu près de 2,5 millions d'emplois industriels nets. L'industrie, qui pesait un quart du PIB national, est tombée à 13 %, tandis que nos voisins allemands maintenaient la leur à 23 %. Le textile, qui faisait vivre 600 000 personnes, n'en emploie plus que 100 000. La sidérurgie a vu ses effectifs divisés par cinq. Où sont passées les promesses de « l'acier européen qui dominera le monde » ? La CECA ne devait-elle pas assurer l'avenir de l'industrie européenne ? C'était la promesse solennelle de l'Europe des *Pères fondateurs*. Des bassins entiers – la Lorraine sidérurgique, le Nord textile, la vallée de la Seine mécanique – ont été saignés à blanc, leurs hauts-fourneaux démontés pièce par pièce, leurs savoir-faire séculaires dispersés aux quatre vents comme des cendres.

Derrière ces chiffres se cachent de grandes déchirures, des vies brisées, des larmes secrètes, des visages ravagés, des regards ahuris, des villages qui s'éteignent dans l'indifférence. Car un peuple, privé de ses ateliers de création, est un peuple condamné à l'enfance perpétuelle, obligé de mendier ailleurs ce qu'il ne sait plus produire, contraint de quémander la subsistance auprès de maîtres étrangers qui fixent les prix et les conditions.

Bernanos avait annoncé la tragédie des friches de nos campagnes : « Un jour, on plongera dans la ruine du jour au lendemain des familles entières parce qu'à des milliers de kilomètres pourra être produite la même chose pour deux centimes de moins à la tonne. »

La destruction a commencé par les champs, là où battait depuis des millénaires le cœur nourricier de la France. Ce fut le premier acte de la tragédie, déguisé en *pastorale européenne.* On nous promettait une *Europe des vaches grasses,* comme un grand marché fraternel, une terre d'abondance où régneraient la paix et la prospérité. Et on a inauguré, sous nos yeux hagards, un abattoir bureaucratique à ciel ouvert.

J'ai vu, enfant, du jour au lendemain, dans mon village, toute la campagne remuée, chavirée, balafrée, par les scrapers à chenilles. Les haies arrachées, les chênes dessouchés, le silence des oiseaux disparus, l'empoisonnement des sols, le Remembrement, le plan Mansholt, la fin des paysans.

Les chiffres donnent le vertige. Dans les années 1980, la France comptait 1,6 million d'exploitations agricoles. Aujourd'hui, il en reste moins de 400 000. En quarante ans, nous avons perdu les trois quarts de nos paysans, engloutis par une PAC qui, depuis ses bureaux bruxellois, dicte aux gens de la terre bretonne ou provençale ce qu'ils peuvent semer, élever, produire, et en quelles quantités dérisoires, tout en les exposant à un productivisme agrochimique mondial impitoyable. On triche avec la Nature, et elle se venge. On pousse les plantes, on pousse les sols, on pousse les rendements et on pousse les hommes, je veux dire : on les pousse à bout.

La fameuse « PAC » n'a pas protégé nos campagnes comme elle le promettait : elle les a normalisées, puis liquidées avec la froideur d'un gestionnaire de portefeuille. Les quotas laitiers, supprimés en 2015, ont provoqué une crise du lait qui fut fatale à des milliers d'éleveurs. Les primes à l'arrachage ont financé la destruction méthodique de dizaines de milliers d'hectares de vignes, transformant des terroirs séculaires en parkings et zones commerciales. Les primes à la jachère ont sustenté les derniers fermiers de France pour les décrocher de leurs terres ancestrales, transformant un million d'hectares de bonnes terres en friches, tandis que nous importions du bout du monde notre nourriture. Pour la prochaine période 2027-2034, le budget de la PAC va être réduit de 20 % – à 300 milliards d'euros –, et ses fondations sapées par la nouvelle réforme, enterrant définitivement l'idéal de prospérité alimentaire et de paix commerciale.

Pendant ce temps-là, la concurrence déloyale s'est déployée sous nos yeux avec la bénédiction de la Commission. Bœuf argentin gavé d'antibiotiques, volaille ukrainienne lavée au chlore, fruits marocains gorgés de pesticides interdits chez nous : la « concurrence libre et non faussée », fondatrice du « grand marché », s'est révélée être la loi du moins-disant sanitaire, écologique et social.

Ce que les Français ne savent pas, c'est que cette autodestruction, cette automutilation nous coûte cher. On nous dit : « C'est l'Europe qui paie. » C'est un mensonge : la contribution annuelle nette à l'Union européenne – c'est-à-dire la différence entre ce que nous payons et ce que nous recevons – est de 15 milliards d'euros et va bientôt atteindre 25 milliards. Donc l'Europe nous coûte beaucoup plus cher qu'elle ne nous rapporte. Où va l'argent ? Ailleurs que chez nous. En Ukraine ? Au *Green Deal* ? La classe politique, toute à ses ferveurs européistes, ne cherche même pas à savoir où s'en va l'impôt prélevé sur les contribuables français. C'est un sujet tabou du milieu politique. On est sur un autre territoire sacré, le jumeau du sans-frontiérisme. Les deux

États profonds – celui de Paris et celui de Bruxelles – se parlent en volapük. Ils se comprennent, ils s'entraident. Nomenclature du populicide.

Nos paysages portent aujourd'hui les stigmates de cette débâcle. Les villages sont désertés ; n'y subsistent que les vieux, qui guettent sur le pas de la porte la vie qui s'en est allée. Les instituteurs ont quitté les campagnes. Les petits commerçants ont tiré le rideau. La France, jadis autosuffisante, importe désormais l'essentiel de ses fruits et légumes. Nos abattoirs locaux, pour la plupart hors d'usage depuis vingt ans, ont cédé la place aux usines industrielles allemandes et polonaises, où l'on abat dans des conditions insensibles et pour des salaires de misère.

Dans le Berry, le Limousin, l'Auvergne, les anciennes fermes deviennent des résidences secondaires pour urbains fortunés en quête d'« authenticité ». Ces citadins transplantés entre maïs et tournesol transforment les porcheries en gîtes ruraux, et s'en vont déposer à la préfecture leurs pétitions outrées contre le chant du coq, l'angélus et l'enclume, les trois mélodies du réveil des campagnes qui composaient jadis la symphonie de nos aubes enfantines. Les derniers paysans de filiation, écrasés par un maquis de normes contradictoires, soumis à d'innombrables contrôles et endettés jusqu'au cou, jettent la serpe par-dessus la haie. Leurs enfants les quittent pour aller en ville tenter leur chance, quand ils y trouvent du travail. C'est le *plus grand plan social* jamais imaginé dans l'histoire contemporaine. On a *dékoulakisé*, comme chez les Soviets. Les églises n'entonnent plus le Magnificat des Rogations, le toit des clochers n'est plus réparé, les cimetières se couvrent de ronces, et le silence gagne la place de la Mairie. Les hommes politiques proposent de nouvelles populations – jeunes – qui viennent combler le vide afin de rouvrir les écoles et les supérettes. La Lozère sauvée par le Maghreb... La *friche* sauvée par le *bled*.

L'esprit des vieux bourgs est parti. C'est un nouveau pays qui émerge, qui a répudié les anciens domiciles. Partout, on a basculé dans l'instant et la difformité. Depuis les années 1960, sous prétexte de modernité, tout ce qui se fait de nouveau est d'une laideur accomplie. C'est Le Corbusier qui a gagné, avec sa « machine à habiter », sa *Cité radieuse* des âmes concassées : l'architecture est devenue un empilement, la nature a perdu ses attraits, elle a été violentée, balafrée, disgraciée.

Il va falloir rattraper tout cela. Pour refaire la France, pour en retrouver l'authenticité, il faut d'abord – c'est la priorité absolue – refaire des Français.

IV

LA FRANCISATION OU LA MORT

« Au peuple déraciné *chez lui* et au peuple déraciné *de chez lui*, que dire ? »

Pour refaire des Français, la priorité est de redonner aux nouvelles générations le goût des cités charnelles. Pour refaire des Français, il faut d'abord remettre du temps long partout et, pour cela, refaire des propriétaires et des héritiers.

Si on me demandait « quelle est la première urgence pour notre pays en perdition ? », je répondrais : « Refaire une économie réelle et retisser des lignages pour remettre de la longue durée dans nos vies syncopées ». On devrait méditer le mot de Simone Weil : « L'enracinement est le besoin le plus profond et le plus méconnu de l'âme humaine. » Il faut réenraciner la jeunesse française.

Et, pour commencer, il faut renouer avec l'enracinement de l'outil de travail. Il est urgent de relocaliser les emplois, rapatrier les usines, ramener les chaînes de valeur globale. Le travail au pays avant le libre-échange. L'emploi chez soi pour habiter chez soi. Pour un tel renversement de perspectives, le préalable indispensable est de récupérer notre souveraineté, car l'Union européenne a été conçue comme un *marché*. Un va-et-vient mondial de produits ; non pas un lieu de mémoire mais de transaction. C'est une économie *sans politique*. L'ouverture impose qu'on aille chercher le travail là où il est le moins cher et qu'on revienne vendre là où il y a encore du pouvoir d'achat. Il n'y a plus qu'un seul indice de la santé d'un pays. C'est l'indice de rentabilité. On a oublié le mot de De Gaulle : « La politique de la France ne se fait pas à la corbeille. »

Le primat de l'économie sur le politique consume les âmes et défait la société. Sa logique est celle de la matière en action ; on n'est plus dans l'idéal, on est dans le calcul : qu'est-ce qui est le moins cher ? Le plus rentable ? Où est le meilleur produit ? Où se trouve le graal du stratège, c'est-à-dire l'avantage concurrentiel inimitable ?

Pour renouer avec le primat de la politique, il faut se poser la question existentielle : *quelle société veut-on ?* Quelle sécurité veut-on ? Quels voisinages veut-on ? Quel degré d'indépendance veut-on ? Un jour, Thierry Le Portier, l'un des plus grands dresseurs de fauves du monde, m'a confié : « Le lion a trois réflexes ; dans l'ordre : d'abord la sécurité, ensuite la sustentation, enfin la reproduction. » La sécurité est première pour tous les mammifères ; et la sécurité, c'est la politique. Il faut retrouver l'idée du *domaine*, à partir de l'exhortation de Saint-Exupéry : « Si je désirais enseigner à des hommes, dont la civilisation l'ignorerait, l'amour d'une Patrie ou d'un domaine, je ne disposerais d'aucun argument pour les émouvoir. Ce sont des champs, des pâturages et du bétail qui composent un domaine. Chacun, et tous ensemble, ils ont pour rôle d'enrichir. Il est cependant, dans le domaine, quelque chose qui échappe à l'analyse des matériaux, puisqu'il est des propriétaires qui, par amour de leur domaine, se ruineraient pour le sauver. C'est bien au contraire ce "quelque chose" qui ennoblit d'une qualité particulière les matériaux. Ils deviennent bétail d'un domaine, prairies d'un domaine, champs d'un domaine...

Aussi est-on l'homme d'une patrie, d'un métier, d'une civilisation, d'une religion. […]

L'acte essentiel ici a reçu un nom. C'est le sacrifice. […]

Celui-là seul comprendra ce qu'est un domaine, qui lui aura sacrifié une part de soi, qui lui aura sacrifié une part de soi, qui aura lutté pour le sauver, et peiné pour l'embellir. *Un domaine n'est pas la somme des intérêts, là est l'erreur. Il est la somme des dons.* »

On est passé sous le contrôle des *économaîtres.* Le *domaine* n'est plus qu'un bien lucratif. On a fabriqué un monde d'*éternels nouveaux venus,* qui traversent la vie comme un univers virtuel. Il n'y a plus rien qui accroche les âmes, rien qui embrase, rien pour habiller le désir d'une esthétique immémoriale et délicieuse. Je me souviens, quand j'étais enfant, d'une romance de Chateaubriand, que ma mère nous récitait le soir et que nous fredonnions avec elle :

« Combien j'ai douce souvenance
Du joli lieu de ma naissance !
Ma sœur, qu'ils étaient beaux les jours
De France
Ô mon pays, sois mes amours
Toujours ! »

On trouvait, dans les beautés du quotidien, le miroir de l'Absolu. À vivre entre les oiseaux, on élevait le regard et on apprenait à goûter les nonchalances du gazouillis perpétuel. Les oiseaux se sont tus. Ils ont eu peur des éoliennes. Il est temps, il est grand temps de se lever, de se dresser, de hurler :

– Arrêtez le massacre ! Vous êtes en train de tout avilir, de faire taire toutes les romances… Il ne restera rien des sentiments forts de la civilisation.

On élève les enfants comme les *fils de personne.* Renouer avec les ancrages, c'est la dimension verticale. Refaire des propriétaires, c'est la dimension horizontale.

Refaire des lignages pour redonner le goût de transmettre et favoriser l'appétit d'aller chercher dans le passé, fût-il lointain, le meilleur de l'élégance des continuités et des accomplissements sublimes, qui nous ont précédés, qui nous ont enfantés. On ne vit pas pour soi, on vit avec d'autres que soi, on vit avec plus grand que soi, on vit avec sa lignée, elle vous oblige, elle vous regarde, elle vous porte. Nous lui empruntons le moment que nous vivons pour en éclairer d'autres, après nous, dans la récitation des siècles. La lignée vous donne à toiser l'instant dérisoire. Elle vous donne l'instinct du futur. Elle vous fait bâtisseur et géomètre. Elle vous insuffle le désir d'agrandir le fonds. Une nation est une lignée qui dépose sur son passage les petits cailloux blancs du petit Poucet. Le lignage, c'est aussi l'idée de mettre chaque vie à la bonne échelle, celle de l'histoire d'une famille mais aussi de celle d'un pays.

J'ai vécu, j'ai éprouvé tout cela dans ma chair. Durant mon enfance, il y avait une interrogation paternelle qui revenait souvent à la maison, comme une formule légendaire :

– Est-ce que ça suit ?

Notre papa nous racontait que c'était la question lancinante des marches de nuit, lorsque, à la tête de sa compagnie, le jeune capitaine qu'il était voulait vérifier qu'il n'y avait pas de *soldat à la traîne,* courant ainsi le risque d'être pris dans une embuscade. Plus tard, quand j'ai grandi, l'expression a changé de sens :

– Est-ce que ça suit ? questionnait mon père en regardant ses enfants entrer dans la vie.

Appartenant à une vieille famille de soldats, pauvre et glorieuse, l'interrogation du père portait sur les fidélités de la progéniture.

– Est-ce que ça suit ? Est-ce que la génération montante garde bien le cap ? Est-ce qu'elle maintient sa loyauté à la tradition des vieilles familles françaises qui paient « l'impôt du sang » ? Est-ce qu'elle ne pactise pas avec le siècle et ses erreurs funestes ? Est-ce que chacun a bien trouvé sa manière d'effectuer son *offrande* au pays ?

Un jour que mon père me demandait des nouvelles de l'aventure du Puy du Fou, je lui ai répondu :

– Tu sais, papa, ta formule : « Est-ce que ça suit ? » elle m'a longtemps taraudé.

– Et quel est le rapport avec le Puy du Fou ?

– Le Puy du Fou est, pour moi, l'acquittement d'une dette morale, c'est ma manière à moi de *payer l'impôt du sang*. Ma manière de répondre à la question : « Est-ce que ça suit ? » Ma « *manière de suivre* » fut de prendre la plume pour écrire un hymne et un requiem. Et derrière moi, ça suit avec Nicolas qui embellit et fait grandir cette œuvre oblative.

Quand mon père fut sur la fin, l'un des frères a pris sa main... et lui a murmuré à voix basse, en forme de dernière parole :

– Papa, t'inquiète pas...

– Est-ce que ça suit ? a interrogé mon père, d'une voix faible...

– Oui, ça suit, papa...

L'Histoire n'est pas un tissu de drames sans suite, une mêlée, un chaos où l'intelligence ne discerne rien. Un fil conducteur peut nous guider, à condition que nous considérions chacune des strophes du long poème comme ayant eu sa raison d'être et comme ayant déposé dans la conscience de notre peuple son harmonique singulière qui, désormais, résonnera toujours, plus ou moins, jusqu'au terme de son existence temporelle. Il ne s'agit pas seulement d'un dépôt semblable aux alluvions qu'un grand fleuve charrie depuis sa source et qui composent les strates de son lit. L'Histoire a cette vertu de maintenir toujours présents les moments privilégiés de la vie d'un peuple – moments qui, s'ils sont révolus, ne sont jamais abolis et viennent, par des résurgences souvent inattendues, développer la conscience de soi d'une nation.

L'enracinement a une double vertu : celle de l'enfouissement et celle de l'altitude ; l'arbre va chercher la vie entre l'humus et la lumière. Il vit de ses racines où coulent la sève montante et la sève descendante. Nous – les petits hommes – sommes les arbustes du jardin de Tempérance, nous respirons entre la terre qui parfois se dérobe et le ciel qui parfois se couvre. Le lignage inscrit les nouveaux venus, aujourd'hui orphelins de nos richesses passées, le plus souvent venus de nulle part, dans le temps des hommes.

Mais il faut aussi retrouver l'idée de la propriété : c'est elle qui vous inscrit dans l'espace, sur un petit bout de pays, un petit bout de terrain, un mur mitoyen, une treille, que vous chérissez et qui vous donnent une perception charnelle des attachements vitaux. Notre époque a oublié que la propriété précède la collectivité. Ce n'est pas l'État qui nous la délègue, c'est la famille, la *mesnie*, qui en dispose depuis les temps immémoriaux. La France est un vieux pays sédentaire qui a vécu, survécu comme une *addition de lopins* : « La propriété manifeste, selon saint Thomas d'Aquin, la *priorité ontologique et téléologique de l'homme sur la société.* »

Qu'est-ce donc qu'une nation ? Une copropriété. Dans l'espace et le temps. Dans l'espace, c'est à chacun son petit bout de France. Dans le temps, c'est à chacun le pays tout entier, son passé, son patrimoine, sa grandeur. Une civilisation se leste toujours du récit mythifié du passé d'un peuple.

Il faut refaire un peuple de propriétaires. Si je ne possède rien – ainsi que le conçoit le Forum de Davos, au service de la haute finance dématérialisée –, je n'ai plus rien à défendre, rien à protéger, rien à aimer de ce qui fait le sel de la vie. Mais surtout, la propriété est un espace contigu qui porte à vivre en société, elle vous impose des voisins. Le village est un voisinage. La nation est un voisinage. Il faut refaire une société de voisinage. Entre voisins, on se parle, on se salue, on s'entr'aide.

Mais il faut aller plus loin. Aujourd'hui, si l'on veut refaire un peuple au sens organique, les retrouvailles avec le *lignage* et le *voisinage* ne suffisent plus, il faut que le peuple français retrouve son *imaginaire*.

Dans ses *Mémoires de guerre III*, parues en 1954, de Gaulle s'est ainsi confié sur les ferments de dispersion qui menacent notre communauté nationale : « Ce qu'il y a, en moi, d'affectif imagine naturellement la France, telle la princesse des contes ou la madone aux fresques des murs, comme vouée à une destinée éminente et exceptionnelle. J'ai, d'instinct, l'impression que la Providence l'a créée pour des *succès achevés* ou des *malheurs exemplaires.* » Nous voilà aujourd'hui poussés du côté des malheurs exemplaires. La tentation est grande de juger le relèvement impossible. Je me méfie des gens qui désespèrent de la France mais tout autant de ceux qui professent une espérance hors-sol, une espérance de commande, non entée sur le réel.

C'est encore Bernanos qui a dessiné le bon détour : « *On croit qu'il est facile d'espérer.* Mais n'espèrent que ceux qui ont eu le courage de désespérer, de désespérer des illusions et des mensonges où ils trouvaient une sécurité qu'ils prennent faussement pour de l'espérance. »

Dès 1946, dans *La France contre les robots,* il a livré une analyse sur la disparition du peuple français, qui est une anticipation proprement géniale : « L'affaiblissement d'un peuple ou d'une civilisation résultant de causes endogènes, et tendant à lui faire perdre son identité et sa créativité. » Les causes de la décadence sont presque partout les mêmes dans l'histoire : individualisme et hédonisme excessifs, amollissement des mœurs, égoïsme social, dévirilisation, mépris des valeurs héroïques, intellectualisation des élites, déclin de l'éducation populaire, détournement ou abandon de la spiritualité et du sacré, etc. D'autres causes sont fréquentes : modification du substrat ethnique, dégénérescence des aristocraties naturelles, perte de la mémoire historique, oubli des valeurs fondatrices. La décadence survient lorsque le souci du maintien dans l'histoire de la communauté-du-peuple s'estompe, lorsque les liens communautaires de solidarité et de lignage s'affaiblissent. Pour résumer, on peut dire que la décadence voit des symptômes apparemment contraires se conjuguer : l'excessive *intellectualisation des élites,* de plus en plus coupées du réel, et la *primitivisation du peuple. Panem et circenses...*

« L'Europe connaît aujourd'hui une telle situation. La plupart du temps, la décadence est mal perçue comme telle et refusée par ses contemporains. Ceux qui la dénoncent sont assimilés à des prophètes de malheur. Les époques de décadence se parent souvent du masque de la renaissance.

Ces attitudes sont des comportements de conjuration du réel, d'occultation des symptômes dans le but de rassurer.

Aucune décadence ne doit être considérée comme irréversible. Il faut cultiver l'espérance tragique de Nietzsche. "Paris-Marseille en un quart d'heure, c'est formidable ! Car vos fils et vos filles peuvent crever : le grand problème à résoudre sera de transporter vos viandes à la vitesse de l'éclair. Que fuyez-vous donc, imbéciles ? Hélas, c'est vous que vous fuyez, vous-mêmes". »

Le drame de notre France exténuée ne tient pas seulement à l'éclipse des lignages et à l'effacement, dans les âmes, de notre imaginaire collectif, il tient aussi – d'abord ? – à un changement de population : il n'y a plus de *sol moral commun.* Le territoire français s'est mué en une terre de passage, où se croisent deux peuples qui migrent et qui vaguent, celui des migrants qui ont quitté leur *passé* et celui des migrants qui ont quitté leur *présent.* Coudoiement fuligineux de l'errance et de la déshérence. Les errants de souche sont des héritiers sans souvenirs qui ne voient pas ce qu'il y aurait encore à défendre et à aimer, qui ont perdu le goût de la filiation ainsi que l'envie de la progéniture et qui acceptent en quelque sorte l'expulsion à l'amiable : un peuple exténué, hagard, qui ne sait plus où il habite, un peuple gouverné par des cyniques, qui vit de l'incroyance et n'oppose au feu sacré de la croyance nouvelle que la toge et l'hermine de l'État de droit des morts-vivants. Et puis, à côté de ces errants désenchantés, se pressent les transhumants qui ont perdu leurs ancrages et leurs lignages, mais qui, sans savoir où ils arrivent, n'oublieront jamais d'où ils viennent. Les arrivants s'installent chez nous avec leur manière d'habiter le monde. Au peuple déraciné *chez lui* et au peuple déraciné *de chez lui*, que dire qui tienne de la parole commune ?

Ayant perdu tous les repères de l'ancien pays de nos affections, nous allons vivre, projetés dans une coexistence soupçonneuse, lignage contre lignage, voisinage contre voisinage, imaginaire contre imaginaire. Nous avons notre imaginaire, il est évanescent. Les nouveaux arrivants ont le leur, il est incandescent. L'islam itinérant puise sa légitimité dans le rejet du monde environnant : le Prophète lui-même, par le récit fondateur, va chercher la force nécessaire à sa mission dans l'humiliation et l'opposition de ses contemporains. Cette dynamique victimaire alimente un *imaginaire de revanche*, de purification, de séparation.

Ce sont deux récits qui s'affrontent. Le nôtre et celui de l'*oumma*. Il faut donc offrir, reconstruire, proposer une patrie plus séductrice que l'*oumma*. Il faut redonner à la France les traits d'une civilisation désirable.

« Il faut tout refranciser et refranciser partout »

La France est ignorée des siens. Quand elle n'est pas méprisée par les histocrates qui, feignant de la connaître, s'emploient à la confondre, pour la mettre hors de portée des affections naissantes.

L'identité française a été abîmée par une contre-mémoire, une contre-histoire. Et voici que la France est en péril de mort, menacée de l'extérieur, par la submersion mais aussi de l'intérieur, par l'implosion morale. Nous glissons, nous dévalons… Les derniers patriotes sont des petits Sisyphe au fond du trou. Les murs porteurs ont lâché depuis longtemps. La France est devenue, pour les uns, un sujet de gausserie et, pour les autres, une cause perdue. Elle est faible, très faible, et c'est pour cela qu'il faut l'aimer davantage. Elle n'est plus vraiment un pays, avec des solidarités affectives. Elle est fracturée comme jamais. Entre ceux qui n'osent pas s'opposer à la *déconstruction* et ceux qui s'acharnent à sa *démolition.* Elle est regardée, traitée, convoitée par le commun du peuple comme une *résidence.* Un espace d'ayants droit, régi par l'État-Gulliver. Le point commun de ceux qui y résident et de ceux qui aspirent à résider tient à l'ignorance commune de ce qu'elle a été, de ce qu'elle demeure, avec ses plaies béantes et ses gloires éteintes...

Le face-à-face des populations installées chez nous peut tourner, du jour au lendemain, à la guerre civile. On peut même dire qu'elle a commencé avec les drames de Thomas, Philippine, Élias, Lola, le père Hamel, les professeurs Samuel Paty et Dominique Bernard, qui sont tous tombés sous les coups de couteaux des égorgeurs, dans l'incompréhension des pouvoirs publics. La classe dirigeante n'a pas daigné faire l'effort d'appeler par son nom la guerre larvée qui nous est faite : une *guerre de civilisation.* La rupture de la transmission n'est pas seulement de l'ordre du constat, elle est revendiquée. Connaissez-vous la phrase de l'instituteur de Boulogne ? « Dis-moi dans quel *état* est ton école. Et je te dirai dans quel *État* tu vivras demain. »

Aujourd'hui, les jeunes Français scolarisés n'ont plus accès à l'héritage de leurs pères. Le nombre a tout changé, tout renversé. Dans les quartiers, on les surnomme les petits *dhimmis de la classe.* L'école pratique l'*assimilation à l'envers.* Les nombreux enseignants qui m'écrivent, après m'avoir entendu parler pour eux, émettent le même cri. Un cri d'appel, un cri d'angoisse : « J'ai changé de statut. J'étais *prof.* Je suis *demi-prof,* je ne puis plus, *je n'ose plus finir mes phrases* dès que je me hasarde à commencer une période par le mot "France". L'enseignement halal interdit de susciter l'engouement, l'admiration. On ne peut plus transmettre la fresque française. J'ai peur de raconter la régence de Blanche de Castille, la Croisade de saint Louis, la conversion d'Henri IV, la tranchée des baïonnettes, la Shoah. » On l'a dit et redit, un peuple qui perd le goût de ses légendes est condamné à dessécher son âme. Nous cohabitons avec un double phénomène inédit, que personne n'ose même nommer. Il y a d'abord l'enseignement *halal* qui appelle à la *halalisation* des esprits. Et il y a ensuite l'enseignement *woke* qui appelle à la *décolonisation* des esprits.

Les uns veulent nous halaliser. Les autres, nous décoloniser. Dans les deux cas, c'est le passé qui trinque, qu'il faut apprendre à tenir pour exécrable.

La haine de la France est devenue l'alpha et l'oméga de l'Instruction publique. Le pauvre gamin qui ouvre son cartable après avoir franchi le portique détecteur de lames tranchantes est pris entre un islamisme d'atmosphère et un décolonialisme de soumission. « On va t'islamiser la tête, on va te décoloniser le cerveau. » La seule réponse du rectorat, c'est la fameuse digue des « valeurs de la République » que personne n'a jamais pu définir au juste. Qu'est-ce donc qu'une République dont les zélateurs ont transféré la souveraineté nationale et populaire à l'Empire de la norme, à Bruxelles ? On voudrait répondre à des *colonies* de peuplement avec le charisme d'un *protectorat.*

Que faire devant un tel péril de mort pour sauver ce qui est encore sauvable ? Il y a un mot de De Gaulle qui nous édifie sur les malheurs passés, toujours surmontés : « Vieille France, accablée d'Histoire, meurtrie de guerres et de révolutions, allant et venant sans relâche de la grandeur au déclin, mais redressée de siècle en siècle par le *génie du renouveau.* »

Qu'est-ce donc que le génie du renouveau, quand tout s'effondre ? Eh bien, le renouveau, aujourd'hui – le renouveau de nos exaltations –, c'est la *francisation.* Un peuple francisé, refrancisé, tiendra plus facilement la marée. Le mot « francisation » n'est pas de mon cru. Il ne vient pas de la rive droite, où mijote le bouillon de culture du souverainisme ou du patriotisme à l'ancienne. Il vient des forges radicales d'Édouard Herriot. Le professeur Jean-Pierre Deschodt a mis en exergue « la doctrine Herriot » sur l'assimilation[1] : « Ce dirigeant éminent du Cartel des Gauches est convaincu que la "présence sur notre sol de près de trois millions de non français" relève d'une urgence vitale. En définitive, selon cette doctrine, "le sort de l'étranger tient dans l'alternative suivante – je cite ses mots : *la mort ou la vie*". Pas moins. Soit il est reconnu comme *assimilable*, soit il est considéré comme *indésirable* et se retrouve *ipso facto* à l'extérieur des frontières nationales. C'est ce qu'on appelle à l'époque le *protectionnisme social.* »

Cette *« doctrine Herriot »* repose sur une nouvelle sémantique, à partir d'un mot-clé, le mot *« francisation »*, ainsi inauguré par le radicalisme. Herriot ose même parler de la *« francisation des prénoms »* et il note que « la naturalisation des étrangers ne doit être considérée que comme un remède provisoire à la dépopulation qui nous ronge[2]... ». Il considère par ailleurs que « les colonies de peuplement sont réfractaires à toute assimilation française ».

Le mot d'Herriot sur la « francisation » me va très bien. La paternité sémantique de l'expression a le grand mérite de nous sortir du périmètre sanitaire, du périmètre lexicologique. Me voilà dédouané, immunisé par avance, pour la suite de mon propos. Le concept de « francisation » vient de la gauche, et même d'une figure mythique de la gauche. Il n'est donc pas suspect. Il nous libère d'une querelle

---

1. Colloque de l'ICES, 2024, communication du 7 novembre, « Herriot, le radicalisme et les étrangers ».

2. Lettre-préface d'Édouard Herriot au livre de Charles Lambert, haut-commissaire à l'immigration, *La France et les étrangers*, Delagrave, 1928.

théologico-langagière. Herriot, grande figure de la gauche, voyait le danger. Aujourd'hui, la gauche ne le voit plus.

Il faut *franciser*. Ou plutôt *refranciser*. Refranciser la France qui s'est peu à peu défrancisée. Et il faut tout refranciser et refranciser partout : refranciser l'école, en suscitant un nouvel Ernest Lavisse, l'instituteur national, qui a inventé, après le désastre de Sedan, en 1870, le fameux *roman national*. Il faut donner à l'école trois missions : d'abord refaire un *peuple*, ensuite refaire un peuple *amoureux*, enfin refaire un peuple *amateur d'art*, un peuple qui retrouve le goût. Faire entrer à l'école l'éducation artistique afin de réaliser pour les disciplines de la *sensibilité* ce que Jules Ferry avait réalisé pour les disciples de la *connaissance*.

Il faut refranciser les médias, les obliger à privilégier la culture française, à mettre à l'honneur la civilisation de notre pays. Il faut refranciser l'espace public, refranciser l'espace privé, refranciser les élites, à l'Université, refranciser les arts et jusqu'à la chanson populaire, aujourd'hui livrée au borborygme barbarisant. Bref, il faut refranciser les âmes. Cela suppose au préalable qu'on retrouve – qu'on ose invoquer – l'imaginaire français. L'épopée, les tapisseries intimes, les poèmes héroïques, l'enluminure des grandes heures, les retrouvailles avec le panache, l'esprit français qui voltige au-dessus de la carcasse qui tremble… Imposer, à nouveau, un récit national, en osant dire, comme Churchill : « Si vous trouvez que la légende est plus belle que l'histoire, alors n'hésitez pas, imprimez la légende. »

On ne peut accepter plus longtemps que le mot « France » écorche les bouches des nouveaux précepteurs. Aujourd'hui, les brahmanes de l'État profond parlent de l'« Hexagone », et les politiciens désignent ainsi la France : « *ce* pays », « il faudrait que, dans *ce* pays… » « *Ce* pays » ? Lequel ? Le pays de *qui* ? Mais c'est *ton* pays. Alors tu peux dire « *mon* pays », n'est-ce pas ?

Il est urgent d'apprivoiser en nous un patriotisme compassionnel. Il n'est pas interdit d'aimer la France de tendresse douloureuse. Les Français ne rêvent plus de leur passé. La France est un *État-nation* qui ne fait plus rêver. Un État-nation n'a plus sa place dans la globalisation. Mais la globalisation sera bientôt derrière nous. Nous sommes à la fin d'un cycle. Le monde redécouvre les logiques de puissance, et les logiques de puissance *affective*. La patrie est de retour. Le sentiment national revient, le cycle du commerce planétaire et de la délocalisation des chaînes productives va vers sa péremption. On serine que la France a vocation – maintenant qu'on l'a pesée au trébuchet de son poids statistique – à se dissoudre dans un ensemble plus grand – donc plus raisonnable – comme on dit « à l'échelle ». On l'a intégrée, à la manière d'un grumeau récalcitrant, comme le rapporte Peyrefitte, « comme on intègre les marrons dans la purée de marrons de l'Union européenne ». Elle cauchemarde. Elle n'entend plus l'écho des anciennes mélodies qui la berçaient de ses barcarolles et villanelles. La tradition, qui est ce bourdon continu, à peine audible, ce *cantus firmus* traversant le temps et portant le monde, s'est éteinte.

Mais de cette France qui est la nôtre, tumescente, couverte de jurons, la France des jours sombres, peut naître une lueur. Simone Weil l'avait perçu en pleine débâcle : « On peut aimer la France pour la gloire qui semble lui assurer une existence étendue au loin dans le temps et l'espace. Ou bien on peut l'aimer comme une chose qui, étant terrestre, peut être détruite, et dont le prix est d'autant plus sensible. »

La pensée de la faiblesse peut enflammer l'amour comme celle de la force, mais c'est d'une flamme autrement pure. La compassion pour la fragilité est toujours liée à l'amour pour la véritable beauté parce que nous sentons que les choses vraiment belles devraient être assurées d'une vie éternelle et ne le sont pas. Il est vital que notre pays, pris dans les secousses sismiques qui bousculent toutes ses fondations, retrouve un liant pour incorporer les jeunes Français de souche ou de désir. Jacques Bainville définissait le peuple français comme un composé subtil : « C'est mieux qu'une race. C'est une nation. » Donc tout est possible. Il faut seulement que la France soit désirable.

Moi, quand j'étais petit, j'ai appris, en côtoyant les hautes figures de mon Panthéon des halliers, qui avaient de l'humeur et de la faconde, que la France était une âme, un principe spirituel. J'ai goûté la France comme une élégie. J'écoutais les laboureurs, au loin, sur la colline, qui dariolaient. C'était abscons et grandiose. Un murmure qui célébrait la vie. J'ai vu couler la sueur des moissonneurs sur les joues défaites. J'ai vu claudiquer des hommes cassés avant l'âge. J'ai appris à égrener, sur la colonne de marbre du Souvenir de 14, le nom de mes deux grands-pères, l'un tombé au champ d'honneur, l'autre gazé, tous deux « morts pour la France ». J'ai senti très tôt ce mélange de tristesse infinie et de joie débordante qui compose les tissus aux couleurs passées d'une petite nation dans la grande. J'ai entendu, devant le cercueil d'un voisin – un combattant des deux guerres, « gueule cassée » de la Première, maquisard torturé de la Seconde –, lors de son inhumation où tous les enfants des écoles avaient été invités : « La Providence nous a *repris* ce "Français *donné*". » Cette phrase-là m'a marqué pour la vie. Il y donc des *« Français donnés »* ? *Donnés* à qui ? À quoi ? À une France *offerte* ? Offerte au miroir du monde, le miroir des vertus vieilles comme le monde. La France n'est donc pas un hasard ?

Très tôt, j'ai embrassé la France, comme un être charnel qui me raconte des histoires, qui livre des combats, qui enchaîne les exploits, qui revient du diable vauvert et qui, parfois, s'effondre sous le poids du malheur comme une dame sans âge qui n'a plus que des larmes sèches pour avoir trop pleuré. J'ai pensé – moi aussi, comme d'autres – que la France était une *personne*, la grand-mère qu'on n'a pas eue, celle des contes qu'on n'a pas lus, celle des récits qu'on n'a pas connus.

L'histoire d'une nation, c'est comme n'importe quelle vie humaine digne de ce nom : un drame moral. J'ai aimé la France, d'un amour charnel, tout petit. Je l'ai dessinée, imaginée, goûtée. J'ai aimé les madeleines de Commercy et le vin préféré de Rabelais, le cru de Petosse. J'ai sangloté pour elle, j'ai sonné de l'olifant à Roncevaux, j'ai ri avec La Hire, j'ai porté la plume au vent de Cyrano, j'ai suivi la Couronne d'épines, en saluant, entre les pilastres, Esmeralda et Quasimodo, je me suis glissé dans la tranchée de mon grand-père, Louis, le capitaine en pantalon garance, j'ai saisi sa gourde, puis je me suis glissé dans le maquis de mon père, j'ai écouté le récit de son évasion. La France m'a pris en affection. Je lui dois tout. Je me suis endetté moralement à vie. Ma vie n'est qu'un remboursement. Un temps décompté pour honorer une dette vitale. Je paie de ma personne pour lui rendre hommage, à chaque minute d'une vie débitrice. J'ai essuyé les quolibets pour elle. Je me sens décalé mais vaillant face aux assauts du mépris.

Dans la grande dérive où se trouve notre pays, la question est simple : allons-nous parvenir à attirer vers nous les arrivants afin qu'ils entrent en amitié ? Va-t-on leur donner envie de nous ressembler, non pas dans l'hédonisme et le nihilisme, mais dans l'exaltation commune de notre patrimoine vital ? Sinon, ce sera la *créolimélanchonie* qui gagnera : ils ont le nombre, l'État de droit, les médias.

Pour ceux qui préfèrent nous détester et refusent la francisation, il n'y a qu'une réponse : « La France, tu l'aimes ou tu la quittes. »

Les trois cordes de rappel qui retiennent un peuple dans sa chute

La France, par sa constitution intime, diffère des nations qui l'entourent : elle n'est pas une *île* comme l'Angleterre, une *ethnie* comme l'Allemagne, un *puzzle* comme l'Italie, un *damier de populations importées*, comme les États-Unis d'Amérique. Sorti d'un improbable creuset millénaire, le peuple français est à nul autre pareil. Ce qui lui a donné sa force de projection, c'est aussi ce qui a gratifié l'esprit français de cette *légèreté* d'inclinaison qui a fait dire à Richelieu « qu'elle le sauve des ornières où il culbute parfois, car le Français se relève aussi vite qu'il lui est donné de choir ».

À quoi tient le paradoxe de cette légèreté qu'on pourrait dire salvatrice ? Au fond de tempérament d'une population et à son attirance pour l'*intemporel*. On connaît des peuples aux ascensions fulgurantes, et qui ont été balayés par l'histoire, souvent cruelle, parce que la civilisation qui les a portés était toute fondée sur le gain, l'intérêt, le pur et rigoureux calcul des biens matériels. C'est par les œuvres intemporelles que les civilisations résistent aux événements, aux malheurs du temps, à la nature ingrate de la mémoire oublieuse.

À un peuple qui perd pied et qui se met à tournoyer dans les délices et poisons de l'instant, le relèvement n'est promis que s'il a en lui les ressources pour comprendre et pratiquer le mot de saint Paul : « Défendez-vous avec des *armes de lumière* ». Une civilisation ne s'élève que par un effort de purgation et de sublimation.

Quelles sont donc les *armes de lumière* du peuple français, aujourd'hui habité de pénombres et de noirceurs, les armes de lumière qui pourraient lui rendre son lustre purificateur ? Il y en a trois. Portées par les traits de caractère qui lui sont enviés par le monde entier et qui tiennent au mystère de ses ferveurs constitutives. Ce sont les trois cordes de rappel qui pourraient lui redonner le goût de l'escalade. Rien ni personne n'a pu, jusqu'à présent, le dépouiller de cette profusion insondable et irradiante. Le peuple français a cette singularité rare : il ne sombre jamais totalement, même au bord du gouffre. Pourquoi ? parce qu'il est lesté de ces trois cordes de rappel tressées dans le temps long : la littérature, la politique et la métaphysique. Trois fils qui le relient à son apogée, même s'il dévale la pente.

Le peuple français est d'abord un *peuple littéraire*. La France est une romance. Elle a éclos d'une chanson de geste, ce qui est unique dans l'histoire du monde. Ce pays aurait pu, comme tant d'autres, naître d'un coup d'échine, d'un coup de force, d'un trait de plume de robins. Non, la France est venue au monde à la faveur d'un geste de littérature couché sur parchemin. C'est avec la *Chanson de Roland* que la France est ainsi dénommée pour la première fois, à travers une scène touchante, quand le preux qui va s'éteindre supplie son compagnon d'armes : « Tu tourneras ma tête vers *France la Douce.* » L'imaginaire français est né là. Le mot « France » est prononcé entre les aubépines et les genévriers, érigé en un être moral, doué de tendresse. Une brèche est ouverte dans la roche friable. De génération en génération, on tiendra Durandal à la main. D'un col d'arrière-garde, tout est parti avec des mots. Une défaite transfigurée par des vers. Un poème national. L'appel d'un olifant, une épée qui se brise, un chevalier qui pleure et la langue qui fixe la scène et qui devient le principe unificateur du royaume, le *Verbe vivant.*

Marc Fumaroli a résumé notre pays : « Nation-Église, la France s'est construite autour d'un Roi-Verbe, d'un Roi-Christ, dont la langue chante les louanges, véhicule les ordonnances et rassemble les fidèles sujets. » Plus tard, la clarté française portera bien au-delà du jardin de France nos saveurs fraîches et aurorales. Jusqu'aux confins de notre continent, la conversation sera bientôt française.

La France deviendra le salon de l'Europe. Avec sa langue, notre pays a inauguré un nouveau régime de la parole et de la civilisation. S'il a élevé la littérature au rang de symbole national, c'est qu'il y a, chez nous, un commandement politique de la langue, le nouveau *sacré laïc.*

En France, la littérature est au-dessus de la politique, elle est sa légitimité supérieure. Elle fait l'histoire. Sans les mémorialistes, que saurait-on des temps passés ? Sans Grégoire de Tours, le vase de Soissons ne serait pas venu jusqu'à nous. Sans Joinville, saint Louis fût demeuré un roi obscur. C'est Saint-Simon qui fait découvrir la cour de Louis XIV. Et Chateaubriand sait, comme Tacite avec Néron, que ce qui restera de Napoléon, c'est ce qu'il aura écrit : « L'historien paraît, chargé de la vengeance des peuples. »

Pour la postérité, ce qu'on retient, ce ne sont pas les faits, mais ce qu'en ont dit les écrivains. La trace des hommes politiques s'efface. Le jugement des écrivains demeure.

C'est un besoin très ancien que ressent notre patrie littéraire d'accorder l'histoire et l'écriture. Dès le XIIe siècle, Suger, le conseiller du roi Louis VI, confie aux moines de Saint-Denis le soin d'un travail historique prodigieux : ce sera la « Grande Chronique de Saint-Denis », elle traversera les siècles pour venir jusqu'à nous. Dans le vieux fonds gaulois, fort en gueule, les mots ne sont pas au-dessus des actes. Ils sont les actes. C'est à cause de cela – quel symbole ! – que les écrivains accèdent au privilège de l'*immortalité* sous la Coupole. Pour eux seuls, les phrases prononcées ne s'éteindront jamais. Ils ne meurent pas. Les saints ont le Paradis. Les Immortels ont la Postérité.

Il y a un événement dont le rappel m'a toujours fasciné. Si on veut savoir ce qu'étaient la grandeur, la puissance de la France dans le monde, à la fin du XVIIIe siècle, il suffit de se remémorer l'intitulé du sujet proposé par l'Académie de Berlin, en 1783 : « Qu'est-ce qui a rendu la langue française *universelle* ? Pourquoi mérite-t-elle cette *prérogative* ? » Ce lien entre la langue et la puissance nous invite à aller chercher dans le for intime les ressorts cachés de ce « peuple grammairien » qui accorde, à l'instinct, la Justice et l'Ordre.

Quand j'étais jeune parlementaire, je rencontrais, sous la verrière, en sillonnant les travées, pour aller rejoindre mon banc, plusieurs *députés-académiciens* : Peyrefitte, Giscard, Deniau, etc. Bruno de Cessole a souligné cette curiosité française[1] : « En quelle contrée les hommes d'État élus estiment-ils que la légitimité issue du suffrage universel est rehaussée par le prestige de l'écriture ? », se demande l'auteur. « Où, ailleurs qu'en France, les grands écrivains jugent-ils que leur génie leur confère le devoir d'intervenir

1. Bruno de Cessole, *Le Sceptre et la Plume*, Paris, Perrin, 2023.

dans les affaires publiques, d'éclairer les destinées du peuple, et de s'instituer prophètes et législateurs ? »

Il n'y a qu'en France en effet qu'un prince – Henri de Navarre – harangue son armée comme un poète, qu'un chef de guerre – Napoléon – emporte sa bibliothèque sur les champs de bataille, qu'un barde – Lamartine – proclame la République, qu'un président – Mitterrand – fuit l'Élysée pour chiner chez les bouquinistes, qu'un autre – Pompidou – répond par un vers de Paul Éluard à une conférence de presse. Il n'y a qu'en France que les rois sont poètes à leurs heures perdues et que les poètes rêvent d'être ministres.

De cette subtile alliance naquirent deux races typiquement françaises : l'*écrivain engagé* et le *politique littéraire.* Il y a ceux dont le rêve premier fut de gouverner, mais qui se réfugièrent auprès des Muses, dégoûtés par l'exercice d'un pouvoir corrupteur. Et il y a ceux qui exercèrent réellement le pouvoir, tout en ayant l'ambition souterraine de marquer la postérité des lettres. Napoléon, bien sûr, qui fut, selon Hugo, « *un des plus grands écrivains du* XIX*e* *siècle* ». Ce géant politique mais aussi littéraire « *faisait des codes comme Justinien, dictait comme César, sa causerie mêlait l'éclair de Pascal au coup de fouet de Tacite, il faisait l'histoire et il l'écrivait* ».

Le peuple français est donc un peuple *littéraire.* C'est un peuple qui aime les mots, qui aime la gouaille, la verve... Un peuple qui aime la parole. Je me souviens de Louis Jouvet qui, un jour, s'élance sur scène, après tous les rappels : « Que voulez-vous, cher public, j'aime le théâtre, s'exclame-t-il. Et je vais vous dire pourquoi : parce que le théâtre, c'est le *Verbe.* » Le Français aime le verbe, il aime le choc des mots, il bataille pour laisser un trait d'esprit qui fait mouche. Cyrano est son modèle. « À la fin de l'envoi, je touche. » De Gaulle parlait de « cette vieille propension gauloise aux divisions et aux querelles ». Chaque hutte avait son druide, et les invectives fusaient pour une boule de gui dérobée sur le tilleul d'en face.

La langue française est aujourd'hui en péril. En 1783, elle était la première langue d'Europe. Aujourd'hui, elle pourrait devenir une langue morte. Elle subit en ces temps décadents trois assauts mortels.

Le premier, c'est le *franglish*, le *globish*. Emmanuel Macron n'est pas le dernier à pratiquer le sabir franco-anglais. Il a d'ailleurs reçu, pour son franglais – *brainwasher, french tech, start-up nation* – le prix de la *carpette anglaise*. Imagine-t-on le Roi-Soleil encourageant d'un mot le Surintendant à Versailles : « Allez Colbert, *choose* France » ?

Le deuxième assaut, c'est le langage dit *inclusif*. On veut nous faire croire que notre langue est *discriminatoire*, qu'elle privilégie les dominants. Et nous voilà gangrénés par l'écriture inclusive. Une femme des services de secours devra désormais s'appeler une « sapeure-pompière ». Où va-t-on ? Il y a le feu au lac.

Le troisième assaut, c'est la *novlangue techno-managériale*, qui tue l'esprit français, le génie de la langue, quand les mots contournent le réel et réifient jusqu'aux êtres vivants.

Mais le peuple français, s'il sait jouer avec les mots, n'est pas seulement un peuple littéraire. Il y a, en lui, une autre fibre. Il parle, il harangue sur le forum, où il aime descendre pour quelques éclats.

Le peuple français est aussi et peut-être d'abord un *peuple politique*. Ce n'est pas un hasard si on l'a représenté très tôt à partir d'une enluminure, intitulée « Le jardin de paradis ». Ce qui est frappant sur ce dessin naïf et authentique qui figure la France immémoriale, c'est que le « jardin du septième climat », comme on l'appelle au XVe siècle – une réplique du jardin d'Éden – est entouré, protégé, enserré par un *palis d'osier armorié.* Ce jardin est un enclos, le palis d'osier le met à l'abri des convoitises du pourtour en appétit qui envie ce trésor de nature et de prospérité.

Ce palis préfigure les citadelles de Vauban, quand on appelait la France le *« pré carré »*. Les *plans-reliefs* sont les miniatures des places fortes qui tiennent le territoire derrière son *limes* stratégique. La France n'est rien sans la politique, parce que la politique, c'est d'abord la frontière. La France n'est pas un acte de la Nature, elle n'est pas naturellement protégée. Elle repose, depuis deux mille ans, sur une réserve d'énergie déployée à veiller sur le « pré carré ». Elle ne dépend que de la seule volonté humaine, le transcendantal capétien – si fragile – la *volonté politique* de la mettre à l'abri des concupiscences.

La politique, c'est d'abord la frontière. C'est ensuite l'État. Pour la France, l'histoire est particulière. Ce n'est pas la nation qui a fait l'État. C'est l'inverse, c'est l'État qui a composé, réuni la marqueterie des provinces. C'est l'État régalien qui tient le Sceptre et la Main de Justice. La constitution de l'État a été l'acte premier, du temps des Capétiens qui ont réuni et unifié puis centralisé le Domaine. Il a fallu protéger le jardin, qui se bornait à quelques parterres, puis l'agrandir pour y faire naître de nouveaux agréments et témoigner, devant l'histoire des beautés françaises. Ainsi est né l'*État-nation,* sur le principe de la souveraineté, qui a précédé l'identité. L'ablation de la souveraineté est donc mortelle. Quant à la « Main de Justice », elle nous ramène à l'image du Sacre, avec le symbole du chêne de Vincennes. L'idée d'un État impartial est née en même temps que les œuvres de miséricorde, sous la protection de l'État. En France, tout est politique. Il n'y a pas d'ethnie française. La France est le fruit d'une résolution familiale et dynastique.

Aujourd'hui, le peuple *politique* observe la dégénérescence de la politique, il assiste, effaré, au bord de la piscine sanguinolente, à l'empoignade désolante, en eaux troubles, des crocodiles et des caïmans qui se mangent entre eux. L'art politique est loin. On n'est plus dans le sacrificiel. Le *Testament* de Richelieu avait tout prévu, sauf cette déchéance. La politique est devenue un exercice hédoniste.

Enfin, il y a un troisième trait du peuple français qui est le plus souvent oblitéré par le discours ambiant : le peuple français est un *peuple métaphysique.* Un peuple qui est *né avec la métaphysique,* la conversion de son roi païen. C'est par l'onction baptismale que la France s'est constituée. On est là sur un symbole fort. La France est un cérémonial : « Courbe-toi, fier Sicambre... » La France est née chrétienne.

Née de la métaphysique, la France a *vécu de la métaphysique* : elle a choisi d'ériger « l'ouvrage français » qui a tourné les regards vers le ciel, par le jeu des clés de voûte et des arcs-boutants. Le *nombre d'or* du peuple français est une déclinaison de la pierre et de la métaphysique. On construit pour l'au-delà.

Le nombre d'or d'un peuple se trouve dans ce qu'il a laissé, dessiné, érigé : Rome tient tout entière dans le Forum. La Grèce fut contenue dans le Parthénon. S'il est vrai que, dans l'histoire des hommes, celle d'un peuple peut tenir dans une œuvre particulière, alors la cathédrale résume la France. Car le nombre d'or de notre pays, c'est le vaisseau renversé d'un peuple croisé qui a donné des ailes à la pierre.

Ce n'est pas que le peuple français soit, plus qu'un autre, *mystique* ou *méditatif*. Mais la France du subconscient va chercher ses secours en les secrets dépôts qui ont forgé des millions d'âmes. Il y a un souffle, un mystère français. Il y a comme un petit angelot qui se promène au-dessus des toits dans le vent des cloches. Comme une réminiscence et une présence.

Le célèbre marguillier de La Haie-Fouassière m'a dit un jour, en voyant de bons laïques anticléricaux se précipiter dans le chœur, pour l'enterrement d'un bouffeur de curés : « En France, on fait comme les aïeux : on va au café quand ça va bien. On y *jure*. On va à l'église quand ça va mal. On y *conjure*. Et quand ça va très mal, le président du Conseil, Paul Reynaud, emmène tous les députés à Notre-Dame pour allumer des cierges. On y *adjure*... »

Péguy a ainsi salué avec beaucoup d'esprit la quintessence du génie d'un peuple : « C'est embêtant, dit Dieu ; quand il n'y aura plus ces Français. Il y a des choses que je fais, il n'y aura plus personne pour les comprendre. »

On a vu, à l'occasion de la réouverture de Notre-Dame, que c'était tout un peuple – ou presque – qui semblait ressentir charnellement la portée métahistorique de l'événement. Les cœurs vibraient à l'unisson, Notre-Dame redevint, en un instant de grâce, ce qu'elle fut jadis : la maison du peuple français. Il y a déployé, en son temps, les expressions les plus pures de son génie créateur. Alors, en ces quelques heures où la France fut la capitale de la planète, où le monde entier était à Paris, il y eut une émotion réelle, comme si on retrouvait là cette foule chantante, ce grouillement d'âmes simples, et puis cette hymne à l'unité profonde de la symphonie millénaire. Pendant quelques heures, Notre-Dame redevint la patronne de la France.

Allons plus loin : la France est née d'une *métaphysique des charités élémentaires* qui ont irrigué les rouages de l'État. Elle s'est constituée comme un acte de miséricorde, avec deux allégories qui ont traversé les siècles : celle de la chlamyde partagée par un soldat romain avec le pauvre des pauvres, symbole des charités fondatrices d'un royaume où la *potestas* ne va pas sans l'*auctoritas*. Le voilà, le « *Français donné* ». Et puis l'allégorie des frères mendiants qui arpentent, sans chausses, vêtus de bure grossière, les voies populeuses pour prêcher le dépouillement. Ce sont eux qui pressent le jeune Louis de Poissy à devenir un *roi-mendiant*. Et il marchera avec des avant-pieds sans semelles, pour inaugurer un pouvoir *oblatif*.

Tout le sort de la France – j'y reviens car c'est le cœur du chœur – fut scellé à Reims, avec la colombe et le Saint Chrême. Contrairement à la Hongrie, la Russie, la Pologne, la France n'est pas une nation païenne devenue chrétienne par son baptême. La France est née du baptême de son roi. Du baptistère est sortie la nation.

Cet acte majeur, salué par le pape Jean-Paul II en 1996, a eu une portée historique immense : le roi des Francs va devenir le *continuateur* de l'Empire romain d'Occident. Il va devenir le *libérateur* des populations gallo-romaines des royaumes wisigoth et burgonde, soumises à des souverains hérétiques. La guerre de Clovis contre Alaric, le Wisigoth, est placée sous le patronage de saint Martin de Tours. Le nouveau baptisé va devenir aussi le *principe d'unité*, en définissant, au concile d'Orléans, les règles présidant à la répartition des pouvoirs civil et religieux. Enfin, il est et sera l'artisan de la communauté de destin qui deviendra la France.

L'universalité de la France vient de là. Il y a une exception française fondatrice, qui est une manière de penser l'homme et le monde, et qui prépare le messianisme d'émancipation.

Sans la chrétienté, la France n'est rien. On pourrait au moins imaginer un droit de primogéniture pour la religion qui est ici depuis 2000 ans. Un droit d'aînesse. Une reconnaissance qu'on retrouve dans tous les témoignages de pierre qui scandent les routes de ce vieux pays. L'idée même de « l'athéisme d'État » nous offre en immolation volontaire à d'autres croyances et nous éloigne de nos hymnes fondateurs. Chateaubriand nous avait prévenus : « Si vous chassez le christianisme, vous aurez l'islam. »

Cette vieille quête française du sens

La question qui se pose à nous aujourd'hui est la suivante : en quoi le fait que le peuple français soit, par sa constitution intime, un peuple *littéraire, politique, métaphysique*, constitue-t-il un gage de survie, une assurance contre la disparition ? Eh bien, parce que cette triple singularité porte en elle la pérennité française. Ces trois cordes de rappel ne garantissent pas l'ascension mais empêchent la chute libre. Elles ne valent que si on les saisit à temps. Mais elles sont là, elles sont bien là. Et c'est pourquoi, malgré l'usure, malgré l'affaiblissement de ses institutions, malgré les fractures visibles, la France n'a pas encore sombré. Parce qu'elle se souvient, elle espère. C'est sa manière, peut-être unique au monde, de tenir debout.

L'âme du peuple français est tout entière traversée par une dialectique entre le monde de l'esprit et le monde sensible, qui la rend peu soluble dans la culture de masse globalisée.

Un peuple *littéraire* peut déchoir. Il peut oublier son art de la réplique et son génie de l'à-propos. Il peut tout abolir en lui. Il peut rejeter l'idée qu'il a beaucoup écrit et qu'on l'a beaucoup lu. Un peuple littéraire ne peut pas vivre longtemps sans récit ni légendaire, tourné, par sa complexion même, vers la gloire immarcescible et la fièvre des passions déchirantes : « Ô que ma quille éclate ! Ô que j'aille à la mer ! »

Son instinct le porte à parler avec son âme, comme Platon faisait parler les « Lois » en projetant des ombres humaines sur les murs de la caverne.

Le Français est comme le pêcheur de perles qui a juré, pour plaire au vulgaire, de ne plus redescendre dans les profondeurs mais qui, envers et contre tout, poussé par son instinct, plonge et replonge dans les abysses, juste pour un saphir.

Un peuple littéraire peut perdre la plume, son phrasé, et il peut même renier sa littérature. Elle est plus forte que lui. Elle est sa mémoire active. Elle le rattrape. Rien n'y fait. Le Français a besoin de figures, de strophes incandescentes. Quand il abandonne ses rêves, ceux-là viennent le rechercher.

La vacuité des jours l'aspire, un jour ou l'autre, vers une association de souvenirs, qui dépose en ses ferveurs évanescentes un semblant d'harmonique, que les poètes rattachent à la *musique des mots*.

La musique des mots est là, elle nous guette, elle fredonne des airs qui viennent convoquer nos grandeurs enfouies et qui les raniment.

Un peuple littéraire, porté par les réflexes du temps long qui entretient en lui des songes délirants, peut céder un temps à l'*« illettrisme d'État »* et se laisser emporter par la bêtise ambiante, qui normalement contamine par ses nonchalances borborygmatiques.

Il en ressort un jour ou l'autre par le haut, par les mots entendus, par les mots prononcés. Les mots brûlants, les mots fulgurants, par le philtre d'amour, par l'envol d'un bouquet d'hommage ou l'effleurement d'un baiser.

Ce peuple a plus d'un tour dans son sac à formules. Ce peuple a plus d'une chevalerie langagière en réserve, plus d'une élégance de courtoisie en provision de coquetterie.

Ce peuple marche et respire avec de grandes périodes, il a besoin d'exagérer le pas et les virgules, les allitérations et les invocations. Il a besoin d'excès. C'est sa manière à lui d'apprivoiser l'absolu.

Un peuple littéraire, fût-il aphone et devenu presque analphabète, ne peut pas mourir. Il est guetté par les livres, qui lui racontent tout ce qu'il a oublié, tout ce qu'il va retrouver, tout ce qui va l'embraser – qui lui racontent son for intime. Il suffit d'un seul lecteur pour sauver tout un peuple.

Nous n'avons pas le choix. Aucune civilisation n'est inscrite dans l'ordre biologique, aucune n'est organiquement héréditaire. C'est une sorte de miracle qui recommence à chaque génération – que dis-je ? –, à chaque naissance de chaque petit homme qui, arrivant au monde, n'a même pas l'*instinct*, reçu par voie d'hoirie, pour se défendre. La civilisation est une recréation en chacun de nous. En chaque être humain qui vient à la vie, la civilisation doit naître et mûrir. L'ontogénie – le développement de l'individu, depuis l'œuf fécondé jusqu'à l'état adulte – est parallèle à la phylogénie – le développement de l'espèce : chaque être doit revivre en raccourci, mais fidèlement, la longue aventure de l'espèce. Comme elle n'est pas déposée dans la chair, contrairement aux réflexes tissés dans les instincts des animaux, il est nécessaire d'aller la chercher où elle demeure, dans les écrits qui nous ont précédés.

Il faut toujours se souvenir que la plus grande catastrophe de l'Antiquité, c'est l'incendie de la bibliothèque d'Alexandrie. Et Pierre-Jakez Hélias le disait très bien : « Un paysan qui meurt, c'est comme une bibliothèque qui brûle. »

Un jeune homme qui succombe à la lecture succombe à l'amour de la France. Il trouve, dans notre littérature, de quoi se frotter au *génie français*. Et à l'envie de le porter en lui.

Quant au deuxième trait de caractère, celui du peuple *politique*, on peut certes trembler pour son inconstance et sa fragilité : il peut perdre le souvenir de ce qui l'a constitué. Il peut perdre le souvenir d'avoir été un État-nation, établi sur un acte de farouche indépendance et animé d'une grande vigilance pour ne pas être envahi, grignoté, vidé de sa substance. Un peuple *politique* peut s'approcher du gouffre et ne pas connaître le vertige au-dessus de l'abîme. Il peut se précipiter dans le vide.

Mais quelque chose peut le retenir. Ce quelque chose, c'est *l'instinct*, l'*instinct politique*. La politique est son *réflexe vital*. L'instinct d'un pays où, devant l'épreuve et le danger, ce peuple s'est toujours arrimé à deux môles qui n'ont pas vieilli : le tronçon de l'épée et la pensée française.

Ce qui court dans toute la trame de notre histoire, c'est un filigrane précieux, unique au monde, qui répond, mieux que n'importe quel médecin, au pronostic vital : *l'instinct français*. L'instinct d'une communauté de destin, préservée, sauvée parfois par une élite toujours minoritaire, une poignée de Français. L'instinct de protection des *intérêts vitaux*...

Enfin, il y a le peuple *métaphysique*. Cette vieille obsession française du sens. Notre peuple peut se vautrer dans le blasphème, flirter avec la religion d'en face, dresser des autels à l'irréligion festive, il n'en demeure pas moins un peuple choisi, façonné par une civilisation bimillénaire qui a laissé des aide-mémoires à toutes les croisées et des noms de saints qui résument la toponymie de milliers de nos villes et villages.

La trace de nos civilités ancestrales est présente dans tous les rythmes de nos vies. Même quand elle cède au néant du post-monde, l'immanence ne la retient pas longtemps, elle s'en échappe. La France reste une *terre de transcendance.*

On aura beau renier Jeanne d'Arc, Clovis et saint Louis, saint Martin et saint Vincent de Paul, le feuilleton merveilleux demeure. Il reste un fil ou plutôt un filet, un filet de Saint Chrême, qui manifeste l'irruption du surnaturel dans l'ordre naturel.

Ce filet, invisible, continue à irriguer la *potestas* et *l'auctoritas.* Il reste, dans la relation entre ce vieux peuple et le pouvoir qui l'administre, quelques gouttes des huiles sacrées qui ont, pendant des siècles, ritualisé la légitimité pour services rendus et l'obéissance d'assentiment.

Le nombre d'or est là. On peut le maquiller. Nul ne pourra l'effacer. Le nombre d'or du petit peuple tailleur de pierres sanctifiées et de gargouilles aux ivresses railleuses. Quoi qu'il advienne et quelles que soient les tempêtes du Grand Orgue qui gronde, il y a une *mystique* française. Cette mystique vient du fond des âges. Elle porte un peuple en son mystère et en ses affections. Dès qu'il en trouve l'occasion, ce peuple entonne des hymnes et porte en lui la mélopée : « Tu tourneras ma tête vers France-la-douce. »

Pendant longtemps, l'esprit français s'est donné, pour viatique, l'allégresse éternelle. Le plus petit artisan de France avait le culte du temps long, il inscrivait son grand-œuvre – une croisée d'ogive ou une flèche de grès des

Vosges – dans la pierre inusable, sortie du temps périssable. Il portraiturait la joie, en habilitant les anges de pierre à sourire aux hommes de chair. L'architecte, aspirant à dépasser la finitude des œuvres humaines, n'avait pas d'autre passion créatrice que de disposer son édifice dans la roche impérissable et de la surmonter en y inscrivant un peu de pérennité.

Toute notre littérature est une lutte contre le fugace, le transitoire. On écrit pour être lu après sa mort. La légende de Tristan et Iseut est arrivée jusqu'à nous, avec les deux rosiers rouge et blanc, qui vont s'entremêler et se rejoindre sur les tombes, pousser et repousser éternellement. La mort des amants ne suffit pas à rompre leur lien. Tristan est enseveli dans l'église de Tintagel, et Iseut dans la chapelle voisine. La ronce fleurie de rose rouge franchit le mur de pierre et vient enlacer la tombe d'Iseut. On la coupe. Elle renaît. Toujours elle retrouve le chemin de l'aimée.

Le peuple français a longtemps vu dans ce prodige le signe éclatant que l'amour des deux amants, si fragile et si bref sur terre, trouvait, dans la mort, sa pleine vérité. La puissance du rosier français, indestructible, fut ainsi portée par le légendaire médiéval pendant des siècles.

L'amour est plus fort que les lois naturelles et humaines. L'amour est plus fort que la mort.

Par la littérature, la politique et la métaphysique, le peuple français regarde la mort en face. Il a conscience de sa précarité. Il sait qu'il vole quelques secondes à l'inexorable. Alors, il lutte pour prolonger la vie, pour la redoubler par un au-delà imaginaire qui répond à son angoisse métaphysique. On retrouve, partout en France, cette recherche de l'immortalité.

Qu'est-ce donc que la famille française ? Une protestation contre l'instant fugitif. Un prolongement, la ligne de fuite d'une lignée. L'enfant est la seule réponse non métaphysique – inscrite dans la biologie – que l'homme ait jamais inventée pour s'opposer à la mort. Les lois de la génétique bravent l'éphémère. Dans l'apologétique capétienne, c'est le *roi du Ciel* qui choisit la personne du *roi terrestre*, appelé à devenir, aux yeux des hommes, *rex christianissimus.*

Le pouvoir ne meurt pas : « Le roi est mort ! Vive le roi ! » Le principe de continuité a toujours hanté les légistes. Avec toujours la même arrière-pensée : vaincre le temps – inexorable – vaincre l'incertitude sur l'avenir – vaincre la mort.

Cette corde de rappel ne s'use pas. Elle est là, omniprésente, dans un pays qui garde, enfouies mais bien vivantes, les piétés intimes et les mélopées de l'âme.

La France a une âme. Même si elle feint de chercher à ne sauver du pourrissement que son corps.

« La bataille politique devient un conflit esthétique »

C'est en 2013 que la machine à désintégrer s'est emballée. Avec la publication du rapport Tuot, dont l'intitulé préfigure le propos : *« Pour une société inclusive »*. Ce rapport a été remis au Premier ministre, Jean-Marc Ayrault, le 8 février 2013, par un conseiller d'État très respecté : le terme « intégration » qui, du temps de Mitterrand, avait remplacé celui d'« assimilation », est jugé lui-même dépassé. L'auteur inaugure le concept d'*inclusion.* Pour signifier qu'une « société *se transforme* autant qu'elle *transforme* ses nouveaux membres ». C'est au peuple originel de *changer.* C'est à lui de s'adapter, de faire évoluer sa mentalité, son identité, ses mœurs, pour s'ouvrir aux nouvelles fraternités. Nous voilà au point de bascule. Nous entrons dans la « société inclusive ». Le rapport propose, en ses conclusions, qu'on change les noms de rue pour « faire écho à la nouvelle France des migrations ». Il dénonce la « célébration du passé révolu d'une France chevrotante et confite dans des traditions imaginaires ». Le passé n'est plus un besoin vital de l'âme humaine mais un obstacle à son épanouissement.

C'est un nouveau tournant. Et il est majeur. Depuis cette période charnière, on ne peut plus dire seulement que le *roman national est mort.* Il faut ajouter qu'il a été *remplacé* par la *fable multiculturaliste.* Les élites veulent changer de société. Et passer du village au damier. Il s'agit bien d'une confrontation métapolitique qui se met en place. Une lutte à mort, pour la survie biologique d'un peuple en danger.

En fait, nous payons au prix fort la faute initiale de De Gaulle, au sortir de la guerre. Il confie alors la réforme du « système éducatif français » à deux membres du Parti communiste, Paul Langevin et Henri Wallon, en jugeant qu'il serait sans doute raisonnable d'arbitrer l'attribution des domaines de dilection à partir d'un partage du gâteau : « La droite tiendra l'*économie.* La gauche tiendra la *culture.* » Partage équitable. Pacifique. Fatal. On connaît la suite. La droite ou plutôt la *droiche* a fait exploser les prélèvements, elle a fait du socialisme. Et les socialistes ont tenu la culture sans jamais la lâcher, et, bien sûr, les socialistes ont fait du *socialisme.* En fait, la gauche n'a jamais oublié le précepte de George Orwell, dans *1984* : « Qui contrôle le *passé* contrôle l'*avenir.* Qui contrôle le *présent* contrôle le *passé.* »

Quand j'ai créé le Puy du Fou, la gauche a hurlé, la droite s'est gaussée. La gauche a pointé la zone rouge : « Pas touche », et elle a vitupéré : « Qui donc est cet intrus ? » La droite, tétanisée par le « soupçon du béret, du biniou et de la baguette », s'est amusée de cette « fête de la citrouille ». La culture, les fidélités du souvenir, l'Histoire ? « Pas sérieux ! » La gauche du rapport Tuot voulait désintégrer la société traditionnelle, en la noyant dans l'immigration invasive. La droite du rapport Mansholt voulait la désintégrer en la plongeant dans les huiles bouillantes de l'Europe immersive. À chacun sa désintégration. C'est ainsi que l'intégrité de la France fut mise à l'encan.

Aujourd'hui, la bataille est montée d'un cran. La droite est dégrisée. La gauche est déconfite. Le 5 août 2025, le célèbre scénariste du contre-roman national, Thomas Jolly, s'est épanché dans le journal *Libération*. Il confesse « sa conviction d'être devenu le dépositaire imprévu d'un *message urgent* ». L'urgence tient à ce qu'il pose un diagnostic troublé sur l'époque. « *Hanté par le Puy du Fou*, écrit *Libération*, il répète : « *Il faut taper fort.* » Puis, il explique : La cérémonie des JO fut la première frappe. Toucher 24 millions de Français devant leur poste... et énerver les autres. Pas les politiques, ils ne l'impressionnent pas. Mais les *démons réactionnaires*, qui sont embusqués : « Ils m'ont trouvé, j'ai été repéré... » Pas besoin d'un magnétomètre à protons pour détecter et identifier les « démons réactionnaires » ainsi désignés. Il faut chercher du côté du mont des Alouettes, sur la colline d'en face.

En fait, en créant la Cinéscénie du Puy du Fou, en 1978, j'ai marché, sans le savoir, sur un nœud de serpents. Car l'enjeu de la nouvelle bataille culturelle, c'est l'Histoire. Depuis Mai 68, on la croyait expulsée du forum. Elle revient en force. Quel honneur pour l'aventure puyfolaise d'être devenue ce que les commentateurs ont appelé la « *référence matricielle* de l'hymne à la France de toujours » ! Le roman national renaît de ses cendres. On le croyait mort, bien mort. Et voici qu'il revient. Il avait pourtant été enterré trois fois.

La première sépulture date des années 1920. C'est l'école des Annales qui préside à la mise en bière. Les historiens Lucien Febvre et Marc Bloch s'inscrivent en faux contre Ernest Lavisse, l'« *Instituteur national* », qui, après la défaite de Sedan, exprime un vœu : « Il y a dans le passé le plus lointain une poésie qu'il faut verser dans les jeunes âmes pour y fortifier le sentiment patriotique. » L'école des Annales ne veut plus rien verser dans les jeunes âmes, elle entend dépasser ce qu'elle appelle avec mépris : l'« Histoire-Bataille ». On ne parlera plus des grandes dates, des grands hommes, des grands moments, on exaltera l'évolution du progrès technique, les échelles statistiques, le changement des états mentaux. L'histoire devient, à l'université, la cousine germaine de la sociologie. On bascule dans les strates et les diagrammes.

Derrière ce projet de donner à l'histoire une allure plus scientifique, plus archéologique et un tantinet jargonnante, il y a l'idée de la « débarrasser de sa mission de forger l'identité nationale[1] ». On prétend émanciper l'historien pour le détacher des querelles « par trop partisanes ». Lucien Febvre explique que l'histoire ne doit plus être utilisable par la gent politique : « L'histoire qui sert, c'est une histoire serve. Et nous ne sommes point les missionnaires débottés d'un évangile national officiel. » L'Histoire prend ses quartiers, son autonomie. Elle ne sortira plus de son laboratoire de médecine légale.

Le deuxième enterrement de l'histoire-événement, c'est, après la guerre, quand l'université tombe entre les mains des marxistes. L'histoire est réécrite, réinterprétée pour devenir l'instrument des luttes, au service des masses. On s'éloigne du panache de Cyrano et même de la fête de la Fédération, encore trop incarnée. L'historien, devenu un médecin légiste avec les Annales, devient un apprenti lyssenkiste de la nouvelle science historique prolétarienne.

Le troisième enterrement, c'est avec Giscard. Il accède au pouvoir un an après la publication de *La France de Vichy*,

---

1. Eugénie Bastié, *La Guerre des idées*, Paris, Robert Laffont, 2021.

de Robert Paxton, qui anéantit l'idée même d'un peuple résistant et qui présente les Français comme des collabos, complices de la Shoah. Giscard veut décrisper la France et la sortir de son « passé hexagonal » où elle a attrapé la honte.

Les politologues qui, ayant procédé à une analyse spectrale de ce que le giscardisme a appelé le *« libéralisme avancé »*, ont souligné la dimension post-historique de la « construction » dite « européenne ». Dès les années 1970, la pensée européiste est révolutionnaire en ceci qu'elle est une promesse perpétuelle d'aubes à venir, de soleils virtuels. Elle affiche l'optimisme béat des démolisseurs. Elle regarde le passé comme une pure monstruosité. Le passé européen n'irrigue aucunement les institutions de l'Union européenne, car celle-ci se veut anhistorique, comme elle est a-géographique et a-culturelle.

Je n'ai jamais oublié les images du jeune président Giscard d'Estaing, lors de son discours d'investiture, le 27 mai 1974. Il reprend son souffle, avant de conclure pour marquer les esprits : « Voici que s'ouvre le livre du temps avec le vertige de ses *pages blanches*. Ensemble comme un grand peuple uni et fraternel abordons l'ère nouvelle de la politique française. » Cette référence sempiternelle aux *pages blanches* est un lapsus révélateur. Quand je lui ai posé la question, un jour, chez lui, à Authon, de ces fameuses *« pages blanches »*, il m'a répondu, sur un ton presque agacé : « Mais ces *pages blanches*, ce sont celles de l'Europe bien sûr ! Qui reste à construire... » On change de marqueur, on change de page, on change de livre, on change de projection même, on change d'histoire. Ce jour-là, Giscard se justifie en laissant tomber : « Que voulez-vous, cher ami, nous sommes une nation *moyenne*. » La France en a fini de son pacte millénaire avec la Grandeur.

Sous la férule de son ministre René Haby, l'histoire de France est reléguée au rang d'une « *discipline d'éveil* ». Plus de chronologie. Plus de narration. Nous voici pris dans un étau, entre l'aridité scientifique et la repentance. Notre peuple devenu vulnérable, depuis le regroupement familial qui date de 1975, va perdre ses défenses immunitaires et identitaires.

Hollande complètera le dispositif de l'*amnésie d'État* avec l'inauguration d'un musée de l'« Histoire de l'Immigration ». La boucle est bouclée. On préfère l'Autre. La déconstruction commence son œuvre délétère. Le roman national est devenu, dans l'esprit public, un tissu de noirceurs, un « roman noir ». Il faut l'oublier. Oublier la mise en image allégorique de nos tendresses enfouies.

J'ai senti tout cela très tôt. Le trou noir, la gloire interdite, le légendaire banni. « Cours, camarade, le Vieux Monde est derrière toi. » Le Vieux Monde bat sa coulpe. Tout un pays revendique soudain de vivre sans récit fondateur. Sans histoire. Pour vivre heureux. L'idée du Puy du Fou est venue, à contrepente, organiser les retrouvailles du peuple français avec son passé. Sans prétention scientifique. Je me souviens de ces moments de doute devant la grosse machine à traquer les intrus dans la culture populaire. Assis dans l'herbe, face à une ruine *piteuse* destinée à devenir une ruine *glorieuse*, je me dis, en riant de moi-même : « La différence entre une idée *clairvoyante* et une idée *folle*, c'est que l'idée *clairvoyante* est une idée *folle* qui a réussi et l'idée *folle* est une idée *clairvoyante* qui a échoué. » Le problème, c'est qu'on ne le sait qu'après.

Je me pose une seule question : comment redonner aux nouvelles générations le goût de leur pauvre pays abandonné par ses élites ? La réponse me paraît évidente : il faut aller rechercher dans nos enfouissements les empreintes des ferveurs françaises, les offrir aux jeunes Français et passer par la porte du Beau. Je ressens cette idée au plus profond de moi-même. Il faut refaire un hymne à la France, la chair de notre chair, le sang de notre sang. La France est une œuvre d'art. C'est beaucoup plus qu'un programme scolaire, c'est un monument de civilisation qui nous élève vers une valeur supérieure et tient nos jardins en suspens, nos jardins secrets. Demain, chaque petit Français devrait partir dans la vie avec un bagage imaginaire qui habille ses rêves. Ainsi est née, à l'instinct, l'œuvre du Puy du Fou. C'est l'idée d'une romance française.

Longtemps, cette œuvre fut ignorée, puis vilipendée, puis ridiculisée, moquée, raillée, traitée de « kermesse du fromage », de « feu de joie vicomtal », etc.

C'est seulement lorsque l'Amérique nous appelle à Los Angeles pour nous accorder une pluie de récompenses planétaires que la presse française, nous voyant sur le toit du monde, a commencé à changer de regard. Alors le Puy du Fou change de rubrique. Nous sommes passés de la recension des « fêtes folkloriques » aux pages « tourisme », puis aux pages « parcs d'attraction » pour atterrir dans les pages « culture ». Jusqu'au jour où le mage Boucheron s'est intéressé à nous. Le professeur du Collège de France décide de venir trois jours, avec une pince à linge sur le nez. De retour à Paris, il livre son compte rendu et conclut ainsi par une mise en garde : « Il ne me semble guère raisonnable d'amener des enfants au Puy du Fou. » Il a raison. Il faut se méfier de l'esprit d'enfance. Dans l'éditorial du même numéro, le directeur adjoint de *L'Obs* compare le Puy du Fou à un « martyrologe qui repose sur une logique mémorielle qui ressemble à celle du musée du Hezbollah ».

Le Puy du Fou comparé au terrorisme islamiste ? On me presse de répondre, alors je dégaine : « C'est la crapaudaille qui coasse dans la douve croupissante, incapable de goûter les élégances du galop enlevé de la chevalerie qui passe. »

Aujourd'hui, le Puy du Fou grandit. Le peuple vient en masse. Pour découvrir, pour retrouver, pour aimer. C'est un des rares lieux qui échappe à la *clause de la honte du grand-père.*

Et voici que le débat métaculturel vient de prendre enfin toute sa dimension. Grâce à une double page du *Monde* qui fait date[1]. Avec un titre révélateur et original : « La bataille politique devient un conflit esthétique. » Rien de moins. On sent que l'enjeu est majeur. Il y a donc une « bataille » et une « confrontation de plusieurs esthétiques ». Le journal regrette le chassé-croisé : « Après des années de domination culturelle de la gauche, les répliques esthétiques humanistes sont aujourd'hui fortement concurrencées par les représentations nationalistes. » Et l'article de conclure en appelant à la mobilisation de tous les cultureux : « *La guerre culturelle est déclarée, mais la résistance esthétique est en train de s'organiser. Car la bataille des imaginaires ne fait que commencer.* »

En réalité, il y a, sous-jacent à cette guerre sourde entre deux visions esthétiques du monde, un double face-à-face.

D'abord celui de deux sociologies, celles des *anywhere* et celle des *somewhere.*

Celle des *anywhere,* de *Metropolia* – la bourgeoisie du *soft-power* mondialisé, post-identitaire, extraterritorialisée, sécessionniste. Elle a pris l'habitude d'aller s'approvisionner

1. Nicolas Truong, « La bataille politique devient un conflit esthétique », *Le Monde,* 30 novembre 2024.

au supermarché mondial des identités de la post-histoire. Elle part en week-end à New York, elle croit au mix énergétique et à la mixité sociale pour la classe moyenne de province. Elle méprise la musique ethnique des bagadous, la cabrette de Sédières, la veuze du Marchand de quenouilles, les troisièmes mi-temps du rugby de Bègles, les petits bourgs des derniers Creusois, le saucisson corse, les beaufs des lacets de Loire, le modèle du pavillon avec jardin de Vesoul, le virilisme du barbecue de Honfleur ; et elle pratique une culture de l'entre-soi, elle promeut le décroissantisme et la viande cellulaire. Elle ubérise tout ce qu'elle touche. Elle travaille à l'*impersonnalité* du monde.

Et puis il y a les *somewhere* de *Peripheria*, le petit peuple de la *société du formica*, qui habite dans une passoire thermique, qui installe un bout de cave dans un coin de garage, qui fume des clopes et marche au diesel. Il est victime du populicide, victime de toutes les spoliations : celle de l'outil de travail délocalisé ; celle de l'identité bafouée. C'est le petit peuple des exilés qui court dans tous les sens, arraché à ses affections. Il slalome entre les dealers en bas de l'immeuble, regarde avec détresse le petit voisin qui marche au gaz hilarant avec du protoxyde d'azote vendu en douce en face de la mairie qui ferme les yeux. Il est forcé de vivre comme un étranger chez lui, sans rien retrouver du pays qu'il a aimé. Alors il se précipite au Puy du Fou, à la recherche des patries *manquantes*, des patries perdues, des patries interdites, des patries chéries en cachette.

La sociologie est impertinente. Elle impose sa loi. Dans sa double page de référence, *Le Monde* se désole : « On ne peut pas continuer à jouer des pièces devant des cercles d'habitués. » Sièges vides, assistance clairsemée, endogamie des abonnés. Le public déserte. Pire, il prend la voiture et il met cap vers l'ouest. L'entre-soi n'attire plus. Le Puy du Fou est devenu un rendez-vous incontournable des familles françaises, de toutes origines, de toutes conditions.

Derrière le face-à-face *sociologique* se dissimule une autre confrontation plus importante encore, celle de deux visions *anthropologiques* : « La bataille des imaginaires ne fait que commencer. » *Le Monde* a raison. Il y a, d'un côté, l'imaginaire post-français des historiens de la trans-mémoire, de la déconstruction, sur fond de rejet d'une civilisation « imprégnée par l'impensé colonial et patriarcal ». Dans sa leçon inaugurale au Collège de France, le professeur Boucheron a appelé à la lutte contre « la déplorable régression identitaire qui poisse notre contemporanéité ». On retient son souffle ! On se tient les côtes !

Et puis, il y a l'imaginaire immémorial qui recherche, dans sa quête des trésors français, les hauts-lieux de la mémoire vivante du dépôt millénaire, l'art de vivre ancestral, la langue des cours d'amour de l'antique courtoisie qui a fixé, dans le temps, un romanesque qui vient embraser le roman de nos vies. Cet imaginaire français entend préserver un droit fondateur, un droit menacé, un droit à la survie, le droit d'un vieux peuple d'aller chercher, dans les siècles passés, les *enluminures manquantes.*

Un pays ne peut pas vivre, survivre longtemps, sans son récit fondateur. Il faut rendre aux Français leur passé. Refranciser la France, c'est cela même. Refaire de chaque petit Français un héritier, un petit propriétaire de son lopin de souvenirs. Un Français instruit de son passé deviendra redevable et aura très vite le réflexe de comprendre qu'il ne fait qu'emprunter la terre à ses enfants. Une nation, c'est une créance, ressentie comme une dette.

Il faut inventer, sous toutes les formes des arts modernes, un nouveau roman national pour franciser nos songes. Ce ne sera sans doute pas un récit de puissance, de grandeur. Il faudra l'établir sur les merveilles françaises. Mais il est urgent de proposer aux jeunes un *roman d'amour.*

Il est vital de reprendre le dialogue avec les ombres, de passer de l'intelligible au sensible. Car il n'y a rien dans notre esprit qui ne soit d'abord dans nos sens. La France est un être sensible.

Il faut en parler avec des mots d'amour, faire battre les cœurs pour la chair de la civilisation – plus encore que pour les principes. L'époque est à fleur de peau. Les jeunes sont écorchés vifs. Ils ne savent vers quoi monter, vers quels excès se tourner. Mais ils sont prêts aux exaltations qui les portent au-delà des angoisses du smartphone quotidien. Il faut changer d'angle, de façade, de porte d'entrée et passer par le côté esthétique pour illuminer le chef-d'œuvre afin d'irradier les cœurs. Il faut montrer la France comme le dernier des poètes antiques savait montrer sa Rome – *pulcherrima rerum,* la plus belle des choses. « Ce n'est pas parce que Rome était grande qu'ils l'aimaient, c'est parce qu'ils l'aimaient que Rome était grande. »

Aimez l'or, l'azur et la flamme. À tous ceux qui sont capables de prendre la vie par le côté poétique, nous demandons des images et des chants. Il faut emmener les jeunes aux sources vives des premiers jaillissements pour qu'ils y puisent l'énergie des splendeurs intimes ; les entraîner dans notre passé où se tient, immuable, le mystère français, leur apprendre à respirer amplement avec l'âme, sous le ciel de France, où les nuages, souvent, dans leurs jeux fugitifs, se résolvent en panaches.

Ne pas aimer la France parce qu'elle fut rayonnante mais parce qu'elle est *belle*, jusqu'en ses charités ineffables.

Hugo a résumé avec humour les élégances de l'esprit français : « La grandeur et la beauté de la France, c'est qu'elle prend moins de ventre que les autres peuples ; elle se noue plus aisément la corde aux reins. Elle est la première éveillée, la dernière endormie. Elle va en avant. Elle est chercheuse.

Cela tient à ce qu'elle est artiste. »

L'ode au *Français de souche*

J'ai entendu, au printemps, une voix de la Société de connivence qui s'est élevée contre la survie du *Français de souche.* Cette agression odieuse m'a incité à écrire une ode à la victime.

Je m'adresse à vous qui n'aimez pas ce Français d'extraction lointaine, qui tient la poutre maîtresse depuis des siècles. Vous appelez à la désaffiliation. Souffrez que, m'approchant de la tombe de ce Français immémorial, que vous avez fleurie d'un bouquet de chardons, je dépose mon épitaphe pour célébrer ses héritages et les fleurs de civilisation qu'il nous a laissées.

Au *Français de souche,* tout recroquevillé, emmitouflé de honte, furtif sous les quolibets, je veux en effet rendre les honneurs.

Il fut le pied mère qui offrit les plus beaux greffons d'un vieux peuple qui compte plus de deux mille printemps.

Le *Français de souche* a façonné notre regard sur le « Jardin de Paradis » qu'on appelle la France. Il a versé en nous la sève, le sang, les larmes de ses bornages et de ses rêves tramés dans l'étoffe des songes.

Il suffit de traverser la France pour le retrouver : regardez cet homme qui peine, là-bas, au bout de son champ, cassé avant l'âge. Il met ses pas, sans le savoir, dans l'ombre portée de son aïeul multiple. C'est un petit paysan qui, depuis mille ans, travaille la même terre, creuse le même sillon et qui a inspiré les vers précieux :

« Deux mille ans de labeur ont fait de cette terre
Un réservoir sans fin pour les âges nouveaux.
Mille ans de votre grâce ont fait de ces travaux
Un reposoir sans fin pour l'âme solitaire. »

Cette âme solitaire qui claudique, entre les épis mûrs et les blés moissonnés, entre les *Cribleuses* de Courbet et l'*Angélus* de Millet – ce petit paysan de rien – il a *inventé notre pain quotidien.*

Observez, un peu plus loin, un peu plus haut, cet autre Français de souche, un jeune berger des Causses en Aveyron. En oubliant sa tartine de lait de brebis moisie dans une anfractuosité de la roche éternelle, il *a inventé un art de la table*, envié par le monde entier, le fromage de Roquefort.

Et puis, à l'ouest, entre les ceps torturés par le temps, provigne un autre petit Français de souche, au bord de la Garonne, un vigneron besogneux et génial. Pressant et foulant, de père en fils, son raisin d'or et de pourpre, il a *inventé le Château d'Yquem.*

J'entends la mélopée, là-bas, au bord de la Creuse, de ce moine copiste, qui dans son scriptorium, a *enluminé la France de parchemins savants.*

Et, en remontant vers Chartres, ce petit sculpteur de gargouilles qui, de père en fils, fit vibrer toute une France de hautes nefs immémoriales a laissé derrière lui la trace géniale de l'accord parfait du burin sur la pierre et du souffle de l'esprit.

Regardez, qui court vers vous, depuis la Lorraine, cette jeune pastourelle. Elle a abandonné ses moutons pour sauver la France. Et le doigt en l'air, ce hussard noir, qui la célébrera en brandissant son étendard, fait monter, chaque matin, derrière le tableau noir des blouses grises, le soleil d'Austerlitz.

Rappelez-vous ce petit bout de femme de Montmartre qui chante « l'Hymne à l'Amour » :

« Si tu me le demandais,
Je renierais ma patrie. »

C'est très « français de souche », et ça fait les meilleurs soldats.

Considérez ces deux frères, Auguste et Louis Lumière, français de vieille souche lyonnaise. Ils ont inventé le cinématographe pour permettre au redresseur de torts du Festival de Cannes d'exister et de prospérer par l'image.

J'allais oublier le plus célèbre des Français de souche qui a rendu hommage à sa propre filiation :

« Fidèle enfin au sang qu'ont versé dans mes veines
Mon père vieux soldat, ma mère vendéenne... »

Ce Français de souche, qui a fait danser sa plume sous la ramée, a été pleuré par tout un peuple. Son corbillard fut suivi par deux millions de Français de souche.

Regardez ce grouillement d'âmes simples, écoutez cette foule chantante, goûtez ce murmure continu d'un vieux peuple qui ne veut pas mourir.

Ce vieux peuple sent ses ascendants qui montent et qui descendent en lui, comme sur une autre échelle de Jacob.

Français de souche,
de sève,
d'écorce,
et de ramure,
auprès du chêne millénaire de Vincennes, qui abrite les pauvres et la Main de Justice inaugurale, qui a inventé l'État, qui a enfanté la France.
Français de souche,
Et fier de l'être.

L'ode au *Français de désir*

Il ne serait pas juste d'oublier cet autre Français, venu de l'extérieur, dont le regard d'appel attend l'étincelle pour devenir un « Français de désir ».

Le Français de désir est celui qui brûle d'entrer en ressemblance avec nous, celui qui, côtoyant le Français de souche, rêve, à son tour, de faire souche.

Il est prêt à troquer ses gloires, ses drames, ses larmes, qu'il apporte avec lui, contre les nôtres. À condition qu'on lui donne à aimer nos lignées, nos héros et nos tendresses.

Je veux déposer dans son for intime la confidence touchante de Romain Gary : « Je n'ai pas une goutte de sang français mais la France coule dans mes veines. » Et l'aveu de cet Espagnol d'origine cubaine, José Maria de Heredia. Il abandonnera, loin de lui, son Récif de corail et laissera à la France les fameux *Trophées* qui retracent l'histoire du monde.

Hélas, *au Français de désir*, nos élites dévoyées donnent à voir une France qui n'est plus la France, une France des feux éteints gouvernée par des âmes mortes. Une France qui ne donne pas envie.

Mais, *au Français de désir*, je dis ceci : il y a une autre France. Il faut aller la chercher là où elle existe encore, la France des Grandeurs cachées.

Parmi ces Grandeurs cachées, qui affleurent, il y a ce vieux pays des charités françaises. Ce pays où il arrive que les fleurs viennent à éclore en plein novembre. On appelle ce fleurissement paradoxal « l'été de la Saint-Martin ». À cause d'un centurion – le soldat Martin – qui s'est approché d'un pauvre dénudé, grelottant, et qui, d'un coup d'épée, lui a offert la moitié de son manteau.

La France est ce pays né d'une esthétique de la Miséricorde.

C'est aussi ce pays né de l'échange symbolique de deux offrandes : le mouchoir de la Dame contre la prouesse du Chevalier.

Quand Godefroy de Bouillon croise une princesse sarrazine, il enlève son heaume, en signe d'hommage. Puis il s'incline. La princesse s'en étonne. Alors il lui adresse ce petit mot : « Au pays qui est le mien, il n'y a ni prince ni paysan qui ne fasse honneur aux Dames. »

La France est ce pays né de l'esthétique des élégances qui mettent la société en coquetterie de politesse et de bons mots.

L'esprit de courtoisie et l'esprit de chevalerie sont ensemble tramés dans la personnalité française. L'esprit chevaleresque est immuable. Il marche en altitude. La beauté des êtres y est séraphique, la surabondance y est plénitude.

Il a enfanté le panache de Cyrano. « L'esprit qui voltige n'est-il pas la plus belle victoire sur la carcasse qui tremble ? »

La France est ce pays qui est né d'une esthétique du for intime.

Et puis, au Français de désir, notre vieux pays offre les trois secrets, les trois nombres d'or d'un peuple et de ses chefs-d'œuvre.

Le nombre d'or des cathédrales, quand ce n'est plus la pierre qui tient la lumière mais la lumière qui tient la pierre.

Le nombre d'or des « jardins à la française ».

Le jardin régalien – quand l'Ordre devient *symétrie* et que la Justice devient *perspective.*

Le nombre d'or des villages de caractère, accrochés à flanc de coteau.

Il n'y avait pas d'architectes, à l'époque. La France était une école du goût. On respectait le principe de Plotin : « L'architecture, c'est ce qui reste de l'édifice, la pierre ôtée. »

La France est le seul pays qui soit né d'un accord des mots. Le trésor de l'âme française, c'est la langue commune. On peut entrer en France par la porte de la langue, côté cœur. On peut devenir des voisins de bons mots, de sentiment et de romance. On se met à prononcer ensemble des paroles gourmandes. On goûte ensemble. On vibre ensemble. La littérature est le miroir commun du chahut de nos âmes. D'où qu'on vienne, on devient cousins germains du Cid, de Gavroche et du Petit Prince.

Alors il se peut que, baignant dans cette France des soleils levants et des soleils couchants, cette France des pics et des gorges, le Français de désir se dise, un soir de grâce : « Le miracle a opéré en moi. Je sens que c'est la France qui coule dans mes veines. »

Je dédie cette ode au plus grand *Français de désir* vivant, qui aura connu la prison pour avoir trop aimé la France, mon ami Boualem Sansal.

L'ode au *Français éclaireur*

Face au crime de populicide contre un peuple millénaire, y a-t-il seulement un rai de lumière sous la porte ? Eh bien, ce rai de lumière, je le lis chaque semaine dans l'abondant courrier que vous m'adressez. Je lis, au fil des lettres si touchantes, qu'il y a la France qui, volets fermés, est entrée en léthargie consumériste et hédoniste. Et la France de l'aurore, qui se lève, luciole au poignet, et qui ouvre le chemin de lumière, nous invitant à prendre par la main la petite sœur Espérance de Péguy.

Après l'ode au *« Français de souche »*, l'ode au *« Français de désir »*, voici l'ode au *« Français éclaireur »*. Il appartient à une petite minorité active qui a compris que lorsque, par la tectonique, les plaques se déplacent et nous emportent dans son vertige, il suffit d'un doigt pour faire levier.

Un doigt.

Un seul doigt.

Le petit doigt qui redonne vie à des bouts de France, qui montre aux regards en tension le passage du Chariot dans la Voie lactée.

Je repense à la lettre de ce professeur qui a tout quitté pour devenir un « Français éclaireur ». Il a créé son école.

On y trouve l'uniforme, la levée des couleurs, l'exigence, l'excellence. Il m'écrit, en reprenant le mot de Victor Hugo : « Je veux faire des têtes épiques. » Il a tout compris. La France a besoin de héros.

Chaque lettre raconte, avec souvent de grandes humilités de plume, une histoire française.

Tenez, celle de cette aide-soignante. Elle met tout son argent pour aller offrir chaque jour un peu d'humanité à une vieille dame de l'Ehpad, en lui serrant la main. Elle m'écrit : « Ce n'est pas grand-chose... C'est si peu... » Je lui réponds : « Elle est là, Madame, l'esthétique de la Miséricorde. »

La France a besoin des offrandes invisibles qui sont comme des voisinages du ciel.

Je veux citer cette lettre d'un policier qui m'arrache des larmes. Il m'écrit : « Quand je prends, chaque matin, dans le vestibule, mon gilet pare-balles et que j'embrasse ma femme et mes trois filles, je leur dis : “À ce soir.” Et ma femme de murmurer : “À ce soir, *peut-être.*” » Et moi, à cette dame, je réponds : « Dans ce *peut-être,* il y a le sacrifice consenti d'avance, l'impôt du sang, l'oblation française. »

La France a besoin de ces hommes qui portent la livrée des hautes préoccupations.

Et encore cette lettre de l'Institut Curie. Avec cette équipe de chercheurs qui vient de créer une molécule miracle pour éliminer les cellules métastatiques. Découverte française. Espoir français. La miniaturisation du monde a redonné une chance aux petites nations. La performance, la grandeur d'un pays, désormais, c'est comme l'atome. C'est la combinaison contradictoire de l'infiniment petit et de l'infiniment puissant.

La France a besoin des intelligences de l'improbable.

J'ajoute évidemment ce jeune homme qui fait le tour des cathédrales et, armé de son seul sac à dos et de sa foi, provoque la fuite d'un assaillant à Annecy. La figure réincarnée du chevalier sans peur et sans reproche.

La France a besoin de chevaliers qui mettent du vitrail dans nos vies.

J'entends aussi cet étudiant normalien qui chante le « *Veni Creator* » entre Paris et Chartres, entre les épis murs et les blés moissonnés. Et qui m'écrit, épuisé par les trois jours de marche : « J'ai découvert, les pieds en feu, que le mot "France" rime avec le mot "Souffrance". »

La France a besoin de ces pénitents qui mettent leur vie en reposoir.

Enfin, il y a cette lettre d'un chartreux, retiré dans la montagne, et qui m'écrit d'une plume tremblante à l'encre hors d'âge : « Nous sommes là depuis mille ans. Vous savez, Monsieur, les monastères où monte l'ultime supplication sont peut-être aujourd'hui le dernier refuge français. Notre métier à nous, c'est de garder intacte l'âme de la France. »

La France a besoin de ces hommes qui se sont éloignés du monde pour le sauver.

Appel à un jeune *Français* *qui veut encore y croire*

À vous, jeune Français qui m'avez écrit une lettre admirable mais angoissée, je dédicace ce livre. Et je viens, en guise d'envoi, vous répondre.

À me lire, vous allez vous reconnaître. J'entends, comme vous, la longue plainte qui monte du pays profond. Les mots sont presque toujours les mêmes. Il y a, qui flotte dans l'air du temps et enfle comme la vague scélérate, un sentiment diffus d'accablement. Je vois, comme vous, l'abattement, le désespoir qui guettent les meilleurs, les plus lucides. Ils suivent d'un regard terrifié le mouvement sur la pente qui nous entraîne vers le fond. S'adressant à leurs enfants, j'entends les parents désemparés glisser à voix basse, dans un coin de la pièce : « La France va périr. » C'est tout un monde de sensibilités englouties qui s'en va. Pas besoin d'être un érudit pour voir les éboulis, les pierres qui se descellent.

On sait bien aujourd'hui que nulle fatalité d'aucune sorte – géographique, ethnique, linguistique – ne portait la France dans ses flancs. Le dessin du pré carré, livré au hasard du génie bâtisseur, fut tracé par la plume des encriers sacrés qui a su combiner l'opiniâtreté et la longanimité. Elle pourrait s'éteindre comme elle est venue au monde.

Aujourd'hui, hélas, roulant à l'abîme, le pays se détourne des anciens serments. Il croupit sur la voie pitoyable des avilissements. Il est méconnaissable. Nous voilà plongés dans les temps abouliques où les petits hommes sont pris des mêmes trémoussements que les libellules qui cherchent l'abat-jour. Il n'y a plus ni résolution pour le présent ni grand dessein pour l'avenir. Le pays flotte entre deux eaux. Nous voilà même devant une urgence vitale : la France garde-t-elle encore assez d'énergie, assez de cœur, assez d'intelligence pour se *souvenir d'elle-même* ? Et – pourquoi pas ? – pour *être encore elle-même* ? Regarde-t-elle sa civilisation comme un objet mort, ou comme un appel à la vie qui viendrait fortifier l'aptitude à la reviviscence ?

J'ai bien peur que cette civilisation brillante et si vivante ne soit devenue, dans l'esprit public, qu'une réminiscence, au sens que Lamartine donna, dans un de ses bonheurs de plume, à ce qui compose la nostalgie des mondes révolus : « L'homme est un dieu tombé qui se souvient des cieux. »

Alors, aux enfants de tous les désespérés, je veux dire ceci : quittez vos accointances numériques. Sortez de votre refuge alvéolaire. Mettez-vous en route, le vieux pays vous attend, loin des étourdissements et des avachissements, allez chercher plus loin, allez chercher plus profond et plus intime, allez chercher plus large et plus haut. Et vous verrez qu'il y a deux France, superposées, et qui s'ignorent. L'une qui s'en va – la France de la *partance* –, la France reniée. Et l'autre, qui demeure –, la France de la *demeurance*, comme on disait au temps de Joinville –, la France de la dormition qui, à tout moment, peut connaître le réveil de sa promesse vitale. Il est possible – espérons-le – que son silence ne soit pas une absence de lucidité mais une prédisposition de l'âme pour la résistance à venir. Il y a la France *périssable* et la France *impérissable*. Il reviendra à la France vive de sauver la France moribonde. J'ai beaucoup écrit sur la seconde. Je veux vous parler de la première.

Comme l'a écrit Paul Morand, « les autres pays ne sont que des morceaux d'un continent, du monde : la France est un vase clos, un aliment complet, auquel l'Europe s'intéresse, mais que l'Europe n'intéresse pas ».

Un jeune Français, lassé par avance des pérégrinations françaises, retrouvera, au bout du monde, au bout du voyage, la France qui en est le résumé sublime.

C'est une civilisation à elle seule. Une porte ouverte sur l'universel. Elle est plus grande que le monde, elle en est une abréviation touchante. Elle a de quoi l'étonner toujours. Elle est debout, le matin, avant les autres nations. Elle se couche, le soir, après les autres. Elle a des aurores et des crépuscules qui sont des embrasements d'éternités naissantes et finissantes. Sans être étrangère à elle-même, elle est du monde entier. Il y a la France des Tropiques et la France des Neiges. La France du Soleil-Levant et celle du Soleil-Couchant. Elle se baigne dans les mers de corail et apprivoise tous les exotismes d'une vieille nation qui a labouré les écumes suspectes.

On dit qu'elle est trop petite pour l'Europe. C'est l'inverse. L'Europe est trop petite pour elle. Ses figures littéraires la mettent en ressemblance avec tous nos voisins, qu'elle fait rêver. Elle est un peu italienne avec la *Commedia dell'arte* quand celle-ci devient Molière. Elle est un peu espagnole avec le *Cid*, quand celui-ci devient Corneille. Elle est un peu anglaise avec Shakespeare, quand ce dernier devient Racine. Elle tire le suc de toutes les expériences et elle les rend sublimes. Ce n'est pas un hasard si le génial Léonard de Vinci a risqué sa vie en traversant les Alpes à dos de mulet, avec la Joconde dans ses fontes, pour finir son œuvre au Clos Lucé d'Amboise. La France attire à elle toutes les cordes sensibles.

Un jour, je suis allé à Bruère, dans le Cher. Je me souviens d'une borne romaine qui désignait le centre géographique de notre pays, rappelant l'*Umbilicus Urbis Romae*, comme si la terre elle-même avait choisi la France comme *point d'équilibre*. Située à égale distance du pôle Nord et de l'équateur, elle semble née d'un *ordre supérieur*. Au regard du monde, tout y est à l'échelle de l'homme. C'est le pays de la proportion.

Proust a évoqué « l'immense être humain appelé France » qu'il oppose au « conglomérat d'individus formant l'Allemagne ».

La nature lui a donné d'être belle. L'histoire lui a donné d'être grande. Dans son *Essai sur la France*, le grand écrivain allemand Ernst Robert Curtius a élevé notre pays au rang d'une dépendance, sur le versant de l'Occident, du jardin primordial de l'Orient. « La France est le jardin du monde. Elle contient toutes les beautés de la terre : les bois d'orangers et les plantations de cyprès de la côte méditerranéenne, la lande désertique et les falaises du Nord, les cimes toutes blanches des Alpes, les forêts de sapins des Vosges, les volcans d'Auvergne, enfin la grâce royale de Paris. Connaître la France, c'est connaître la beauté. » Celui qui ne succombe pas à ses romances d'écriture et aux passementeries du Verbe et du Sentiment succombera aux sortilèges de l'asphodèle et de l'armoire de nos prairies d'offrande.

Depuis sa fenêtre du Petit Liré, Ronsard avait déjà orné de fleurs de sable de Loire le pays des humeurs tranquilles : « On n'y trouve ni le trop de chaud, ni le trop de froideur, ni le vent ruineux, ni le trac écaillé des dragons venimeux, ni rochers infertiles, ni sablons inutiles. »

Ce qui sauvera la France, demain, c'est encore et toujours son éclat, sa grâce. Elle est éblouissante, irradiante, étourdissante par ses changements de demi-tons, selon les brumes qui montent et les soleils ardents qui mettent du feu dans le sang des filles. Même ballottée, rudoyée, elle restera, accrochée à flanc de colline ou abandonnée à la somnolence des vallées oublieuses. Les ronces n'auront pas de prise sur elle. Cette beauté n'est pas effaçable. Le wokisme n'a pas de prise sur le génie spontané d'une urbanité vivante, qui répond à la définition du baron Haussmann : l'harmonie des lignes, l'échelle humaine et la gratuité des finitions. Ils ne pourront pas tout raser… Paul Valéry a salué le goût de « la belle ouvrage », comme on disait autour de nos enfances, dans le sillage des sciures des vieux menuisiers chantourneurs : « Qu'il s'agisse d'architecture ou de littérature, il faut noter en France une tradition, un besoin de ce beau travail. […] On voit encore à Paris, dans les vieux quartiers, des centaines de petits balcons en fer forgé, dont aucun ne ressemble à aucun autre, et dont chacun est une invention charmante, une sorte d'idée, simple comme un thème de peu de notes. Cela est fait de quelques barres assemblées et de beaucoup de goût. Rien ne me résume plus clairement ce qu'il y a de plus français en France. »

L'art français s'est exercé supérieurement dans tous les genres : du vitrail au burin, de l'arc brisé à la voûte sur croisées d'ogive, de la tapisserie de haute lisse à l'émail, de la céramique à la typographie. La main française a fait merveille, qu'elle ait taillé la pierre ou enluminé le parchemin.

Et puis il y a l'art de vivre à la française qui n'est pas encore complètement perdu. L'esprit de courtoisie et l'esprit de chevalerie sommeillent encore, on les devine dans quelques vestiges charmants de société. Ils sont ensemble tramés dans la personnalité française. Il reste, quelque part, la trace harmonieuse de l'ordre des *bellatores*, des *oratores* et des *laboratores*.

On pourra sans doute un jour retrouver cet art des mœurs qui représente une sagesse sociale profondément française, où la morale passe par la forme et l'estime par le style. L'élégance française, intemporelle malgré les ressacs et le persiflage, désigne une manière originale d'habiter le monde. Elle n'est plus au goût du jour, on ne la transmet plus, mais elle reviendra : elle est une bienséance précieuse et même vitale, en ce qu'elle nous éloigne de cette exubérance du moi qui s'impose aujourd'hui au commun. Elle vient, comme un suc amer, irriter le « faire-société » contemporain qui nous dessèche sur pied. L'élégance, selon la marquise de Pompadour, c'est quand l'intérieur est aussi beau que l'extérieur.

Il y a aussi, qui remontent par endroits, les réminiscences du fameux *goût français*. Le raffinement immémorial passe, chez nous, par le palais. Je me souviens, alors que j'étais jeune secrétaire d'État à la Culture, d'une inauguration haute en couleurs, au cœur du pays de Bresse, à Bellay, celle de la Fondation Brillat-Savarin, avec mon ami Charles Millon. Pour préparer mon allocution, j'avais lu *Physiologie du goût*. Brillat-Savarin y définit les saveurs françaises qui sont les ferveurs de la table : « Les animaux se repaissent, l'homme mange, l'homme d'esprit seul sait manger. » Je n'ai pas oublié sa célèbre formule elle-même « savoureuse » : « Un dessert sans fromage est une belle à qui il manque un œil. »

Je sais bien que l'art de manger se perd, en France, chaque jour davantage. La preuve ? Au moment où j'écris ces lignes, j'apprends que la Commission de Bruxelles approuve le fait de « *manger de la poudre de larves* ». Cette goujaterie eurocratique ne peut faire oublier le joli mot de Cioran : « À Paris, je me suis rendu compte que, en France, manger est un rituel, un acte de civilisation, presque une prise de position philosophique. » Nous restons le pays qui a arraché à De Gaulle un mot de dépit mémorable : « Comment voulez-vous gouverner un pays où il existe 258 variétés de fromage ? » La richesse de nos terroirs est incomparable, admirée, jalousée par le monde entier.

Et puis je n'oublie pas qu'au cœur de l'agrément français, il y a le vin. Aujourd'hui, la technocratie de marché nous demande d'arracher les pieds de vigne. Le vin a mauvaise presse, quand la cocaïne circule en petits sachets glissés entre les sushis, chez les élites des beaux quartiers de la macronie snifeuse. Le vin français suscite des aigreurs. Mais il demeure. Le vin, c'est la France, l'esprit français, la France hors d'âge des premiers millésimes, des vins de garde, des cépages légendaires. Chez nous, depuis les échauffements de gorge de Rabelais jusqu'aux chansons à boire de la Madelon, le vin est littéraire.

« On retient les vers, et les verres nous retiennent », me confiait mon ami Abel, un poète éméché de mon voisinage, porté sur le Noah. J'ai connu les caves profondes, culottées de salpêtre, où on parlait avec des gestes, où le mot était rare, lesté de tanin. On était du même arpent, du même sarment, du même serment.

Chez les Français, le vin est une esthétique. Il fut un temps où il y avait une « diplomatie du vin ». Lors du Congrès de Vienne, Talleyrand fait servir aux délégations étrangères les meilleurs crus français, subtilement choisis selon la nationalité des invités. Le vin devient alors un langage diplomatique d'appoint. Quand on lève son verre, c'est avec les « esprits » des alcools français. L'Autrichien Metternich dira plus tard : « Rien ne vaut un dîner chez Talleyrand pour comprendre la France. » La France est une ascèse créatrice, elle n'est pas un ascétisme. En France, on rit, on chante sous la tonnelle, on brocarde, on partage les gorges chaudes. On me dit que le ministre des Affaires étrangères Barrot trinque au soda sucré… Dommage.

La France, c'est un legs de souvenirs, un art de vivre, une langue. Il faudrait encore plusieurs décennies actives et hostiles pour s'en débarrasser complètement. Même si le massacre va bon train. Mais il ne fournit pas, tant la richesse du trésor est abondante. Les démolisseurs manquent de bras. La résistance, sous la chênaie ou au bistrot du coin, demeure vivace.

Justement, il y a la France mais aussi les Français. Ils sont dans une éclipse de la conscience nationale. Il reste cependant un fonds d'humeur. Non pas chez les élites, mais dans le peuple, là où s'est réfugiée l'intelligence française et où demeurent, malgré tout, entretenues par l'instinct, les humbles vertus de la chair et du sang. Il y a une richesse humaine, distribuée dans les caractères si divers et les humeurs cachées.

Blaise Pascal a parlé de cette richesse polyphonique avec une éloquence venue jusqu'à nous et qui n'a pas vieilli. Il a établi que chaque peuple avait son charisme : les Allemands ont la rigueur, les Italiens, le raffinement. Et il a conclu, en observant notre pays, que notre peuple était ambivalent. Il voyait autour de lui deux sortes de Français, ceux qui ont l'*esprit de géométrie* et ceux qui ont l'*esprit de finesse* : « L'un est force et droiture d'esprit. L'autre est amplitude d'esprit. » Les géomètres, qui ont l'esprit de géométrie sont justes, mais ils manquent de jugement dans les choses humaines. Et ceux qui ont l'esprit de finesse jugent bien les choses humaines mais ne peuvent rien comprendre dans la géométrie. C'est la grande richesse d'un peuple que d'être ainsi composé de cette double palette de caractères propre à l'ordonnance française. On appelle cette richesse, l'*esprit français.*

Car la France a encore de l'esprit. Cet esprit est plus fort que la matière, plus fort que les courants dominants, plus insaisissable, plus grave et plus léger, trop grave pour être retenu, trop léger pour être saisi au vol. L'esprit français voyage à l'altitude mentale où l'homme respire amplement. Ce n'est pas un esprit désincarné qu'on saurait inaccessible comme un vulgaire idéal, c'est un esprit qui a germé dans une terre qu'il féconde sans cesse. Cette rencontre prolifique de la terre et de l'esprit est le secret du génie de la France, qui se répand dans tous les arts. L'harmonie de son architecture appartient si bien aux paysages qu'on peine à distinguer ce qui est l'œuvre de la nature de ce que l'artisan y a ajouté. Je me souviens, quand j'étais stagiaire à l'ENA, à Tulle, avoir observé le zigzag de la ville dans la vallée de la Corrèze ; la ville, en les humilités de son bâti, ne lutte pas contre la topographie, elle la suit, elle s'y conforme. À Domme, perchée sur un éperon rocheux, la bastide épouse la falaise. On dirait qu'elle en sort. Rocamadour est un enrochement dont les murailles des façades gardent et célèbrent la langue de la pierre des ocres léchées par le soleil. Toutes ces œuvres d'art ont si bien célébré chaque petit coin de France que le ballet des saisons semble désormais prendre pour modèle nos peintures, musiques et jardins.

Que signifie cette beauté de l'ordinaire ? Que des petits artisans, pétris du mystère français, ont mis spontanément, le plus naturellement du monde, un peu d'*éternité* dans le précaire. Cette éternité nous touche.

Cette fidélité entre un peuple et son milieu est le rempart et le remède contre le populicide, car le peuple français est doté d'un invisible esprit frondeur, tant qu'il est sur son sol.

Le conseil que je donnerais volontiers au jeune Français qui cherche les clés de l'énigme de ce vieux pays, c'est de se livrer à un exercice déambulatoire, de pérégriner, de parcourir la France de part en part : de la traverser dans le *temps* et dans l'*espace*. D'effectuer les deux voyages : horizontal et vertical. La France le rappellera à ses enchantements, à ses envoûtements et à ses souvenirs, elle lui fera don de ses trésors qui tiennent à la *providentia consuetudinis*. C'est encore le plus beau royaume après celui du ciel. On peut y cueillir, au bord des chemins, les bouquets de civilisation qui ne connaissent pas les hivers des tempêtes humaines.

La France est un être vivant. Il faut apprendre à voyager en son âme. Pour découvrir qu'elle est un génie symphonique. Tant dans leurs grands discours, où se déploie notre esprit cartésien, que dans les jardins intimes de leurs fleurissements secrets, tous les fils de France usent de consonances qui laissent à l'imagination le soin de reconstituer un ordre et une harmonie. La sonorité qui s'élève peut être l'expression d'une pensée claire, celle de la nature qui se déploie autour de nous pour nourrir les esprits. Ce jeu de résonances multiples porte aujourd'hui la confusion mélodieuse de millions de voix qui s'élèvent en même temps pour répéter : « Je ne veux pas mourir. Vous, la caste élitaire, vous empêchez nos enfants de naître et contraignez nos parents à raccourcir leurs jours, mais votre horizon mortifère, qui nous promet des nuages de plomb, ne fait que réveiller en nous la vie. » Ce cri de détresse, qui est en même temps une mise en garde, mêle à l'unisson toutes les voix, depuis l'intellectuel jusqu'au petit paysan également animés d'un instinct supérieur.

Le populicide français ne parviendra pas à anéantir ce peuple, car l'appel de l'altitude perdue compose un des *signaux faibles* du rebondissement à venir, qui pourrait demain révéler une vitalité française que jamais on n'avait soupçonnée.

Comme un artiste qui, sur son instrument, parcourt, avec le même enthousiasme presque indifférent, toute la gamme des sentiments humains, le génie français passe sans transition d'un ordre d'idées à un autre avec une aisance qui confond le contemplateur, le remplit d'admiration et en même temps l'alarme et quelquefois le révolte.

Tant qu'il reste un filet de vie, la vie plénière peut revenir. Alors, même si on me dit : « Les statistiques nous condamnent, les projections nous relèguent, les tendances de fond nous précipitent dans les abysses », j'espérerai encore, je croirai toujours que l'échine française est assez souple, assez robuste pour faire sauter la croûte de sang caillé des barbaries régnantes. Parce que, dans l'histoire d'un peuple, le « sursaut » n'est ni mesurable ni prévisible. Il ne relève pas de l'ordre des géomètres. Moi, je n'ai pas l'esprit de géométrie. Je suis du côté des réfractaires aux asymptotes que Pascal a rangés comme les tenants de l'*esprit de finesse.* Je crois plus à l'*intuition* qu'à la *raison.* Ce qui compte, c'est l'instinct, ce qui reste d'instinct. Qu'aucune gouvernance ne peut domestiquer.

Et puis, j'ai médité, pendant des années, l'« Allocution au banquet Nobel[1] », du grand écrivain Saint-John Perse,

1. Discours de Stockholm, le 10 décembre 1960.

le prix Nobel de littérature, reconnu pour l'envolée altière et la richesse imaginative de sa création poétique, offrant ainsi au monde un reflet visionnaire.

Le contrepied du poète est spectaculaire, il bouscule les prévisionnistes et spécialistes de la règle à calcul qui tiennent l'histoire à venir comme un fil à plomb : « Quand on mesure le drame de la science moderne découvrant jusque dans l'absolu mathématique ses limites rationnelles ; quand on voit, en physique, deux grandes doctrines maîtresses poser, l'une un principe général de relativité, l'autre un principe quantique d'incertitude et d'indéterminisme qui limiterait à jamais l'exactitude même des mesures physiques ; quand on a entendu le plus grand novateur scientifique de ce siècle, initiateur de la cosmologie moderne et répondant de la plus vaste synthèse intellectuelle en termes d'équations, invoquer l'*intuition* au secours de la *raison* et proclamer que "l'imagination est le vrai terrain de germination scientifique", allant même jusqu'à réclamer pour le savant le bénéfice d'une véritable *"vision artistique"* – n'est-on pas en droit de tenir l'*instrument poétique* pour aussi légitime que l'*instrument logique* ? [...]

Les pires bouleversements de l'histoire ne sont que rythmes saisonniers dans un plus vaste cycle d'enchaînements et de renouvellements. Et les Furies qui traversent la scène, torche haute, n'éclairent qu'un instant du très long thème en cours. Les civilisations mûrissantes ne meurent point des affres d'un automne, elles ne font que muer. L'inertie seule est menaçante. »

Et Saint-John Perse de conclure avec une magnifique prosopopée de l'Histoire elle-même. « "Ne crains pas", dit l'Histoire, levant un jour son masque de violence – et de sa main levée elle fait ce geste conciliant de la Divinité asiatique au plus fort de sa danse destructrice. “Ne crains pas, ni ne doute – car le d*oute est stérile et la crainte est servile.* Écoute plutôt ce battement rythmique que ma main haute imprime, novatrice, à la grande phrase humaine en voie toujours de création. *Il n'est pas vrai que la vie puisse se renier elle-même. Il n'est rien de vivant qui de néant procède, ni de néant s'éprenne.* Mais rien non plus ne garde forme ni mesure, sous l'incessant afflux de l'Être. Le vrai drame du siècle est dans l'écart qu'on laisse croître entre l'homme temporel et l'homme intemporel.” »

La *raison*, qui a pignon sur rue, nous aura prévenus : il y a péril en la demeure. La partie *périssable* risque de tout emporter. Mais l'*intuition*, qui vient au secours de la raison, s'emploie immédiatement à la contredire : la partie *impérissable* demeure. Laissez les morts-vivants enterrer les morts. Et laissez les vivants restaurer la vie.

Un jour, sans doute, à nouveau, on dira : « C'était donc vrai. La France impérissable, la France de toujours. *Gesta Dei per Francos.* »

Ce livre est une oblation. Une oblation française. Une course à la Vérité, sur le tard. Je paie ma dette, ma dette d'honneur, ma dette morale à ce cher et vieux pays qui, alors que j'étais tout petit, m'a donné à l'aimer passionnément. J'ai vécu sur fond de promesse de le chérir jusqu'à mon dernier souffle. Je lui dois tout. Un jour, quand je m'en irai, je dirai adieu à ce trésor qui coule dans mes veines. Je rêve que, ce jour-là, la France me prenne dans ses bras.

Le mont des Alouettes
Le 1er septembre 2025

Table des matières

DU MÊME AUTEUR

Mémoricide, Fayard, 2024.
Le Roman du Roi Soleil, Plon, 2023.
La Valse de l'adieu, Plon, 2022 ; Litos, 2023.
Le Jour d'après, Albin Michel, 2021.
Les Gaulois réfractaires demandent des comptes au Nouveau Monde, Fayard, 2020.
J'ai tiré sur le fil du mensonge et tout est venu, Fayard, 2019 ; Pluriel, 2020.
Le Mystère Clovis, Albin Michel, 2018 ; Éditions du Rocher, 2020 ; Litos, 2023.
Le Puy du Fou : un rêve d'enfance, Éditions du Rocher, 2018.
Les cloches sonneront-elles encore demain ?, Albin Michel, 2016 ; Pluriel, 2021.
Le Moment est venu de dire ce que j'ai vu, Albin Michel, 2015 ; Pluriel, 2021.
Le Roman de Jeanne d'Arc, Albin Michel, 2014 ; Éditions du Rocher, 2021 ; Litos, 2024.
Le Roman de saint Louis, Albin Michel, 2013 ; Éditions du Rocher, 2020 ; Litos, 2024.
Le Roman de Charette, Albin Michel, 2012 ; Éditions du Rocher, 2019 ; Litos, 2023.
Les Secrets du Puy du Fou, Albin Michel, 2012.
Une France qui gagne : la preuve, Éditions du Rocher, 2007.
Les Mosquées de Roissy, Albin Michel, 2006, 2015.
Les Turqueries du Grand Mamamouchi, Albin Michel, 2005.
Quand les abeilles meurent, les jours de l'homme sont comptés, Albin Michel, 2004.
La 51e étoile du drapeau américain, Albin Michel, 2003.
Vous avez aimé les farines animales, vous adorerez l'euro, Albin Michel, 2004.
La Machination d'Amsterdam, Albin Michel, 1999.

L'Aventure du Puy du Fou, Albin Michel, 1998.
Dictionnaire du politiquement correct à la française, Albin Michel, 1996.
La Société de connivence, Albin Michel, 1994.
Avant qu'il ne soit trop tard, Albin Michel, 1993.
Notre Europe sans Maastricht, Albin Michel, 1992, 2016.
La Chienne qui miaule, Albin Michel, 1990.
Lettre ouverte aux coupeurs de têtes et aux menteurs du Bicentenaire, Albin Michel, 1989.

Composition et mise en pages
Nord Compo à Villeneuve-d'Ascq

Cet ouvrage a été imprimé sur Roto-Page
par l'Imprimerie Floch
à Mayenne

pour le compte des Éditions Fayard
13, rue du Montparnasse, 75006 Paris
info-fayard@editions-fayard.fr
en décembre 2025

PAPIER CERTIFIÉ

fayard s'engage pour
l'environnement en réduisant
l'empreinte carbone de ses livres.
Celle de cet exemplaire est de :
650 g éq. CO_2
Rendez-vous sur
www.fayard-durable.fr

N° éditeur : 7215925/08 – N° d'impression : 108170
Imprimé en France